eu desafio você

ABRACE A VIDA COM ENTUSIASMO

JOYCE MEYER

eu desafio você

ABRACE A VIDA COM ENTUSIASMO

Belo Horizonte

Diretor
Lester Bello

Autora
Joyce Meyer

Título Original
I Dare You — Embrace Life With Passion

Tradução
Maria Lucia Godde / Idiomas & Cia

Revisão
Idiomas & Cia / Ana Lacerda

Diagramação
Julio Fado
Ronald Machado (Direção de arte)

Design capa (adaptação)
Phillipe Rhaidan

Impressão e Acabamento
Gráfica e Editora Del Rey

Rua Major Delfino de Paula, 1212
São Francisco , CEP 31.255-170
Belo Horizonte/MG - Brasil
contato@belloeditora.com
www.belloeditora.com

Primeira Edição — Janeiro 2011
Reimpressão — Janeiro 2012
Reimpressão — Novembro 2025

Exceto em caso de indicação em contrário, todas as citações bíblicas foram extraídas da Bíblia Sagrada Nova Versão Internacional - NVI, 2000, Editora Vida. Outras versões utilizadas: KJV (Apenas trechos do Novo Testamento: Versão King James em língua portuguesa, Abba Press), ARA (Almeida Revista e Atualizada, SBB), ARC (Almeida Revista e Corrigida, SBB), NTLH (Nova Tradução na Linguagem de Hoje, SBB) e ABV (A Bíblia Viva, Mundo Cristão). As seguintes versões foram traduzidas livremente do idioma inglês em função da inexistência de tradução no idioma português: AMP (*Amplified Bible*), TM (*The Message*) e KJV (*King James Version*, Trechos do Antigo Testamento).

Dados Internacionais de Catalogação na Publicação (CIP)

Meyer, Joyce
M612 Eu desafio você: abrace a vida com entusiasmo / Joyce Meyer; tradução de Maria Lúcia Godde; revisão de Idiomas e Cia/ Ana Lacerda. – Belo Horizonte: Bello Publicações, 2012.
304p.

ISBN: 978-85-61721-65-7

Título original: I dare you: embrace life with passion.

1. Auto-ajuda – Aspectos religiosos.
I. Título.

CDD: 234.2
CDU: 230.112

SUMÁRIO

INTRODUÇÃO

Buscas Cheias de Entusiasmo

"Deus ama com grande amor o homem cujo coração está ardendo de paixão pelo IMPOSSÍVEL".

— William Booth

Muitas pessoas estão falando sobre propósito nestes dias. É um assunto importante — conhecer e entender o nosso propósito é essencial para conhecermos e entendermos o que Deus quer fazer conosco. Quando entendemos nosso propósito, temos diante de nós o "mapa da estrada", que é um guia útil e necessário. Entretanto, se o propósito é a nossa jornada e o nosso destino, então o entusiasmo é o combustível que irá nos levar até ele, e é vital que tenhamos um estoque bem abastecido desse combustível.

A vida sem propósito e entusiasmo é uma vida que não vale a pena viver. Todos nós precisamos de um motivo para levantar da cama todos os dias e precisamos encontrar o entusiasmo — a centelha que nos mantém motivados e em ação. Precisamos estar entusiasmados! Muitos de nós andamos por aí com expressões preocupadas e nos sentindo indiferentes, entediados, ou totalmente esgotados. Mas o coração humano foi criado para o entusiasmo, para o forte desejo de atingir algo além de nós mesmos. Precisamos ser capazes de celebrar cada dia de nossas vidas, independente das circunstâncias.

Nós nos levantamos pela manhã, vamos trabalhar, cuidamos dos filhos, vamos à igreja, voltamos para casa, vamos dormir e começamos tudo de novo amanhã. Estamos perdendo nosso entusiasmo e nosso propósito, e estamos passando essa falta de entusiasmo para nossos filhos. Com certeza, talvez umas férias ou uma grande vitória do nosso time favorito possa nos despertar e nos tirar da letargia por algum tempo, mas logo voltamos a não sentir um entusiasmo real pela vida.

Estamos aqui para desfrutar Deus e fazer a Sua vontade.

Ao longo dos séculos, milhões de pessoas se perguntaram: "Para que estou aqui? Qual é o meu propósito?". Há uma resposta simples para isto, mas nem todos estão dispostos a aceitá-la. Estamos aqui para desfrutar Deus e fazer a Sua vontade. Fomos criados para o Seu prazer. Ele é o Alfa e o Ômega, o princípio e o fim. Portanto, Ele também precisa ser tudo que está no meio. Isso é demais para algumas pessoas aceitarem. Elas querem saber o que Deus vai fazer *por elas*, mas deveriam estar perguntando o que Deus vai fazer *através delas.*

Isso é algo em que Paulo pensava todos os dias. Veja quantas vezes ele usa estas palavras:

> "Não me atrevo a falar de nada, exceto daquilo que Cristo realizou por meu intermédio...".
>
> — ROMANOS 15:18

> "Mas o Senhor permaneceu ao meu lado e me deu forças, para que por mim a mensagem fosse plenamente proclamada...".
>
> — 2 TIMÓTEO 4:17

> "Mas pela graça de Deus sou o que sou, e a graça que ele me deu não ficou sem resultados. Pelo contrário, eu tenho trabalhado muito mais do que todos os outros apóstolos. No entanto não sou eu quem tem feito isso, e sim a graça de Deus que está comigo".
>
> — 1 CORÍNTIOS 15:10 (NTLH)

Nascemos, vivemos e morremos. Não podemos fazer nada com respeito a nascermos e morrermos, mas podemos fazer muito com respeito à maneira como vivemos. Paulo entendia isso. Pedro também. Ele era um discípulo ansioso que cometeu muitos erros em seu ministério e como um dos seguidores de Cristo e, no entanto, Deus usou-o porque Pedro estava disposto a se levantar com ousadia quando Jesus o chamava. Pedro estava cheio de zelo, paixão e entusiasmo.

Assumir a responsabilidade pela maneira como vivemos é sinal de bravura. É necessário ter coragem para aceitar a vida como ela vem a nós e também é preciso coragem para estar determinado a extrair o máximo possível dela. A vida é curta demais para ser desperdiçada vivendo sempre com cautela ou sem se arriscar, em vez de buscar tudo que você pode ser. É hora de tomar uma atitude e fazer sua vida valer a pena: saia do barco e comece a trabalhar para deixar um legado quando você partir.

Paixão é Mais que Um Sentimento

Quando a maioria das pessoas pensa em paixão, elas podem pensar em sexo ou rompantes de emoção que vêm e vão. Elas veem a paixão como algo instável, talvez insatisfatório e até desnecessário, e como resultado dessa percepção costumam reagir à vida e aos sinais de entusiasmo assim: *Não vamos nos agitar por causa disto... Vamos viver um dia de cada vez e ver o que acontece... Não permito que as coisas me atinjam de uma forma ou outra.*

Quando sentimos menos, nós nos arriscamos menos. Estou aqui para lhe dizer, porém, que a paixão de que estou falando — o "entusiasmo entusiástico" — não é um sentimento que vai e vem ou um humor que você espera sentir para poder agir com relação a alguma coisa. Paixão é a maneira como você encara a vida.

Veja como Deus usa a paixão. Tudo que Ele faz tem um propósito, e Ele faz isso de uma forma entusiasmada. Ele faz isso com Seu coração. Devemos amar a Deus de todo *nosso* coração, e fazer tudo o que fazemos com entusiasmo e energia. Qualquer esforço de nossa parte que não seja de todo coração não agradará a Deus, nem produzirá a verdadeira alegria em nossas vidas.

Há um desejo inato no fundo de cada um de nós de atingir objetivos que parecem inatingíveis. Estou falando de sonhos e esperanças que todos nós temos; alguns estão logo abaixo da superfície, mas outros foram enterrados tão profundamente por tanto tempo que levará tempo para desenterrá-los. Faz parte de nossa natureza ter algo em direção ao qual estejamos nos movendo o tempo todo. Todos nós precisamos de algo pelo que lutar, pelo que trabalhar e com que sonhar.

Precisamos de um motivo para nos levantarmos da cama pela manhã, e um motivo que seja maior do que simplesmente existirmos para mais um dia. Creio que todos nós temos um profundo desejo de ser ousados, de sair da caixa e viver no limite. Se alguém nos perguntasse, reconheceríamos imediatamente que queremos que a vida seja empolgante, mas alguns de nós nos tornamos confortáveis demais, sentados recatadamente nos sofás das nossas respectivas vidas. Precisamos de um desafio, mas somente alguns de nós ousamos seguir nosso coração. Decidi ser um desses poucos. Você quer se juntar a mim? Você vai ousar ser diferente? Vai ousar viver a vida de verdade?

Você vai ousar viver a vida de verdade?

Assim como alguns de vocês, passei muitos anos sem apreciar a jornada da vida. Eu brigava com a vida, sempre querendo ter algo diferente do que tinha. Finalmente aprendi que a vida tem mais a ver com a jornada do que com o destino, e fiz o compromisso de desfrutá-la inteiramente. Agradeço a Deus por ter me ensinado a enfrentar a vida com coragem, sabendo que Ele está comigo e que posso fazer o que for preciso com Ele ao meu lado, e que posso fazer isso com alegria. Agora sei que tenho um propósito, que Deus tem um plano, e decidi viver os meus dias com paixão e entusiasmo. Creio que este livro exercerá um efeito profundo em você. Ele acrescentará à sua vida uma qualidade que talvez esteja faltando. Oro para que Deus lhe mostre o propósito e o entusiasmo que Ele quer que você tenha.

Nosso Maior Exemplo de Paixão

Como cristãos, quando falamos em paixão, muitos de nós pensam nas encenações sobre a paixão que vimos na Páscoa e, é claro, o filme de 2004, *A Paixão de Cristo*, que retrata as últimas doze horas da vida de Jesus na terra.

Jesus era apaixonado pelo seu propósito. E Ele não demonstrou isso apenas por meio de momentos intensamente emocionais, como ao ficar irado quando viu as pessoas vendendo mercadorias no templo ou chorar quando viu a incredulidade do povo. Sua paixão podia ser vista na Sua preocupação pelos enfermos, pelos pobres, e por aqueles que eram tratados injustamente. Ele sempre parava para ajudar e consolar as pessoas sofredoras que iam até Ele. Jesus orou com entusiasmo e demonstrou grande resistência enquanto estava na cruz. Ele amava Seu Pai apaixonadamente. Podemos dizer com segurança que tudo que Jesus fez foi de todo coração, e devemos seguir Seu exemplo.

Quando pensamos em paixão, precisamos pensar na paixão de Cristo. Precisamos nos lembrar do Seu foco, da Sua determinação e do quanto Ele era comprometido com a vida e com o plano de Seu Pai. Precisamos adotar Sua paixão como nossa. Precisamos ser tão comprometidos com a vida quanto Jesus era e é.

Se você deseja extrair o máximo de sua vida e vivê-la com entusiasmo e zelo como Jesus viveu, apenas ler este livro não será o bastante. Você precisará tomar decisões ao longo do caminho. Talvez sua maneira de encarar a vida precise mudar. Talvez sua atitude e o modo como organiza seu tempo precisem mudar. Entretanto, os resultados serão recompensadores. Levantar todos os dias com um propósito e viver cada dia com entusiasmo já é uma recompensa. A vida tem mais valor, e no final de cada dia podemos ter uma sensação de realização e de dever cumprido. Podemos esperar o dia seguinte com expectativa.

Viver cada dia com entusiasmo já é uma recompensa.

Quando abraçamos a vida com entusiasmo não sentimos tanto pesar ou pavor. Nossas vidas ficam cheias de zelo pelo presente e somos o que gosto de chamar de uma pessoa do "AGORA". Alguém que está vivendo plenamente no presente e extraindo tudo o que pode de cada dia. Até os percalços da jornada da vida têm um propósito e você pode aprender a encontrar valor neles em vez de ter pavor deles e desprezá-los.

Faça esta jornada comigo. Vamos juntos aprender como podemos ser mais entusiasmados pela vida que Deus nos deu. Que possamos estar determinados a cumprir o nosso propósito.

PARTE I

Os Complementos do Entusiasmo e do Propósito

CAPÍTULO 1

Onde o Entusiasmo e o Propósito Começam

> A vida de Jesus Cristo foi um fracasso absoluto de todos os pontos de vista, menos do ponto de vista de Deus. O que parecia ser fracasso do ponto de vista do homem foi um triunfo do ponto de vista de Deus, porque o propósito de Deus nunca é igual ao do homem.
>
> — OSWALD CHAMBERS, *MY UTMOST FOR HIS HIGHEST*

Em 24 de dezembro de 1968, enquanto as famílias em todo o mundo comemoravam a chegada do Natal, uma perspectiva muito diferente estava sendo vista a duas centenas de milhares de quilômetros acima da superfície da terra. Os astronautas Frank Borman, Jim Lovell e William Anders, a bordo da Apolo 8 para a histórica primeira missão tripulada à lua, olharam assombrados e maravilhados da sua órbita lunar para o mundo lá em baixo. Em uma transmissão de televisão ao vivo, onde mostraram fotos da terra e da lua vistas da espaçonave, a tripulação terminou a transmissão com uma leitura de Gênesis.

"A tripulação da Apolo 8 tem uma mensagem que gostaríamos de enviar a todas as pessoas da Terra", disse William Anders. *"No princípio Deus criou os céus e a terra. Era a terra sem forma e vazia; trevas cobriam a face do abismo, e o Espírito de Deus se movia sobre a face das águas. Disse Deus: 'Haja luz', e houve luz..."*[1].

Foi uma declaração poderosa para um momento poderoso. Embora tenha durado apenas um instante, aqueles astronautas, juntamente com o restante do mundo assistindo aos seus televisores, captaram apenas um vislumbre do que Deus viu quando criou o mundo. Isso nos traz à mente o poder e a autoridade de Deus e faz com que percebamos quão pouco entendemos a respeito do nosso Criador.

"No princípio Deus..." (Gênesis 1:1). Essas são as três primeiras palavras da Bíblia registradas em Gênesis, e foi o que William Anders leu. Creio que às vezes passamos rapidamente por estas quatro primeiras palavras para chegarmos à parte da criação, mas precisamos retroceder por um instante e dar uma olhada nelas, porque são palavras profundas. Deus não foi criado. Ele já estava lá no princípio e Ele não tem fim. *Deus é!* Ele criou tudo e fez isso do nada. Nossa mente finita tem dificuldade em entender isso, mas de uma coisa podemos ter certeza: jamais entenderemos Deus, portanto, não faz sentido tentar. Deixe-me dizer isso de outra forma: devemos gastar menos energia tentando ler a mente de Deus sobre por que Ele faz o que faz e dedicar mais energia em fazer o que Ele quer que façamos.

Os caminhos, os métodos e as veredas de Deus são misteriosos e impossíveis de serem seguidos e descobertos.

A verdade é que se pudéssemos compreendê-lo, Ele não seria o nosso Deus. A Bíblia diz em Romanos 11:33 que os Seus juízos e decisões são imensuráveis, insondáveis, e inescrutáveis. Os caminhos, os métodos e as veredas de Deus são misteriosos e impossíveis de serem seguidos e descobertos. Mas também sabemos a partir das Escrituras que Deus tem um propósito em tudo o que faz. "O Senhor faz tudo com um propósito..." (Provérbios 16:4).

Você pode sentir o entusiasmo do mistério ardendo em seu coração até mesmo ao ler as palavras que tentam descrever um Deus indescritível? Ninguém conhece a mente de Deus nem pode entendê-lo ou entender Seus pensamentos. Ninguém pode ser conselheiro de Deus.

Você já percebeu com que frequência tentamos dar conselhos a Deus? Quantas vezes tentamos dizer a Deus o que vamos fazer e depois pedimos a Ele que nos ajude a resolver as coisas? Felizmente, Ele não presta muita atenção aos nossos caprichos, nem às nossas estratégias e planos. Deus sabe o que é melhor e Sua intenção para nós é sempre melhor do que qualquer coisa que possamos planejar.

No que se refere ao nosso propósito, devíamos orar e depois fazer planos; não fazer planos e depois orar para que Deus aceite nosso conselho e faça com que nossos planos tenham sucesso. Não é disto que se trata conhecer o propósito de Deus para as nossas vidas. Trata-se de viver na Sua vontade a cada dia, e esta é a única maneira de realmente conhecermos a paz e a alegria.

A Bíblia nos ensina que nossas mentes guardam muitos dos nossos planos, mas é o propósito do Senhor para nós que prevalecerá (ver Provérbios 19:21). E devemos estar contentes por isso. Pense nisto: se todos os nossos planos acontecessem, nossas vidas seriam miseráveis. Quantas vezes você desejou algo, não conseguiu, e depois descobriu que aquilo teria tornado sua vida pior e não melhor?

Não temos ideia de quantas vezes pedimos coisas que não são boas para nós. Deus, na Sua misericórdia e sabedoria, não as concede a nós, mas Ele continua operando a Sua vontade e propósito em nossas vidas. Ela nos parece frustrante e confusa porque continuamos tentando fazer com que as coisas aconteçam da maneira que queremos. Mas concordo com A. W. Tozer, que disse que as pessoas que estão crucificadas com Cristo têm três marcas distintas: elas estão olhando somente em uma direção; elas não podem jamais retroceder; e elas não têm mais seus próprios planos. Não desfrutaremos a vida até que aceitemos a vontade de Deus com alegria e paremos de tentar entender tudo que acontece de forma contrária aos nossos desejos.

Recentemente, planejei uns dias de folga no Lago Ozarks para passar algum tempo com minhas filhas e alguns amigos próximos. Eu tinha tudo planejado: ficaríamos por duas noites, iríamos à fonte de águas, faríamos compras, comeríamos fora, jogaríamos alguns jogos, riríamos e nos divertiríamos muito. Convidei a todos com três meses de antecedência para ter certeza de que eles não tivessem outros planos, e, no entanto, um por um, eles me informaram que não poderiam ir por uma razão ou outra. Devo admitir que fiquei decepcionada porque sentia que Deus estava me dizendo para passar mais tempo com meus amigos e separar tempo para fazer coisas como aquela viagem. Eu não entendia por que as coisas não deram certo até três meses depois, quando uma amiga me lembrou que a festa que eu havia planejado teria acontecido no mesmo dia em que enterrei meu pai.

Quando comecei a planejar aquela viagem, não sabia que meu pai morreria, mas Deus sim. Numa certa ocasião, quando os discípulos de Jesus estavam confusos sobre algo que Ele fez, Jesus disse (a Pedro): "Você não compreende agora o que estou lhe fazendo; mais tarde, porém, entenderá" (João 13:7). Deus vê o fim desde o começo. Nós sabemos apenas o que sabemos, mas Deus sabe tudo.

Nós sabemos apenas o que sabemos, mas Deus sabe tudo.

Aceitação com Alegria

Creio que costumamos ficar envolvidos em tentar descobrir o significado das coisas e nunca aceitamos o fato de que confiar em Deus significa que sempre teremos perguntas não respondidas. Até que aceitemos esse fato, porém, nossa alegria e entusiasmo na vida e no nosso propósito não podem realmente começar.

A maioria de nós se lembra do filme *Indiana Jones e a Última Cruzada*. Indy era um aventureiro e explorador cuja busca pelo Santo Graal quase lhe tirou a vida. No clímax do filme, Indy perde sua base de apoio e é lançado da beira da fenda de uma rocha. Quando seu pai, o Professor Jones, tenta levantá-lo por um braço, Indy estica o outro braço para tentar agarrar o Graal, que estava fora de seu alcance. Seu pai lhe diz com firmeza: "Indiana, deixe-o". Indy ouve seu pai com relutância, e enquanto eles escapam da estrutura que desmorona, o Graal é perdido para sempre. Na nossa busca por entendermos Deus, costumamos falhar em perceber que existem muitas coisas a respeito Dele que não são para ser entendidas. E assim como Indiana Jones, temos de aprender a deixar isso de lado.

Aprendi a ter prazer em saber que alguém que tem mais sabedoria que eu está no comando da minha vida. Quando me vejo atrás de um carro andando a vinte quilômetros por hora abaixo do limite de velocidade por causa do tráfego, gosto de pensar que talvez tenha havido algum acidente de carro que estou evitando por estar em uma velocidade inferior à que eu pretendia. Ou quando faço planos para fazer alguma coisa e algo acontece para impedir que eu siga meu plano original, lembro que Deus está no controle e tento aceitar a mudança com alegria. Precisamos aceitar a Palavra de Deus e o que Ele faz sem muitas análises e sem questionar. Confiar em Deus quando não entendemos traz muita paz à nossa vida. Meu lema é: "Peça a Deus tudo o que quiser, mas fique contente com o que Ele lhe der". Confie que a escolha Dele é sempre a melhor!

Há muitas coisas na Bíblia que levantam a questão "por que" em nossas mentes. A Palavra de Deus diz que Ele nos ama porque assim o quer, não porque damos a Ele uma boa razão para isso. A Bíblia diz que Ele nos escolheu para Si em Cristo antes da fundação do mundo. Ele nos adotou como Seus filhos por meio de Jesus Cristo, de acordo com o propósito da Sua vontade porque assim lhe agradou (ver Efésios 1:4-5).

Devo admitir que há vezes em que não sei por que Deus poderia me amar ou se relacionar comigo, mas aceitei o que Ele diz como verdade. Não temos de entender o "porquê" por trás do amor de Deus, precisamos apenas aceitá-lo. Como seres humanos, queremos entender tudo, mas existem coisas que só Deus entende. Se não gastarmos nosso tempo e energia tentando entender o que só Deus sabe, talvez tenhamos a energia para vivermos vidas entusiasmadas e com propósito.

Colocando um Fim no Porquê

Por que o "porquê" é sempre a grande questão da vida? Parece que todos querem perguntar o porquê de tudo, e isso começa quando somos crianças. Perguntamos a nossos pais por que a lua fica tão longe e por que temos de ir para a escola; e por que não podemos ter um pônei no quarto. Depois, à medida que envelhecemos, começamos a fazer perguntas mais difíceis, como: "Por que as pessoas têm problemas? Por que crianças inocentes morrem enquanto pessoas velhas e más têm vida longa? E quanto ao abuso de crianças ou a fome mundial? Se Deus é bom, então por que há tanto sofrimento no mundo? Por que algumas pessoas são ricas e outras são pobres? Por que esta tragédia aconteceu comigo? Por que tenho esta aparência? Por que não consigo cantar ou tocar piano? Por que foi tão difícil para mim concluir os estudos enquanto minha irmã se saía maravilhosamente bem sem nenhum esforço? Por quê? Por quê? Por quê?

Como seres humanos, é natural perguntarmos por quê. Deus nos fez pessoas inquisitivas e curiosas. Entretanto, existe uma linha tênue que separa nossa busca por entendimento da exigência de sabermos tanto quanto Deus. Temos de entender que nem toda pergunta terá uma resposta; que existem muitas coisas que nunca entenderemos completamente, e temos de estar dispostos a aceitá-las. Por exemplo, se começarmos a comparar nossas vidas e circunstâncias com as de outras pessoas, provavelmente veremos injustiça por todos os lados para onde olharmos, geralmente porque sempre nos comparamos com aqueles cuja vida é melhor que a nossa. Deixamos de olhar para as multidões de pessoas cujas vidas são muito piores que as nossas. Se fizéssemos isso, poderíamos ser gratos em vez de ficarmos confusos e amargos.

Cresci em um lar disfuncional cheio de violência, alcoolismo e incesto. Perguntei "por que" por cerca de quarenta anos e acabei ficando infeliz e sem respostas. Finalmente decidi aceitar que minha vida "é o que é", e decidi que tentaria descobrir o que poderia ser feito com o restante dela.

Embora acreditasse que não tinha nada para dar, dei o meu nada a Deus e assim como Ele criou tudo o que vemos do nada, Ele me deu um futuro e uma vida que vale a pena ser vivida. Ele me mostrou que eu tinha um propósito o tempo todo, e que embora Satanás tenha tentado me destruir, Deus me redimiu e o propósito Dele para mim prevalecerá e se cumprirá.

O propósito para o qual Jesus veio foi para destruir as obras do diabo (ver 1 João 3:8). Se você convidá-lo para entrar na sua vida e ser seu Salvador e Senhor, Ele trará justiça e lhe dará benção dobrada em lugar da sua angústia anterior (ver Isaías 61:7-8).

A maioria das pessoas tenta dar a Deus o que elas são, mas acredito firmemente que também devemos dar a Ele o que não somos. Ele faz mais com nada do que com alguma coisa! Se você se sente como nada, você é exatamente o que Deus está procurando. Você é alguém com quem Ele pode trabalhar. Entregue-se a Ele. Aceite sua vida até agora, embora não a entenda nem um pouco, e você sentirá uma paz maravilhosa! Você não pode voltar e mudar sua vida, então por que não deixar que Deus faça alguma coisa com ela? Ele pode transformar sua dor em algo de bom e seu caos em um milagre.

Ainda não tenho todas as respostas para o abuso infantil. Não entendo a dor que sofri na infância, mas decidi deixar isso com Deus, onde é o lugar dela, e confiar Nele para tornar a vida que me resta melhor do que ela poderia ser se eu não tivesse sido tão machucada. Isso lhe parece absurdo? Talvez, mas Deus é capaz de fazer isso, e Ele é o único que é capaz disso.

Pare de perguntar por que você está vivo e qual é o seu propósito e entenda agora mesmo que você está vivo para dar prazer a Deus. Você está aqui porque Deus quer você aqui e Ele quer ter comunhão com você. Ele quer derramar a Sua bondade sobre você e deleitar você com surpresas e bênçãos. Ele não apenas quer abençoá-lo, mas também quer fazer de você uma bênção para outros. Você é um representante Dele na terra. Você é um embaixador de Deus.

Em vez de perguntar "por que, Deus, por que", apenas diga a Deus que você confia Nele. Medite no quanto Ele é grande. Ele criou tudo que vemos. As montanhas, os oceanos, as árvores, os pássaros, os animais, os insetos, as pessoas, tudo.

A Bíblia diz que se pararmos de depender do nosso discernimento e da nossa compreensão, Deus direcionará os nossos caminhos e isso será saúde para os nossos corpos e vigor para os nossos ossos (ver Provérbios 3:7-8). Em outras palavras, seremos muito mais saudáveis se pararmos de perguntar o "porquê" de tudo e apenas aprendermos a confiar.

Permita-se não saber e ficar satisfeito em conhecer Aquele que sabe.

Como pais, entendemos que é natural e até saudável as crianças fazerem perguntas, mas há momentos em que ficamos cansados de ter de explicar tudo que fazemos. Muitos pais tiveram de enfrentar tantas perguntas feitas por seus filhos querendo saber por que isto e por que aquilo, que a mamãe ou o papai acabaram saindo com o clássico "Porque eu quero!". Deus pode estar dizendo a mesma coisa a você neste momento da sua vida. Você acabou ficando confuso tentando entender coisas que só Deus sabe? Você pode mudar de atitude agora mesmo se quiser. Permita-se não saber e ficar satisfeito em conhecer Aquele que sabe.

eu desafio você

Pare de Perguntar Por que

NÃO PERGUNTE: Por que Deus permitiu que isto acontecesse?
PERGUNTE: O que posso aprender com isto que me tornará uma pessoa melhor?
NÃO PERGUNTE: Por que existe tanto sofrimento no mundo?
PERGUNTE: Como Deus pode me usar para ajudar os que sofrem?

Conhecendo Deus

O apóstolo Paulo disse que seu propósito determinado era o de progressivamente conhecer a Cristo mais completamente e precisamente, e o poder da Sua ressurreição (ver Filipenses 3:10). Se você estiver disposto a fazer do ato de conhecer a Deus a busca de toda sua vida, estará cumprindo o seu principal propósito.

Creio que o conhecimento é progressivo. Tudo na vida funciona de acordo com a lei do crescimento gradual. À medida que a criança passa pela escola, ela aprende progressivamente. Aprendemos da mesma maneira no que se refere ao conhecimento espiritual. Para conhecer Deus, precisamos conhecer Sua Palavra. Em Lucas 1:4 aprendemos que o propósito de Deus é que possamos conhecer toda a verdade e entender as doutrinas da nossa fé. É a verdade que nos liberta. Ela retira o engano das nossas vidas. É preciso tempo e esforço, mas se continuarmos estudando, pouco a pouco aumentaremos em conhecimento. Estudar sobre Deus é sábio porque...

"Pois dele, por ele e para ele são todas as coisas. A ele seja a glória para sempre! Amém".

— ROMANOS 11:36

É a verdade que nos liberta.

Paulo foi inspirado a escrever este versículo porque entendeu sua importância e o fato de que ele estabelece o propósito para cada uma das nossas vidas. Por favor, não se apresse em passar rapidamente por este versículo sem dedicar tempo para meditar. Observe o que ele está nos dizendo: Tudo começa e termina em Deus. Tudo é Dele, por Ele e para Ele. Em outras palavras, tudo vem Dele e tudo que fazemos deve ser feito através da capacidade Dele. Devemos fazer tudo para Ele. Ele deve ser o centro das nossas vidas. Até que isso seja realizado, não há satisfação a ser encontrada na vida. Como Rick Warren afirma em seu livro *Uma Vida com Propósitos,* "Você foi criado por Deus e para Deus, e até que entenda isso, a vida nunca fará sentido". Até aceitarmos e abraçarmos a ideia de que Deus é tudo e não somos nada sem Ele, permaneceremos frustrados e irrealizados e teremos dificuldade em encontrar alegria.

Deus Não é Chato

Quando falamos em abraçar o entusiasmo e atrair a vida, muitas pessoas concordarão com entusiasmo até ligarmos Deus a isso. Então, elas coçarão a cabeça — entusiasmo e Deus na mesma frase? Isto não é um paradoxo? Até mesmo alguns cristãos associam Deus ao tédio, e não ao entusiasmo. Veja por exemplo o caso da irmã mais velha que estava sentada ao lado de seu irmão mais novo na igreja em um domingo pela manhã, tentando sem êxito fazer com que ele ficasse quieto e em silêncio. Finalmente, ela sussurrou: "Eu gostaria que você se acalmasse". "Não posso", sussurrou de volta o menino. "Isso é muito chato". Diante disso, sua irmã se virou e disparou: "É para ser chato". Amigos, a religião pode ser chata, mas Deus nunca é chato.

Até mesmo alguns cristãos associam Deus ao tédio, e não ao entusiasmo.

Os homens anseiam por aventura e as mulheres anseiam por romance, e Deus proporciona as duas coisas em abundância. Ele nos ama apaixonadamente e servi-lo certamente é uma aventura que deixará qualquer um maravilhado. A vida cristã não é para ser maçante! Deus nos diz em Sua Palavra que veio para nos dar vida para que pudéssemos desfrutá-la em abundância (ver João 10:10). Deus adora participar de nossa vida diária e Ele é cheio de surpresas. Ele é o único que pode satisfazer os anseios profundos que todas as pessoas têm no coração. Ele tem uma vida para você além de qualquer coisa que você possa imaginar. Anime-se com o fato de conhecer e servir a Deus e aguarde ansiosamente cada dia. Viva com a expectativa entusiasmada de que algo de bom vai acontecer com você!

CAPÍTULO 2

Entendendo Por que Você Faz o Que Faz

Certa vez, ouvi uma história sobre o guardião de um farol que trabalhava em um trecho rochoso da costa. Uma vez por mês, ele recebia um novo suprimento de óleo para manter a luz acesa para que os navios pudessem navegar em segurança próximo à costa rochosa. Uma noite, porém, uma mulher de um vilarejo vizinho pediu ao guardião um pouco de óleo para aquecer sua família. Em outra ocasião, um pai pediu um pouco de óleo para usar em sua lâmpada. Outro homem precisava lubrificar uma roda. E como todos os pedidos pareciam legítimos, o guardião do farol tentou agradar a todos e atendeu ao pedido de todos eles.

Próximo do fim do mês, o homem percebeu que seu suprimento de óleo estava perigosamente baixo. Logo o óleo acabou, e uma noite a luz do farol se apagou. Como resultado, naquela noite diversos navios naufragaram e inúmeras vidas se perderam. Quando as autoridades investigaram, o homem argumentou de forma apologética. Ele disse a eles que estava apenas tentando ser útil com o óleo. A resposta das autoridades às desculpas do homem, porém, foi simples e direto ao ponto: "Você recebeu óleo com um propósito, e um propósito apenas — manter aquela luz acesa!"[1]

Quando foi a última vez que você tirou um minuto para refletir sobre por que faz o que faz? O que dirige suas escolhas e o faz tomar suas decisões e executar suas ações? Você está fazendo o que deveria estar fazendo? E está fazendo isso com ansiedade e dedicação?

Quando foi a última vez que você tirou um minuto para refletir sobre por que faz o que faz?

É triste dizer, mas a maioria das pessoas nunca para por tempo suficiente para se perguntar por que estão fazendo o que estão fazendo, mas isso é uma das principais preocupações de Deus. Na verdade, Ele não está impressionado com o que fazemos, mas está interessado em "por que" o fazemos. Boas obras feitas pelos motivos errados não receberão qualquer recompensa quando comparecermos diante de Deus no dia do Juízo.

> "... Ele trará à luz o que está oculto nas trevas e manifestará as intenções dos corações. Nessa ocasião, cada um receberá de Deus a sua aprovação".
>
> — 1 CORÍNTIOS 4:5B

Naquele dia, todo homem e toda mulher prestará contas de si mesmo (ver Romanos 14:12). Esse é um pensamento grave, sobre o qual devemos ponderar com seriedade. Aqueles que colocaram sua fé em Jesus e o receberam como Salvador, não serão julgados com relação à salvação, pois seus nomes já estão escritos no Livro da Vida do Cordeiro. Eles serão julgados, porém, com relação às obras que foram feitas durante seu tempo na terra e serão recompensados de acordo com elas.

A Bíblia nos ensina que todas as obras feitas com motivações erradas (maldade, egoísmo) serão queimadas e a recompensa por elas se perderá (ver 1 Coríntios 3:13-15). Devemos nos assegurar de que conhecemos as nossas motivações.

É possível conhecer o propósito da sua vida e passar a vida dedicando-se a ele com a motivação errada no seu coração. Por exemplo, sei que parte do meu propósito na vida é ensinar a Palavra de Deus em todo o mundo. Nos primeiros anos do meu ministério, Deus teve de me punir severamente porque embora eu estivesse indo em busca do meu propósito, os meus motivos não eram corretos. Eu queria ser importante, admirada e ter uma boa reputação. Estava procurando encontrar o meu valor naquilo que fazia, quando deveria tê-lo encontrado no fato de ser uma filha de Deus e saber quem eu era em Cristo.

As coisas não estavam funcionando corretamente em minha vida. Meu ministério não estava progredindo, e eu não estava feliz. Sentia-me frustrada na maior parte do tempo e não tinha paz nem alegria. Eu não sabia o que estava errado. Achava que o diabo estava me atrapalhando, e então Deus me mostrou que eram as minhas motivações que estavam me atrapalhando. Eu estava orando por muito tempo e com força, mas Deus não podia responder minhas orações porque os meus motivos não eram corretos.

> "Quando pedem, não recebem, pois pedem por motivos errados, para gastar em seus prazeres".
>
> —TIAGO 4:3

Quando entendi que meu coração estava errado, tomei a decisão de viver para Deus e para a Sua glória, e não para mim mesma e para a minha glória. É possível mudar a nossa motivação simplesmente tomando uma decisão, mas primeiro precisamos saber quais são nossos motivos e propósitos. Isto requer um profundo exame de consciência que poucas pessoas se dedicam a fazer. Costumamos ter medo de realmente conhecer a nós mesmos. A pessoa que encara a verdade sobre si mesma e faz o que for necessário para estar em linha com a vontade de Deus é uma pessoa corajosa. Eu desafio você a ser corajoso o bastante para examinar honestamente todos os seus motivos e estar disposto a não fazer nada se não puder fazer alguma coisa pelos motivos corretos.

eu desafio você

Avalie Seus Motivos

Uma das melhores coisas que podemos fazer pela nossa caminhada espiritual é nos sentarmos e dedicarmos tempo para pensar sobre por que fazemos o que fazemos. Quanto mais entendermos quais são os nossos verdadeiros motivos, melhor poderemos trabalhar para garantir que o nosso propósito se alinhe com o propósito de Deus. Faça estas perguntas a si mesmo e enquanto pensa nas respostas, anote-as em um caderno ou em um diário para poder voltar e revê-las periodicamente. Peça a Deus para ajudá-lo a alinhar suas motivações para que Ele possa usá-lo plenamente.

1. Quando pensa em fazer alguma coisa para Deus, o que você espera receber com isso?
2. Quando conta às pessoas o que está fazendo para Deus, você espera secretamente que elas o admirem?
3. Quanto você está disposto a sacrificar para fazer a vontade de Deus?
4. Você se vê fazendo mais do que parece poder suportar somente para agradar às pessoas?
5. Você ora primeiro e faz planos depois, ou planeja primeiro e depois ora para que seus planos tenham êxito?
6. Você está disposto a deixar de fazer alguma coisa se Deus lhe mostrar que é hora de passar para algo diferente?

Para ser sincera, fiquei horrorizada quando percebi que muitos dos meus propósitos e motivações estavam errados. Foi difícil para mim encarar isso, mas pela graça de Deus consegui, e foi um ponto de mudança importante em minha vida. Deus me ensinou bem cedo na minha caminhada com Ele porque é tão importante conhecer e entender os nossos motivos, e recomendo firmemente que você dedique algum tempo para fazer um exame de consciência e aprender o "porquê" por trás do seu "o quê".

Motivadores

Cite alguns dos fatores motivadores para você fazer o que faz. Todo mundo os possui — essas forças ou pessoas que nos impulsionam ou que fazem com que atuemos em alguma coisa. Talvez seja a esperança de uma promoção no trabalho ou o amor dos nossos filhos que nos mantém seguindo em frente. Algumas pessoas são motivadas pelo aplauso ou pela aprovação dos amigos e da família ou dos colegas de trabalho. Infelizmente, nem todos os fatores motivadores são bons ou agradáveis a Deus. A ganância é um motivador poderoso para muitas pessoas, mas Deus nos adverte contra o perigo da ganância (ver Lucas 12:15). Ela rouba a vida daqueles que são motivados por ela.

Algumas pessoas são motivadas pelos ciúmes e pela inveja. Outras são motivadas pelo ódio e pela amargura. Algumas são motivadas pela vingança e outras pela insegurança e pelo medo. Os nossos agentes motivadores são como o combustível em um carro — eles são a força que nos impulsiona. Precisamos de alguma coisa para nos motivar, para nos colocar em ação, mas é preciso que seja algo que produza bons frutos em nossas vidas e na vida de outros. Quando uma criança não está se saindo bem na escola, seu professor costuma dizer que ela não tem motivação. Talvez a criança nunca consiga agradar seus pais independentemente do que faça, então perde a motivação até mesmo para tentar. Talvez ela não tenha sido ensinada sobre a boa ética do trabalho, e seja basicamente preguiçosa. Talvez os métodos de ensino usados em sua escola não promovam a forma como ela aprende. Algumas pessoas aprendem facilmente com livros, ao passo que outras precisam mais de aplicação prática. O ponto é que quando as pessoas não têm motivação ou têm a motivação errada, geralmente existe uma raiz que precisa ser localizada.

As pessoas amargas e iradas que procuram se vingar foram feridas em algum momento, e não aprenderam que Deus é o seu Vingador. Elas não sabem que Ele fará justiça em suas vidas se elas apenas esperarem Nele. As pessoas motivadas pelos ciúmes e pela inveja são indivíduos inseguros que comparam a si mesmos e as suas vidas com os outros. Acreditam que seu valor e sua dignidade estão em ficar na frente de todos os demais. As que são motivadas pela ganância estão buscando poder na fonte errada. As que são motivadas pelo materialismo se esqueceram de que vieram ao mundo sem nada e que partirão sem nada.

Então, quais são alguns *bons* motivadores que você deve ter em sua vida? Use a seguinte lista para começar e verifique que outros motivadores você pode acrescentar a ela:

1. O Espírito de Deus — "O Meu conselho é este: Vivam livremente, animados e motivados pelo Espírito de Deus. Então vocês não alimentarão as compulsões do egoísmo" (Gálatas 5:16, The Message). Quando realmente damos ouvidos ao Espírito de Deus em nós, temos o único e melhor motivador possível para guiar nossos passos porque a verdade não pode se misturar com nada menos que a verdade. Devemos ser capazes de dizer que somos motivados pelo Espírito de Deus no que fazemos. Fazemos o que fazemos porque acreditamos que é a vontade de Deus.

2. Puro amor — A carta de Paulo aos Filipenses indica que sua prisão revelou as verdadeiras motivações das pessoas, tanto boas quanto más. "É verdade que alguns aqui pregam a Cristo porque comigo fora do caminho, eles acham que vão entrar direto debaixo dos holofotes. Mas outros o fazem com o melhor coração do mundo. Um grupo é motivado por puro amor, sabendo que estou aqui defendendo a Mensagem, querendo ajudar. Os outros, agora que estou fora de cena, são apenas gananciosos, esperando poder tirar algum proveito disso para si mesmos..." (Filipenses 1:15-17, The Message). O amor genuíno é um motivador importante para o nosso propósito e entusiasmo porque com ele, é difícil nos agarrarmos ao ódio, à inveja e à ganância. Devemos ser capazes de dizer que fazemos o que fazemos por puro amor.

3. Fé — Assim como Moisés quando conduziu os israelitas para fora do Egito, podemos ser motivados pela nossa fé, e a nossa convicção interior permitirá que nos mantenhamos firmes no nosso propósito com uma lealdade inabalável como alguém que "vê Aquele que é invisível" (ver Romanos 14:23). Portanto, que tudo o que façamos seja movido pela fé.

4. Ser uma benção — Deus disse a Abraão que o abençoaria e faria dele uma benção (ver Gênesis 12:2). Creio que o desejo de ser uma benção é um grande elemento motivador e um fator que agrada imensamente a Deus. Adoro colocar sorrisos no rosto das pessoas. A Bíblia diz que Jesus andava por toda parte fazendo o bem (Ver Atos 10:38). Vamos nos esforçar para sermos como Ele!

5. Por uma questão de justiça — Acredito que um bom motivador é fazer alguma coisa simplesmente porque é a coisa certa a fazer. Jesus disse a João que o batizasse para cumprir toda a justiça (ver Mateus 3:15). Ele fez isso porque era a coisa certa a fazer. Há momentos na vida em que o "dever" deve ser o nosso motivador. O apóstolo Paulo lembra que é nosso dever cuidar de nossos pais e avós idosos (ver 1 Timóteo 5:4). Os idosos geralmente são ignorados simplesmente porque os membros da família não estão cumprindo o seu dever. Creio que fazer alguma coisa porque é nosso dever é um motivo que Deus aceita.

6. A Palavra de Deus — Ser obediente à Palavra de Deus é um dos melhores motivadores que conheço. Não temos de sentir vontade de fazer alguma coisa, ou achar que é justo, ou mesmo querer fazer aquilo. Mas se estivermos dispostos a fazer o que Deus diz na Sua Palavra, Deus ficará satisfeito com os nossos motivos e não perderemos a nossa recompensa.

Mais uma vez, eu o incentivo a conhecer o seu propósito e as suas motivações. O que ou quem motiva você? A paixão por servir a Deus, ou o desejo de ser notado? Não tenha medo de responder a este tipo de pergunta sinceramente. A verdade o libertará! Posso lhe garantir que você não é diferente de ninguém. Ainda que você descubra que alguns dos seus motivos são impuros, você não está só. Você apenas é uma das pessoas corajosas que estão dispostas a encarar a realidade e a fazer as mudanças que precisam ser feitas.

Manter os seus motivos puros é um processo que dura a vida inteira e que precisa ser buscado com entusiasmo. É muito fácil enganar a si mesmo, portanto, vamos nos comprometer em examinar os nossos motivos regularmente diante de Deus, e pedir a Ele que revele qualquer motivação errada que possamos ter.

Paixão com Pureza

A Bíblia nos diz em Mateus 5:8 que aqueles que são puros de coração verão a Deus. Creio que isso significa que as pessoas que têm um coração puro têm a clara consciência e compreensão de Deus — elas o ouvem com grande clareza e estão confiantes na Sua vontade.

Converse com qualquer engenheiro e você aprenderá que a única maneira de o metal poder ser usado com segurança é depois de ser testado repetidamente de acordo com padrões e requisitos muito rígidos. O metal que se deseja utilizar deve ser puro, e para que ele seja puro, precisa passar pelo fogo — precisa ser derretido e depois moldado para poder se encaixar. Antes de podermos cumprir o nosso propósito, precisamos estar dispostos a ser testados de acordo com os padrões de Deus e purificados para estarmos prontos para sermos usados.

Talvez você tenha começado a ler este livro porque quer saber qual é o seu propósito na vida, e acredito que você descobrirá qual é. No entanto, é essencial que você conheça a intenção do seu coração antes que possa entender e perceber as demais coisas que Deus tem para você.

A Bíblia nos ensina a vontade geral de Deus para todas as pessoas. Algumas dessas coisas já mencionamos. O propósito de Deus é que desfrutemos Sua presença, obedeçamos a Ele, desfrutemos a vida, vivamos com entusiasmo e o representemos bem. Estas coisas são as mesmas para todos. Mas existem outras coisas específicas para cada indivíduo. Deus concede dons, talentos e capacidades exclusivas a cada um de nós. A um é dada a capacidade de administrar e gerir (ver Romanos 12:6-8). Outra pessoa pode ter a capacidade de ensinar e liderar; outra tem a capacidade de cantar ou pintar, e assim por diante. Juntos, constituímos o que a Bíblia chama o corpo de Cristo. Ele é a nossa cabeça e nós somos o Seu corpo. Ele fica na direção e nós seguimos. Precisamos nos treinar para manter os nossos motivos puros e para seguirmos a vontade de Deus em todo o tempo.

Você alguma vez treinou para fazer alguma coisa difícil? Talvez para uma corrida de cinco mil metros ou até mesmo para uma maratona? E se você se lançasse nessa corrida sem sequer ter trabalhado para desenvolver seus músculos? E se, em vez disso, você tivesse ficado sentado o dia inteiro comendo besteiras? Quando você está na corrida — por mais que sua mente deseje que o seu corpo trabalhe — se os seus músculos não estiverem treinados, se eles não forem tão saudáveis fisicamente e também do ponto de vista da saúde, você não se sairá bem. Nosso relacionamento com Deus funciona da mesma forma.

Escolhemos praticar fazer o que é certo e quando fazemos isso sucessivamente, criamos bons hábitos que se tornam parte do nosso caráter. Passamos a estar bem treinados para os propósitos de Deus.

Quando trabalhamos juntos coletivamente, a vontade e o propósito plenos de Deus são realizados na terra. É por isso que é tão importante entender por que fazemos o que fazemos e garantir que os nossos motivos sejam puros, porque o nosso propósito definitivo é servir ao propósito de Deus... e não ao nosso.

Dê Tudo o Que Tem

A Palavra de Deus nos dá instruções simples com relação a como devemos lidar com as nossas habilidades exclusivas. Ela diz simplesmente que devemos nos dedicar às nossas habilidades (ver 1 Timóteo 4:15). Para mim, isso significa que devemos nos ocupar em fazer aquilo que fazemos bem e não tentar fazer o que não somos bons em fazer ou incapazes de fazer. Muitas pessoas tentam fazer o que outras pessoas fazem bem em vez de fazer aquilo que elas fazem bem. Elas se comparam e competem entre si e perdem a alegria no processo.

A Bíblia diz:

> "Se o seu dom é servir, sirva; se é ensinar, ensine; se é dar ânimo, que assim faça; se é contribuir, que contribua generosamente; se é exercer liderança, que a exerça com zelo; se é mostrar misericórdia, que o faça com alegria".
>
> — ROMANOS 12:7-8

Os anos podem enrugar sua pele, mas abrir mão do entusiasmo enruga sua alma.

Não precisamos apenas descobrir o propósito de Deus e cumpri-lo com a motivação correta, mas também precisamos cumpri-lo com zelo e entusiasmo. Os anos podem enrugar sua pele, mas abrir mão do entusiasmo enruga sua alma. Você seca por dentro e tudo parece morto.

Deus não quer que obedeçamos a Ele apenas por obrigação. Ele quer que o sirvamos porque desejamos e para desfrutarmos totalmente Sua presença. Tentar servir a Deus por dever sem também ter prazer Nele na verdade é um insulto. Não somos marionetes, somos pessoas criadas por Deus com livre arbítrio. Ele nos escolheu e quer que o escolhamos alegremente.

Lembro-me do casamento em João capítulo 2, onde a mãe de Jesus pede que Ele ajude quando descobrem que todo o vinho havia acabado. Ele diz aos servos para pegarem seis grandes talhas e enchê-rem-nas de água. Imagino o que os servos pensaram a respeito das instruções Dele, sabendo que o senhor deles corria o risco de ficar constrangido diante dos convidados e agora aquele homem chamado Jesus estava pedindo que eles enchessem talhas com água. Mas não parece que eles o tenham questionado; na verdade, a Bíblia diz que eles encheram aquelas talhas de água "até à borda" (João 2:7). Imediatamente, a água se transformou em vinho.

Esse foi o primeiro milagre registrado do ministério de Jesus na terra, e quero lembrá-lo que os milagres Dele não pararam por aí. Ele também fará milagres na sua vida se você obedecer-lhe, e se oferecer como um vaso puro que Ele possa encher.

Assim como Jesus trabalhou em parceria com os servos para transformar água em vinho, Ele trabalha em parceria conosco hoje. Sinto o entusiasmo arder em minha alma quando lembro que estou em parceria com o Deus Todo-poderoso, onisciente e onipresente. Pense nisso... você é parceiro de Deus!

Assim como Jesus trabalhou em parceria com os servos para transformar água em vinho, Ele trabalha em parceria conosco hoje.

Nada nos dá mais energia do que ter uma visão clara do que devemos fazer. Temos de trabalhar para sobreviver, mas o trabalho sem sentido nos deixa esgotados. O mundo está cheio de pessoas desgastadas, cansadas, e a maior parte delas são pessoas que são levadas pela maré da vida, mas não descobriram qual é o seu propósito. Passam a vida fazendo o que odeiam e não têm coragem suficiente para fazer o que realmente querem fazer. Infelizmente, um dos maiores fatores motivadores para as pessoas costuma ser o contracheque. Seria melhor se você ganhasse menos dinheiro e fosse entusiasmado pelo que faz, do que ganhar muito dinheiro fazendo algo que despreza. Você ousaria seguir seu coração até alcançar a realização?

Você ousaria seguir seu coração até alcançar a realização?

A eternidade ultrapassará em muito o tempo que temos aqui na terra, portanto, devemos extrair o máximo dos anos que temos e entender que aquilo que fazemos hoje, e principalmente "por que" o fazemos, não apenas afeta o agora, mas também o depois; o aqui e o depois daqui. Ter entusiasmo significa sentir, arriscar, sonhar e viver. Só temos uma vida no tempo de vida que temos — não vamos desperdiçá-la.

CAPÍTULO 3

Coloque Um Sorriso no Rosto de Alguém

Existem coisas temporais e existem coisas eternas. Infelizmente, cometemos o erro de prestar atenção demais às coisas temporais. Ficamos envolvidos em coisas em vez de nos envolvermos em servir, e isso é uma das maneiras de nos tornarmos nossos piores inimigos no que se refere a manter o fogo ardendo pelo Reino.

A Bíblia diz que tudo que vemos atualmente está indo embora (ver 2 Coríntios 4:18). Quando compramos alguma coisa e a levamos para casa, ela já está entrando em decadência. Vá até uma revendedora de automóveis, dirija pelo quarteirão com um carro novo, e a sua compra nova em folha já vale menos do que você pagou por ela cinco minutos antes! Conheço um casal que comprou um desses gravadores de vídeo digitais que estão na última moda agora. Eles estavam muito entusiasmados para levá-lo para casa, até o dia seguinte, quando descobriram outro modelo que havia acabado de ser lançado com funções que o aparelho deles não possuía. A compra nova deles já estava ultrapassada. As *coisas* são temporais. Meu marido, Dave, e eu costumamos passar de carro por ferros-velhos, e comentamos que aquelas pilhas de ferro um dia foram o sonho de alguém. As pessoas provavelmente se endividaram e podem ter arruinado relacionamentos para possuir o que agora está jogado em um ferro-velho, enferrujado e deteriorado.

A energia física, mental e até espiritual que às vezes utilizamos para estarmos à altura do vizinho ao lado poderia ser muito melhor aplicada. Quando servimos aos outros, estamos sendo as mãos e os pés de Deus. Estamos usando a nossa energia com um propósito eterno. Estamos fazendo a diferença na vida dos filhos Dele, e geralmente a nossa recompensa é o sorrido de alguém. Isso é um lembrete de que demos alegria a alguém, e aquilo que semeamos na vida de outros podemos esperar colher na nossa vida.

Dê alegria e você sempre terá muita alegria. A Bíblia nos ensina que é mais abençoado dar do que receber. Não sei quanto a você, mas uma coisa que me entusiasma sempre é a sensação de prazer que tenho por dentro quando ajudo alguém. Ser uma benção para outros é a chave para manter o entusiasmo em sua vida. Significa agir com significância eterna em vez de agir com ausência de propósito temporal, de que falaremos mais no próximo capítulo.

Ser uma benção para outros é a chave para manter o entusiasmo em sua vida.

> "Como está escrito: 'Distribuiu, deu os seus bens aos necessitados; a sua justiça dura para sempre'".
>
> — 2 CORÍNTIOS 9:9

Servimos a Deus servindo às pessoas — fazendo com que as coisas que elas não são capazes de fazer por si mesmas aconteçam para elas. Usando a nossa energia para tornar a vida delas mais fácil e mais agradável, estamos sendo servos do nosso Criador. Essas são as coisas que duram para sempre. Essas coisas têm valor eterno.

Sei que servir às pessoas não é um tema muito popular. Ele nos dá uma imagem mental de fazer coisas para todo mundo enquanto as pessoas tiram vantagem de nós. Temos a tendência de pensar em servir como um trabalho que não é muito impressionante, mas Jesus não pensava assim, absolutamente. Na verdade, Ele disse que se realmente quiséssemos ser considerados grandes no Reino de Deus teríamos de servir (ver Mateus 5:19).

Que tipo de imagem mental você tem quando ouve a palavra *servo*? Você vê uma empregada com um uniforme preto e branco limpando a sujeira das pessoas e lavando a louça? Você vê um mordomo abrindo a porta de uma mansão para os convidados que estão chegando? Ou vê Jesus lavando os pés dos Seus discípulos alegremente e com entusiasmo e dizendo a eles para fazerem o mesmo?

O Egoísmo Leva à Infelicidade

Servir a Deus e aos outros é o caminho para a alegria, mas poucas pessoas percebem isso. A maioria dos indivíduos pensa que ter alguém lhes servindo é o caminho a seguir. Eles acham que conseguir o que querem lhes trará realização, mas estão enganados. O médico, teólogo e filósofo Albert Schweitzer disse certa vez: "O propósito da vida humana é servir, e demonstrar compaixão e desejo de ajudar a outros". [1] Algumas pessoas são abençoadas por perceberem a verdade antes de desperdiçarem sua vida inteira.

Servir a Deus e aos outros é o caminho para a alegria.

Ouvi uma história sobre uma mulher que foi pedir aconselhamento ao pastor porque estava terrivelmente deprimida. O pastor tinha muitos anos de experiência, e imediatamente soube qual era o problema, mas não sentiu que a mulher estivesse pronta para ouvir a verdade. Em vez de se arriscar a ofendê-la, ele lhe deu uma tarefa para fazer em casa. Ele sabia que ela gostava de cozinhar, então pediu que ela fosse para casa e assasse alguns biscoitos e os distribuísse durante a semana, e depois voltasse para outra sessão de aconselhamento na semana seguinte, quando ele teria mais tempo para ela. A mulher nunca voltou para a próxima sessão, e quando diversas semanas haviam se passado, o pastor a viu na igreja e perguntou por que ela nunca retornou. Ela respondeu: "Ah, fiquei tão entusiasmada quando comecei a fazer biscoitos e distribuí-los às pessoas que esqueci completamente da depressão". O pastor sabia que a depressão dela tinha raízes no egoísmo e no excesso de tempo ocioso que ela tinha para pensar em tudo em sua vida que não lhe agradava. Ele acreditava que se pudesse fazer com que ela se tornasse mais ativa fazendo algo pelos outros, a alegria de Deus seria liberada em sua vida e, sem dúvida alguma, funcionou.

Passei muitos anos tentando ser feliz cuidando de mim mesma em primeiro lugar, e o único resultado que consegui foi que a felicidade fugisse de mim completamente. Descobri na Palavra de Deus que Jesus nos chamou como Seus discípulos para nos esquecermos de nós mesmos e segui-lo (ver Marcos 8:34). Segui-lo significa que estudamos Seus caminhos e fazemos o que Ele fez. Jesus obedecia a Seu Pai (Deus) e ia por toda a parte ajudando as pessoas (ver Atos 10:38). Jesus lavou os pés dos Seus discípulos e lhes disse que fizessem o que eles o tinham visto fazer, e então eles seriam felizes.

Isto às vezes é algo difícil de entendermos — o ato de dar a alguém acima das nossas próprias necessidades. Nos dias de hoje, vivemos em um mundo que serve a si mesmo, onde existem *self-services* para gasolina, refeições, e agora até existem filas para fechar a conta nos mercados. Isso mesmo, em algumas lojas você pode fechar a sua conta e pagar por suas compras em lugar de esperar que alguém faça isso por você. A ideia de serviço foi diluída e desapareceu no mundo em que vivemos, e, no entanto, o ato de serviço estimula muitas coisas dentro do nosso coração e do nosso espírito. Ele simplesmente nos ajuda a tirar nossa mente de nós mesmos e colocá-la em ajudar outras pessoas. Existem necessidades à nossa volta, mas em geral estamos apressados demais para perceber isso. Vamos desacelerar e firmar o compromisso de ajudar a todas as pessoas que pudermos. Estaremos colocando um sorriso não apenas no rosto delas, mas também no de Jesus. E suspeito que até terminaremos com um sorriso em nosso próprio rosto.

Jesus nunca estava apressado, e ainda assim realizou mais em três anos de ministério terreno do que milhares de nós juntos poderão realizar em toda uma vida. Jesus não estava simplesmente ocupado, Ele era frutífero. Ele tinha um propósito e o perseguia com entusiasmo. Creio que Jesus colocava sorrisos nos rostos das pessoas em toda parte aonde ia. Ele sempre tinha tempo de parar e ouvir as pessoas e ajudá-las. A maioria de nós está correndo para lá e para cá tentando conseguir as coisas que queremos na vida, e nesse processo podemos passar totalmente por cima dos princípios de acordo com os quais Deus quer que vivamos. Coisas do tipo "Há maior felicidade em dar do que em receber" (Atos 20:35) e "Dêem, e lhes será dado: uma boa medida, calcada, sacudida e transbordante..." (Lucas 6:38).

A Bíblia diz que não apenas faremos as coisas que Jesus fez, mas até mesmo coisas maiores (ver João 1:50, 5:20, 14:12). Por que não vemos mais dessas obras maiores? Creio que é porque nossa cultura hoje está quase que totalmente voltada para si mesma. Nossos anúncios empurram as pessoas para terem mais. De acordo com a CardWeb.com, que publica as estatísticas dos cartões de crédito e os melhores negócios da indústria, no final de 2005, a família comum tinha uma dívida de cartão de crédito na faixa de nove mil dólares. Ao todo, as famílias tinham um total de 711 bilhões em dívidas de cartão de crédito. [2]

Não importa se precisamos de alguma coisa ou se podemos ou não pagar por ela, fomos ensinados que nós a merecemos. Mas a verdadeira felicidade não consiste em ter cada vez mais. Na verdade, quanto mais temos, mais temos de pagar, e mais coisas temos para cuidar. Se você vai continuar trazendo cada vez mais coisas para casa, pelo menos comece a dar um pouco do que já tem a pessoas que não têm tanto quanto você.

A verdadeira felicidade não consiste em ter cada vez mais.

Toda vez que começo a me sentir infeliz, posso me perguntar o que tenho feito por outras pessoas e geralmente localizo a raiz da minha infelicidade. Deus nos criou para estendermos a mão aos outros e prometeu que se fizéssemos isso, Ele estenderia a mão para nós e nos daria uma alegria que não podemos encontrar em nenhum outro lugar. O que fazemos acontecer para os outros, Deus fará acontecer para nós em abundância. Se você quer ser mais feliz, comece a plantar sementes fazendo outra pessoa feliz. Você pode servir. Você pode ser a pessoa que coloca sorrisos no rosto de outras pessoas.

O Homem Mais Tolo da Bíblia

A ganância é a causa de grande parte de nossa infelicidade e um prejuízo definitivo para nosso entusiasmo e nosso propósito. As empresas Enron e WorldCom eram gigantes que apareciam na lista da revista Fortune 500 entre as maiores empresas dos Estados Unidos, e seus líderes um dia foram admirados, mas quebraram por causa da ganância. A Bíblia nos ensina para nos guardarmos contra a ganância e para ficarmos livres de toda cobiça (o desejo descontrolado por riqueza e o anseio ganancioso de possuir mais) (ver Romanos 7:7). É interessante notar que precisamos nos guardar contra a ganância. Podemos pedir a ajuda de Deus, mas no final das contas precisamos guardar o nosso coração e as nossas emoções contra os perigos que a ganância pode representar. Precisamos dizer não a nós mesmos assim como dizer sim. Como fazer isso vivendo em uma sociedade tão voltada para si mesma? Creio que a única maneira de lutar contra a ganância é sendo uma pessoa que sabe dar com determinação.

Jesus queria que as pessoas entendessem o que Ele estava dizendo sobre a ganância, então contou uma história sobre um homem que já era rico e que tinha outra colheita a caminho, a qual prometia ser abundante. Aquele homem já tinha tanto que não conseguia imaginar onde guardaria sua nova colheita. Então ele pensou no assunto e decidiu derrubar seus celeiros e construir outros maiores e melhores. Então o homem disse: "Você tem grande quantidade de bens, armazenados para muitos anos. Descanse, coma, beba e alegre-se. Contudo, Deus lhe disse: 'Insensato! Esta mesma noite a sua vida lhe será exigida. Então, quem ficará com o que você preparou?'" (Lucas 12:19-20).

Aquele homem perdeu uma grande oportunidade não apenas de ser abençoado, mas de ser uma grande benção para outros. Eu o chamo de o homem mais tolo da Bíblia porque ele tinha meios para viver e tudo que fez foi ficar cada vez mais egoísta. Em vez de usar seus recursos para ser alguém que distribui sorrisos, ele perdeu tudo.

Quando estivermos no nosso leito de morte, nenhum de nós perguntará pelo seu saldo bancário. Vamos querer nossa família e nossos amigos por perto. Vamos querer sentir que estamos deixando um bom legado, e que fizemos um depósito aqui na terra que deixará as pessoas felizes por termos vivido e tristes por termos partido.

Aquele homem podia ter ambas as coisas. Deus não está pedindo para não termos nada e darmos tudo que temos. Na verdade, Ele está nos pedindo para usarmos parte dos nossos recursos para servir a Ele e às outras pessoas.

Deus é um Deus que ama dar, e a vontade Dele é que sigamos Seu exemplo. Uma coisa é certa: Deus é feliz, e se quisermos compartilhar Sua alegria, precisamos fazer as coisas do jeito Dele.

Deus é um Deus que ama dar, e a vontade Dele é que sigamos Seu exemplo.

Billy Graham é um dos homens mais admirados e respeitados do mundo, e ele disse: "Meu único propósito na vida é ajudar as pessoas a terem um relacionamento pessoal com Deus, o que, creio, vem através do conhecimento de Cristo". Ele deu sua vida para ajudar outras pessoas a encontrarem vida. Ele vive para tornar a vida delas melhor. Billy Graham não dedicou sua vida à tentativa de ser admirado, no entanto, ele é. Ele é um verdadeiro servo de Deus. Ele busca o seu propósito com entusiasmo com um coração puro e Deus o recompensa. Se fizermos o que Deus nos pede vivendo para servir a Ele e aos outros, Ele fará mais por nós do que poderíamos fazer por nós mesmos.

Trate os Outros Como Deseja Ser Tratado

Colhemos o que plantamos! A maneira como tratamos os outros é a maneira como seremos tratados. Se acreditarmos nessa afirmação e vivermos de acordo com ela, teremos uma vida muito melhor. George Washington Carver disse: "A distância que podemos alcançar na vida depende de sermos gentis com os jovens, compassivos com os velhos, simpáticos com os que têm dificuldades, e tolerantes com os fracos e fortes — porque um dia teremos sido todos eles". Na vida, costumamos não terminar com o que queremos ou achamos que merecemos, mas nos esquecemos de que quando tivemos a oportunidade de dar essas coisas a outras pessoas, não encaramos como algo importante.

Madre Teresa foi uma mulher que dedicou sua vida a ser alguém que distribuía sorrisos. Ela provavelmente foi uma das mulheres mais admiradas e respeitadas do mundo. As pessoas lerão e falarão sobre a vida dela por muitos séculos; no entanto, ela teve uma existência muito simples. Sua filosofia era: "Que ninguém que venha até você saia sem estar melhor e mais feliz". Ela viveu de acordo com este princípio e deu mais de si mesma do que jamais esperou dos outros. Você é corajoso o suficiente para entregar sua vida para ajudar os outros a encontrarem vida? Quando ponderamos sobre esta pergunta, nossos primeiros pensamentos costumam ser "E eu? Quem vai cuidar de mim e dos meus desejos e sonhos?" A resposta é... Deus! Quando entregamos nossas vidas por amor a Ele, Ele sempre nos dá em troca muito mais do que estamos dispostos a abrir mão.

Viva para dar, não para ganhar.

Comece a tratar as pessoas como você deseja ser tratado e você cumprirá um dos mais elevados propósitos de Deus para sua vida. Viva para dar, não para ganhar. Coloque o seu foco em dar sorrisos e você descobrirá sempre que terá um enorme suprimento de sorrisos para si mesmo.

eu desafio você

Faça Outras Pessoas Sorrirem

Muitas vezes esperamos até que estejamos prontos para ajudar os outros, mas infelizmente isso pode demorar demais. Faça o esforço de estender a mão para outros usando os dons e as habilidades com os quais Deus equipou você hoje. Faça a si mesmo as seguintes perguntas e escreva suas respostas em um caderno ou diário que você possa abrir e rever mais tarde:

1. Cite três coisas que você faz bem.
2. Cite três coisas que você gosta de fazer.

3. Selecione uma coisa da lista de coisas que você faz bem e imagine todas as maneiras possíveis de usar esse dom ou talento para servir a outras pessoas.
4. Peça a Deus para lhe dar um coração de servo e ajudá-lo a ter mais entusiasmo em servir a Ele.

Use o Que Está Em Sua Mão

Deus está chamando cada um de nós para fazer grandes coisas, mas grandes coisas são realizadas fazendo-se um monte de pequenas coisas. Tenho um ministério mundial, mas comecei ensinando vinte e cinco pessoas todas as quintas-feiras à noite em minha sala de visitas e fui fiel nisso por cinco anos antes de Deus me dar uma oportunidade de fazer algo maior. Fale com diversas pessoas que possuem grandes ministérios ou grandes organizações ou negócios de sucesso e elas contarão histórias semelhantes. Se você é fiel nas pequenas coisas, Deus o fará governar sobre muito.

Quando Deus chamou Moisés para libertar os israelitas do cativeiro no Egito, perguntou-lhe o que ele tinha na mão. Era uma vara, um instrumento que os pastores usavam enquanto guiavam o rebanho. Deus disse a Moisés para atirá-la ao chão e Ele a encheu com poder; então Ele disse a Moisés para pegá-la de novo. Aquela foi a mesma vara que Moisés usou para abrir o Mar Vermelho e ajudar a tirar os israelitas em segurança da mão dos egípcios.

Rute usou suas mãos para colher no campo de Boaz, a fim de alimentar-se e alimentar sua sogra, Noemi. Ela poderia ter desistido a qualquer momento e ter voltado para sua família, mas preferiu ficar com a mulher que tanto admirava e amava, e trabalhou duro para cuidar de Noemi e para fazer tudo o que podia por ela (ver Rute 2:2).

Jael foi uma mulher que Deus usou para ajudar a libertar os israelitas de Jabin, rei de Canaã. Ela matou um dos inimigos simplesmente usando o que tinha na mão, uma estaca da tenda e um martelo, que enterrou na têmpora do inimigo enquanto ele dormia (ver Juízes 4:21).

Uma mulher cujo nome não é citado usou uma pedra de moinho que tinha na mão para matar o mau Abimeleque (ver Juízes 9:53). Ela poderia muito bem ter dito: "Não posso fazer nada, não tenho nenhuma arma".

Não é realmente o que temos nas mãos que resolve as coisas, mas o poder de Deus que enche aquilo que está em nossas mãos.

Talvez você tenha influência ou uma posição na sociedade que Deus possa usar, como Débora, que era uma poderosa juíza e usou sua influência e posição para ajudar as pessoas (ver Juízes 4 e 5).

Não é realmente o que temos nas mãos que resolve as coisas, mas o poder de Deus que enche aquilo que está em nossas mãos. Não importa o que não temos, desde que tenhamos Deus. O poder Dele se aperfeiçoa na nossa fraqueza. Não cometa o erro de pensar que você não tem o suficiente para cumprir o propósito de Deus para sua vida. Apenas comece usando o que tem e Deus fará o resto.

Muitas pessoas perdem o plano de Deus porque acham que estão mal equipadas para começar. Elas têm medo de fracassar. Sir Winston Churchill disse: "O sucesso é a capacidade de ir de um fracasso a outro sem perder o entusiasmo". Se uma pessoa decide buscar o propósito de Deus, cometerá alguns erros ao longo do caminho. Madre Teresa disse: "Deus não exige que tenhamos êxito; Ele só exige que tentemos".

Não se concentre no que você acha que não pode fazer, apenas faça o que você pode fazer. Madre Teresa também disse: "Se você não pode alimentar cem pessoas, então alimente apenas uma". Esse é um grande conselho. Creio que às vezes não achamos que nosso propósito ou nossa paixão são grandes o bastante por não estarmos atingindo muitas pessoas ou porque nosso impacto não é tão grande quanto achamos que deveria ser. Eu sempre disse que tinha uma boca e a entreguei a Deus. Ele a está usando pelo mundo inteiro. Eu tinha uma sala de visitas e a entreguei a Deus, e foi ali que meu ministério começou. Mantenha seus olhos em Deus, e não em si mesmo. Afinal, não se trata de você, de qualquer maneira!

Não Deixe Para Depois o Que Pode Fazer Hoje

"Talvez quando eu for mais velho". "Talvez quando estiver mais estabilizado". "Talvez quando as crianças estiverem grandes". "Talvez quando eu estiver pronto para me aposentar".

A procrastinação é um grande ladrão do propósito de Deus para o Seu povo. Você pode pretender fazer alguma coisa algum dia, mas o que o está impedindo de fazê-la agora? Você pode achar que tem problemas demais por si só para ajudar outra pessoa. A verdade é que até que você comece a ajudar alguém, talvez nunca tenha seus problemas resolvidos. Só Deus pode resolver seus problemas, e Ele o fará se você der a Ele algo para trabalhar agindo com fé para estender a mão a outros. Não podemos esperar uma colheita se não estamos dispostos a plantar sementes.

Quando nos comprometemos a abraçar a vida com entusiasmo, a primeira coisa que Satanás tenta fazer é nos derrotar com qualquer meio que seja necessário. Uma das maneiras mais fáceis que ele tenta usar para fazer isso é sugerir que esperemos até outro momento. Ele nos convence de que temos muito tempo para nos entusiasmarmos com o chamado de Deus, para nos apaixonarmos pelo nosso propósito, e por seja lá o que Deus esteja nos pedindo para fazer. Então adiamos até amanhã, e depois o amanhã chega; então adiamos até o dia seguinte. Procrastinamos muitas coisas na vida: exercício, oração, estudo bíblico, sair das dívidas, perder peso, e sim, até mesmo no que se refere a fazer o compromisso de nos entregarmos ao nosso propósito.

"Mas eu simplesmente não *sinto* que é o momento, Joyce", você diz. Você pode não sentir que está pronto, mas Deus não nos dá o luxo de nos *sentirmos* prontos. Levantar-se com fé significa que geralmente o fazemos com medo e tremendo, sabendo que se Deus não vier nos ajudar, faremos papel de bobos. Há momentos em que sabemos no fundo do nosso coração que ainda não é hora, mas precisamos garantir que esse sentimento procede do coração e não da mente ou das emoções.

Deus não nos dá o luxo de nos* sentirmos *prontos.

Recentemente, Deus me pediu para fazer algo e eu com certeza não senti vontade de fazê-lo. A princípio, rejeitei totalmente a ideia, mas lá no fundo sentia que era algo que eu realmente devia fazer. Obedecer a Deus significava que teria de decepcionar alguém. Aguardei, esperando ouvir outra coisa de Deus, mas tudo que recebia era uma confirmação a cada vez. Só porque não sentimos vontade de fazer uma coisa não significa que Deus não quer que a façamos. Precisamos viver de acordo com o discernimento espiritual que temos em nosso interior, e não de acordo com o sentimento que temos na nossa carne.

O hoje importa! Tome uma atitude hoje. Não adie até amanhã o que você pode fazer hoje. O mundo está cheio de pessoas tristes que estão sofrendo. Você pode colocar um sorriso no rosto de alguém. Você pode ser alguém que distribui sorrisos. Isso enriquecerá sua vida e você descobrirá que está sorrindo também.

CAPÍTULO 4

A Falta de Propósito

Gwen Gavin é uma esposa de trinta e oito anos e mãe de três filhos que sabe o que é preciso para se ter propósito. Ela descobriu seu próprio propósito quando começou a trabalhar com crianças em sua igreja e descobriu que tinha talento para se relacionar com adolescentes e para entender a maneira de falar com eles. Ela dedica tempo todas as semanas para servir como voluntária em programas depois do horário escolar, ajudando os jovens a aprender a construir a autoestima e a fazer boas escolhas.

"Tento ajudar os jovens a perceberem que eles têm um propósito", diz Gwen. "E é preciso ter visão para chegar lá". [1]

Visão. Que palavra maravilhosa e importante para se pensar quando estamos falando de entusiasmo e propósito. Não vejo as pessoas falarem muito em visão atualmente, nem tentarem extrair nada dela. Em vez disso, parece que a falta de propósito tem tomado conta da nossa cultura. As pessoas estão sendo envolvidas pela mentalidade de querer tudo "melhor, mais rápido, mais barato e mais fácil", uma doença da nossa sociedade que tem ameaçado se transformar em uma epidemia. Estamos tão acostumados com novas tecnologias que fazem tudo por nós, que é fácil perder o entusiasmo e a motivação pela excelência que são necessária para fazer bem as coisas. Qualidade não é tão importante para muitos quanto quantidade. É raro encontrar uma pessoa que se dedique de todo coração ao que está fazendo e que se esforce para fazer isso com excelência. Embora os padrões de conduta elevada e a paixão por santidade estejam desaparecendo, o mundo está esperando por alguém que tome uma posição. Alguém dirá: "Vou ousar viver com propósito e entusiasmo. Vou ousar viver com excelência e compromisso. Farei o meu melhor para ser o melhor eu possível. Terei a coragem de ser um dos poucos!".

Viver com propósito significa se esforçar por alguma coisa — mirar em um alvo, ser intencional e determinado. Qual é o seu alvo? Por que motivo você está se esforçando?

A falta de propósito não é um problema apenas para os adultos. Ela atinge os jovens também. O suicídio é a terceira principal causa de morte entre os adolescentes atualmente. [2] Eles não veem sentido na vida. Nada faz sentido para a geração mais jovem e eles estão curiosos e preocupados com seu futuro, sendo que apenas três em cada dez se sentem bem preparados para a vida adulta. [3] Eles estão procurando pessoas sinceras, genuínas e excelentes que sejam modelos para eles e não há muitas dessas pessoas por aí. Em muitos casos, os pais desses jovens os decepcionaram descendo corrente abaixo com o restante da sociedade. Eles viveram em casas cheias de concessões, promessas quebradas e mediocridade. Não veem nada que valha a pena ansiar. Nada faz com que eles se sintam motivados, e o resultado é que eles se perguntam por que estão aqui. Isto é uma tragédia, mas as estatísticas podem ser mudadas se um número suficiente de pessoas decidir abandonar a maneira como *está* vivendo e viver da maneira que *deveria* estar vivendo.

Precisamos entender que estamos dando o exemplo para a geração vindoura, e eles farão mais daquilo que nos veem fazer do que daquilo que nos ouvem dizer. Dizer aos outros o que fazer — e depois não fazer isso você mesmo — é pior do que não dizer nada.

Dizer aos outros o que fazer — e depois não fazer isso você mesmo — é pior do que não dizer nada.

Faça da Maneira Certa ou Simplesmente Não Faça

Pense no que poderia acontecer se todos nós acordássemos amanhã e decidíssemos que o que quer que fizéssemos, faríamos com excelência. Daríamos o nosso tudo e faríamos o nosso melhor, com nada menos do que cem por cento. Isso mudaria o nosso impacto? Mudaria os nossos relacionamentos? Alteraria o mundo? Pode ter certeza que sim! Fazer as coisas com excelência significa que você não toma atalhos. Você não toma o caminho mais fácil só porque ele é fácil.

Fazer as coisas com excelência significa que você não toma atalhos.

Noé certamente não tomou o caminho mais fácil. Quando Deus lhe pediu para construir a arca, Noé tinha cerca de quinhentos anos de idade. Foram necessários cem anos para que ele terminasse a arca segundo as especificações dadas por Deus, enquanto também recolhia dois de cada espécie de animal e de criatura que vivia na terra. O entusiasmo e a dedicação de Noé em seguir as instruções de Deus foram necessários para o futuro de sua família, assim como para o futuro do mundo, e sabemos que ele fez isso com excelência porque sabemos que o resultado foi um sucesso. A arca, juntamente com tudo e todos dentro dela, sobreviveu enquanto o restante do mundo não sobreviveu.

Tome a decisão de ser uma pessoa excelente. Talvez se fizéssemos menos, pudéssemos fazer mais coisas com excelência. Parte do nosso problema na sociedade é que a maioria das pessoas está tentando fazer tantas coisas que não consegue fazer nenhuma delas direito. Desacelere, pense seriamente no que está fazendo, e pergunte a si mesmo se você está fazendo alguma dessas coisas de todo o seu coração. Você está dando o seu melhor?

Existe algo que você ame o suficiente para dedicar todo o seu ser a isso? Todos os heróis, as lendas, os líderes e os campeões que enchem nossos livros de história são pessoas que amavam o que faziam o suficiente para se dedicarem a essas coisas.

Existe algo que você ame o suficiente para dedicar todo o seu ser a isso?

No final do século XVIII, Nellie Bly era uma das primeiras repórteres investigativas, e as histórias que ela escrevia ajudaram a mudar as leis e trouxeram à tona as dificuldades sociais e governamentais. Apesar das críticas e da rejeição que enfrentou por ser uma repórter mulher, ela seguiu em frente e deixou um legado duradouro, mas foram seu entusiasmo, sentido de propósito e dedicação que a ajudaram a avançar. [4]

George Washington Carver nasceu escravo e cresceu durante o período de reconstrução dos Estados Unidos. Enfrentou inúmeros desafios, inclusive a expulsão da universidade com base simplesmente na cor de sua pele. Entretanto, ele se recusou a desistir, e finalmente conseguiu conquistar um mestrado em Ciências, e é responsável por ajudar a salvar e restaurar a indústria agrícola do sul dos Estados Unidos dirigindo pesquisas sobre o amendoim e a batata doce. Seu entusiasmo e dedicação finalmente o ajudaram a desenvolver mais de quatrocentos produtos adicionais, incluindo queijo, sopa, plásticos e cosméticos. [5]

Para amar o que faz, você precisa fazer o que ama.

Clara Barton era conhecida por sua disposição em tomar iniciativas quando via uma necessidade. Quando a guerra civil irrompeu nos Estados Unidos em 1861, Clara organizou medicamentos e suprimentos para os soldados feridos e viajou com o exército durante a guerra de quatro anos. Seus esforços resultaram na formação da Cruz Vermelha, e Clara continuou a liderá-la e a solicitar contribuições para a entidade até os oitenta e três anos de idade.[6]

As pessoas que são dedicadas a alguma coisa têm um motivo para se levantarem da cama pela manhã. Elas têm algo para buscar, algo para motivá-las. Para amar o que faz, você precisa fazer o que ama. Pare de gastar todo seu tempo em algo que você não ama o suficiente para entregar a isso sua dedicação. Você não encontrará uma pessoa de sucesso que não tenha se dedicado àquilo em que desejava ter êxito.

eu desafio você

Faça Aquilo Que Você Ama

Jesus disse: "Ame o Senhor, o seu Deus de todo o seu coração, de toda a sua alma e de todo o seu entendimento" (Mateus 22:37). Nossa primeira busca na vida é amar a Deus: com entusiasmo, oração e com o nosso pensamento. Podemos pegar estes mesmos instrumentos e aplicá-los em fazer o que Deus quer que façamos.

Seja Entusiasmado Pelo que Você Ama: Não permita que o medo ou as preocupações com o que os outros pensam o impeçam de ficar entusiasmado com o que você está fazendo. Se você estiver realmente feliz no lugar onde Deus o colocou, mantenha esse entusiasmo ardendo com força porque ele pode ser o fósforo que acende uma centelha na vida de alguém.

Ore Sempre por Aquilo que Você Ama: Busque sempre a direção de Deus à medida que avança no seu propósito. Você pode gostar de arte ou música, ou talvez goste de números, mas você precisa sempre perguntar, não a si mesmo, mas a Deus, se continua caminhando segundo a direção Dele e não a sua. Permaneça em oração e você poderá estar confiante em saber e ter a certeza de que está dentro da vontade Dele.

Seja Atencioso Com Aquilo que Você Ama: Às vezes o pior problema que podemos ter é termos *muitas coisas* que amamos fazer. Talvez você seja uma daquelas pessoas abençoadas a quem Deus deu muitos talentos, ou muitas paixões às quais você gostaria de se dedicar. Pense nas coisas de que você gosta e pergunte a si mesmo qual dessas coisas faz a diferença na vida das outras pessoas.

Faça Algo Com um Propósito

"Tenham cuidado com a maneira como vocês vivem; que não seja como insensatos, mas como sábios".

— EFÉSIOS 5:15

Esse sempre foi um dos meus versículos favoritos. Nunca tive dificuldades em ser uma pessoa de propósitos. O meu propósito nem sempre foi o que deveria ser, mas eu me levantava todos os dias com um propósito. Pessoas que não têm um propósito tendem a me deixar frustrada. Vejo muito potencial desperdiçado e sei que o desperdício leva ao arrependimento. Conheço pessoas que desperdiçaram suas vidas e agora estão velhas e não têm nada a não ser arrependimento. É triste!

Tenha um plano para cada dia e coloque seu plano em ação.

Creio que uma vez que você está lendo este livro, esta é uma boa hora para fazer um levantamento sério do que você está fazendo com sua vida, com seus talentos, sua energia, suas finanças, seu tempo, e com tudo mais. Se você descobrir que não está fazendo o melhor, tome a decisão de mudar.

Tenha um plano para cada dia e coloque seu plano em ação. Não seja legalista nem inflexível caso precise alterar seus planos, mas não seja uma pessoa sem propósitos. Salomão sabia o que era buscar coisas que não tinham necessariamente significado. Leia o que ele diz em Eclesiastes 2:4-10:

> "Lancei-me a grandes projetos: construí casas e plantei vinhas para mim.
>
> Fiz jardins e pomares, e neles plantei todo tipo de árvore frutífera.
>
> Construí também reservatórios para regar os meus bosques verdejantes.
>
> Comprei escravos e escravas e tive escravos que nasceram em minha casa. Além disso, tive também mais bois e ovelhas do que todos os que viveram antes de mim em Jerusalém.
>
> Ajuntei para mim prata e ouro, tesouros de reis e de províncias. Servi-me de cantores e cantoras, e também de um harém, as delícias do homem.
>
> Tornei-me mais famoso e poderoso do que todos os que viveram em Jerusalém antes de mim, conservando comigo a minha sabedoria.

> Não me neguei nada que os meus olhos desejaram; não me recusei a dar prazer algum ao meu coração. Na verdade, eu me alegrei em todo o meu trabalho; essa foi a recompensa de todo o meu esforço".

Superficialmente, parece que Salomão está indo bem, não é? Ele está ocupado, ativo, e é rico; está fazendo negócios e movimentando as coisas, por assim dizer. Mas vamos continuar lendo:

> "Contudo, quando avaliei tudo o que as minhas mãos haviam feito e o trabalho que eu tanto me esforçara para realizar, percebi que tudo foi inútil, foi correr atrás do vento; não há qualquer proveito no que se faz debaixo do sol".
>
> — ECLESIASTES 2:11

A versão *The Message* descreve o versículo anterior deste modo: "Então dei uma boa olhada em tudo que havia feito, olhei para todo o suor e trabalho duro. Mas quando olhei, não vi nada a não ser fumaça. Fumaça e perda de tempo. Nada daquilo fazia sentido. Nada".

Salomão percebeu que podemos estar ocupados, mas correndo sem sair do lugar; você pode ter uma agenda cheia, mas estar vazio por dentro ao mesmo tempo. O livro de Eclesiastes fecha com instruções para buscarmos e obedecermos a Deus acima de qualquer coisa. Salomão descobriu que este era o fundamento de toda a felicidade e todo o propósito para o homem.

Seja Uma Pessoa de Propósitos

As pessoas de sucesso são sempre disciplinadas e as pessoas indisciplinadas são sempre fracassadas. O sucesso não cai de paraquedas sobre as pessoas; elas precisam ser disciplinadas, dedicadas e comprometidas. Você é uma pessoa de propósitos ou simplesmente se levanta todos os dias para ver como se sente antes de fazer qualquer plano? Você se deixa levar com facilidade pelo que os outros querem fazer, ou tem um plano e se prende a ele? Você está fazendo o que ama ou está apenas fazendo uma porção de coisas que o mantêm ocupado, mas não o satisfazem?

Não é difícil ser dedicado àquilo que você ama.

Mark Twain disse que o segredo do sucesso era poder fazer da sua vocação o seu lazer. Gosto deste pensamento. Tenho experimentado este sentimento com o meu trabalho. Amo tanto o que estou fazendo que mesmo quando estou supostamente de férias, tenho dificuldades em não continuar dando prosseguimento à minha vocação. Não é difícil ser dedicado àquilo que você ama. Quando você ama alguma coisa e é entusiasmado por ela, a disciplina vem com facilidade.

Escrevi um livro intitulado *O Vício de Agradar a Todos*, e nele explico que muitas pessoas nunca conseguem cumprir o propósito de Deus para elas porque estão ocupadas mantendo todo mundo feliz. O mundo está cheio de pessoas que pensam que sabem o que você deveria estar fazendo com sua vida. Mas o ponto principal é que a vida é sua, e quando você comparecer diante de Deus, Ele não pedirá contas a outra pessoa sobre a sua vida, mas a você. Você prestará contas a Deus de como viveu, e se não está fazendo isso ainda, precisa começar a viver de uma maneira que o capacite a comparecer diante de Deus sem se envergonhar. Você é ousado o bastante para seguir seu coração em vez de seguir a multidão? Você tem permanecido no foco mesmo quando muitas vozes tentam desviá-lo do seu propósito?

Você é ousado o bastante para seguir seu coração em vez de seguir a multidão?

Há um fenômeno interessante que acontece quando uma pessoa não tem propósitos. Ela fica muito irritada com as pessoas de propósito. Muitas vezes me disseram que sou intensa demais, e talvez isso seja verdade de certa forma. Mas prefiro ser intensa demais com relação àquilo que estou tentando realizar do que ser tão indolente a ponto de perder o melhor de Deus para minha vida.

Um termo popular nestes dias principalmente entre os adolescentes é "tanto faz". Quando faço uma pergunta direta e obtenho a resposta "tanto faz", isso me diz que a pessoa realmente não se importa. A indiferença talvez seja a maior de todas as tragédias.

Também percebi que se eles não concordam comigo, em vez de defenderem aquilo que acreditam ser certo, geralmente cedem e dizem "tanto faz". Essa também não é uma boa atitude. Não quero ver os jovens sendo rebeldes, mas também não quero vê-los não se importando com o que acham que é certo.

Você não pode esperar para se sentir motivado, dedicado e comprometido; é preciso *escolher* fazer algo com um propósito. Você precisa ser uma pessoa que age com deliberação. Viva a vida com um propósito. Não espere simplesmente para ver o que todo mundo vai fazer para depois seguir a multidão. Tome uma posição e estabeleça um padrão que outros possam procurar atingir. Existem dois tipos de pessoas no mundo. Aquelas que esperam que algo aconteça e aquelas que tomam a iniciativa para fazer algo acontecer. Não diga: "Eu gostaria que *(eles)* fizessem alguma coisa a respeito deste problema". *Você* é *eles* — faça você alguma coisa!

Não Deixe que os Sentimentos Decidam

Enquanto estivermos vivos, todos nós teremos uma série de sentimentos, mas precisamos aprender que eles são instáveis. Os sentimentos absolutamente não são confiáveis. Você pode ter sentimentos, mas não permita que eles tenham a palavra final na sua tomada de decisões. Como eu disse anteriormente, existe um princípio comprovado pelo tempo que se chama "dever", o qual, no que diz respeito a Deus, não está ultrapassado. Às vezes precisamos apenas cumprir com o nosso dever.

Aqueles que servem nas forças armadas sabem o que isto significa. Quando eles entram para o ramo do serviço militar para o qual se alistaram, fazem o juramento de "serem fiéis e leais" para apoiar e defender. Eles fazem o que lhes é dito para fazer — cumprem o seu dever — porque é isso que devem fazer. Eles colocam de lado seus possíveis sentimentos de medo, incerteza, preocupação e esgotamento puro e simples. Eles cumprem seu dever porque é a coisa certa a fazer.

Precisamos fazer o que é certo apenas porque é certo. Eu nem mesmo acredito que devemos fazer o que é certo simplesmente para termos o resultado correto, creio que o nosso compromisso deve ser o de viver a vida retamente e deixar que Deus cuide dos resultados. Se não somos totalmente comprometidos, podemos começar a fazer concessões se não obtivermos os resultados com rapidez suficiente.

Precisamos fazer o que é certo apenas porque é certo.

Você não pode ser vago e indeciso apenas porque se sente de forma vaga e indecisa. Anime-se, tome uma decisão, e comece a seguir em uma direção. Você não pode dirigir um carro estacionado. Uma mente vacilante e indecisa pode se tornar um problema real na vida de muitas pessoas. Ela é quase viciosa. Quanto mais vagas as pessoas são, mais vagas elas se tornam, até que finalmente a decisão delas passa a ser não tomar decisões. Segundo o apóstolo Tiago, as pessoas de mente vacilante se tornam indecisas, inseguras e incertas com relação a tudo que pensam, sentem e decidem.

> "[Pois sendo como ele é] alguém que tem mente dividida (hesitante, duvidosa, irresoluta), [ele é] instável, não confiável e incerto com relação a tudo [que pensa, sente e decide]".
>
> —TIAGO 1:8 (AMP)

Nem sempre sinto vontade de tomar decisões, principalmente decisões importantes. Afinal, e se eu estiver errada? Mas entendo que parte de ser um líder é ser uma pessoa de decisão. Se eu não der uma direção às pessoas, a única coisa que qualquer um de nós estará fazendo será nada. Se eu cometer erros (o que faço), pelo menos saberei que não devo fazer aquilo de novo. Aprendi algumas das maiores lições na vida por intermédio de erros cometidos.

Entendo que parte de ser um líder é ser uma pessoa de decisão.

Creio que o motivo pelo qual muitas pessoas não lutam para ter excelência é porque seus sentimentos esfriam antes que o trabalho seja concluído. Seus sentimentos geralmente se entusiasmam com algo novo, mas antes de terminar, você precisa seguir em frente simplesmente porque está determinado a fazer isso. É como comprar uma casa. Qualquer proprietário já experimentou a euforia de descobrir um novo lugar maravilhoso para morar e depois a compreensão do processo estressante que precisa enfrentar antes de poder realmente morar na casa. Entretanto, se você realmente quer aquela casa, estará disposto a perseverar. O mesmo acontece com a excelência. Dedique-se à excelência e não permita que seus sentimentos governem sua vida. Lembre-se, você sempre os terá, mas eles não precisam dominá-lo.

Jesus Era um Sucesso

Se existe algum modelo de sucesso que devamos admirar, esse modelo é Jesus. Sei o que você está pensando — bem, Jesus teve sucesso porque Ele era Jesus. Não exatamente. Ele passou pelas mesmas tentações que você e eu enfrentamos, mas ainda assim fez a vontade do Seu Pai que está no céu. Ele sabia por que estava ali e qual era Sua missão. Ele buscava a vontade de Deus de forma irredutível. Quando outros desistiam, Ele continuava seguindo em frente. Jesus pediu a Seus discípulos que orassem com Ele enquanto estava sofrendo no Jardim do Getsêmani, mas adormeceram e, assim como muitos de nós, Ele teve de enfrentar sozinho Seu momento mais difícil na vida. Mas Ele não fugiu. Ele já estava determinado a fazê-lo, mesmo que tivesse de ficar só. Pessoas de sucesso não fogem das coisas difíceis. Elas enfrentam os problemas e lidam com eles.

Pessoas de sucesso não fogem das coisas difíceis.

O caráter é a chave do sucesso. Jesus tinha um bom caráter. Ele era excelente, comprometido, dedicado, diligente, honesto, verdadeiro, bondoso e gentil com as pessoas. Ele exibia qualidades que o mundo procura hoje em dia. Se mais pessoas se espelhassem em Jesus, talvez víssemos mais propósito e entusiasmo na sociedade de hoje. Estou certa de que a taxa de suicídio entre adolescentes cairia drasticamente. O suicídio entre adolescentes triplicou desde que a oração foi proibida nas escolas em 1963.[7] Eles precisam de alguém em quem possam se espelhar, alguém a quem possam respeitar e seguir. Muitos adolescentes hoje estão sem esperança; eles não veem motivo algum para continuar vivendo uma vida onde acham que o que vai predominar é o vazio que eles sentem por não terem um propósito.

Jesus tinha um propósito e era apaixonado por ele. Os jovens de hoje precisam ver esse tipo de exemplo. Em João 17:4, está relatado que Jesus disse a Seu Pai: "Eu te glorifiquei na terra, completando a obra que me deste para fazer". Na essência, Jesus estava dizendo: "Eu fui em frente e não permiti que nada me impedisse!" Toda vez que leio este versículo, ele toca meu coração. Também quero poder dizer isso a Deus. Creio que glorificamos a Deus perseverando e fazendo tudo que Ele nos deu para fazer. Não podemos esperar que os outros nos animem; não podemos seguir a multidão; não podemos esperar para sentir vontade; simplesmente temos de fazer o que é certo! Você ousaria viver sua vida de tal maneira que alguém possa dizer: "Quero ser como você!"?

Jesus conhecia Seu propósito e falava sobre ele frequentemente. Ele disse: "Pois desci do céu, não para fazer a minha vontade, mas para fazer a vontade daquele que me enviou" (João 6:38). Ele disse que procurava somente fazer a vontade daquele que O enviou (ver João 5:30). Ele sabia que havia sido enviado para destruir as obras do maligno e não se desviou do Seu propósito nem para a direita nem para a esquerda. Ele não se desviou do Seu curso nem um pouco, mas olhou diretamente à frente com um propósito firme. Em outras palavras, Jesus estava decidido. Com que firmeza você está decidido? Sem a mentalidade correta você nunca terá êxito em cumprir o propósito de Deus. A vontade de Deus não cairá de paraquedas em nossas vidas — precisamos estar determinados a tê-la.

Você Muda de Ideia Quando se Sente Desconfortável?

> "Agora meu coração está perturbado, e o que direi? Pai, salva-me desta hora? Não; eu vim exatamente para isto, para esta hora".
>
> —JOÃO 12:27

Jesus sofreu tamanha agonia mental no Jardim do Getsêmani que realmente suou sangue. Não podemos sequer imaginar como Ele sofreu, e, no entanto, recusou-se a deixar de cumprir Seu propósito. Às vezes estamos decididos até nos sentirmos desconfortáveis, e então mudamos de ideia. Posso lhe dizer com antecedência que se você pretende conseguir alguma coisa na vida que valha a pena, haverá momentos em que não se sentirá confortável.

Satanás odeia o verdadeiro sucesso. Ele despreza ver pessoas cumprirem seu propósito e lutará contra aqueles que estão determinados a fazer isso. Ele tem muitas ferramentas na sua mala de truques e fica mais do que feliz em usar tantos quanto possível. Suas armas preferidas são a mentira e o engano, a rejeição da família e dos amigos, o desânimo, o medo, a solidão, a doença e os problemas familiares — e a lista continua.

É impressionante o que Deus pode fazer com pessoas que simplesmente se recusam a desistir.

Mas nós temos armas, assim como uma armadura que Deus nos deu. Precisamos erguer o escudo da fé com o qual podemos apagar todos os dardos inflamados do inimigo. Não importa o que aconteça, eu o encorajo a continuar confiando em Deus porque Ele é fiel. Não desista! É impressionante o que Deus pode fazer com pessoas que simplesmente se recusam a desistir. Continue sendo positivo. Olhe para as possibilidades e não para os problemas. Olhe de relance para seus problemas, mas fixe os olhos em Jesus. Permaneça focado! Todas essas coisas o ajudarão, mas ninguém pode retirar completamente todo o sofrimento. O ponto principal é este: Se você quer cumprir o propósito de Deus para sua vida, enfrentará momentos de dor e irá desejar fugir. Mas eu o encorajo a PERMANECER FIRME E VER A SALVAÇÃO DO SENHOR.

Seus Esforços Jamais São Desperdiçados

Um dos truques que Satanás usa é dizer às pessoas que o que elas estão fazendo é uma perda de tempo e que nenhum bem resultará de seus esforços. É aí que temos de lembrar que Satanás é um mentiroso! Deus diz que se permanecermos firmes, imutáveis, sempre abundantes na obra do Senhor (sendo sempre superiores, excelentes, fazendo mais do que o suficiente no serviço ao Senhor), nosso trabalho nunca será desperdiçado ou sem propósito (ver 1 Coríntios 15:58).

Sempre que você está fazendo seu melhor para servir a Deus, jamais está perdendo tempo. Deus é fiel e Ele sempre recompensa aqueles que diligentemente O buscam (ver Hebreus 11:6).

Mantenha seus olhos no prêmio. Jesus desprezava a cruz, mas a suportou pela alegria do prêmio que o aguardava do outro lado. A cruz que todos devemos carregar de uma forma ou outra tem dois lados. A cruz tem o lado da crucificação e o lado da ressurreição. Deixe-me lembrá-lo que aquele domingo pela manhã junto ao túmulo foi empolgante. Não houve lágrimas, só maravilha, espanto e regozijo! Era o domingo da Ressurreição, quando Jesus ressuscitou dos mortos, mas Ele também teve de passar pela sexta-feira para chegar ao domingo. E nós também temos.

Lembre-se sempre que o seu trabalho no Senhor jamais será desperdiçado.

Não importa o que você possa estar passando neste instante ou daqui a alguns anos, lembre-se sempre que o seu trabalho no Senhor nunca será desperdiçado. E lembre-se de fazê-lo de todo o coração porque o propósito só se cumpre quando você coloca entusiasmo e amor naquilo que faz.

CAPÍTULO 5

De Todo o Coração

O que significa fazer alguma coisa de todo o coração?

Deuteronômio 6:5 na versão *The Message* da Bíblia diz: "Ame a Deus, o seu Deus, de todo o seu coração: ame-o com tudo que há em você, ame-o com tudo o que você tem!". Um propósito apaixonado exige tudo que temos. Sem reter nada. Qualquer pessoa que realmente cumpre seu destino provavelmente pagará um preço mais alto do que imaginou que lhe seria exigido. Levará mais tempo do que ela esperava e será mais difícil do que ela poderia imaginar, mas valerá a pena. Não há sentimento melhor do que saber que você atingiu um objetivo, e a verdade é que quanto mais você investe naquilo, mais satisfação terá.

Quando Jesus falava de amar a Deus com entusiasmo, oração e entendimento, estava falando sobre o que é necessário para fazer as coisas de todo o coração, e não de modo indiferente (ver Mateus 22:37). Está falando sobre ser apaixonado por Ele e pela vida que Ele lhe deu. Não é a vontade de Deus que vivamos sem paixão ou que nossa paixão seja mal direcionada. Ele não quer que vivamos fazendo um esforço indiferente e morno em direção à nossa missão na vida. Na verdade, a Bíblia tem muito a dizer sobre fazer as coisas de todo o coração. Davi, Isaías e Jeremias falaram sobre a importância de servir a Deus de todo o coração. Para mim, isso significa servi-lo com paixão. A paixão é uma emoção poderosa, e ela nos enche de entusiasmo e zelo ilimitados.

Ele não quer que vivamos fazendo um esforço indiferente e morno em direção à nossa missão na vida.

Deus é Ciumento

Ora, por que Deus quer que pertençamos a Ele de todo o coração? Um motivo é porque Ele não deseja nos dividir com alguém ou alguma coisa. A Bíblia diz que os ciúmes de Deus não podem tolerar uma lealdade dividida (ver Salmo 79:5). Sim, Deus tem ciúmes de Seus filhos. Considere o peso do que as duas passagens a seguir estão dizendo.

> "Adúlteros, vocês não sabem que a amizade com o mundo é inimizade com Deus? Quem quer ser amigo do mundo faz-se inimigo de Deus.
>
> Ou vocês acham que é sem razão que a Escritura diz que o Espírito que ele fez habitar em nós tem fortes ciúmes?".
>
> —TIAGO 4:4-5

Há outras passagens na Palavra de Deus onde aprendemos que Deus é um Deus ciumento. Ele deseja o nosso afeto e quer que o amemos e sirvamos de todo o coração. Isso não significa que não podemos desfrutar outras coisas, mas Deus exige ocupar o primeiro lugar. Santo Agostinho, no século XVI, disse: "Ame a Deus, e depois faça o que quiser". Se realmente amarmos a Deus de todo o nosso coração, não faremos coisas que desagradam a Ele, mas poderemos desfrutar tudo na vida sabendo que Ele também tem prazer no nosso contentamento.

Você gosta quando as pessoas fazem coisas para você, mas sabe que o coração delas não está naquilo? É claro que não. Você sabe que elas estão apenas fazendo as coisas por fazer, fingindo, e a atitude delas é a de quem cumpre uma obrigação, e não a de quem faz alguma coisa com alegria e entusiasmo sincero. Podemos fingir estarmos entusiasmados e empolgados e algumas pessoas serão enganadas. Elas nem sempre percebem que estamos fingindo, mas Deus identifica uma farsa rapidamente. Ele sabe se estamos servindo a Ele por amor e compromisso e de todo o nosso coração ou por mera obrigação e dever. Pode haver momentos em que começamos a simplesmente cumprir o nosso dever, mas devemos lembrar que o que Deus realmente deseja é entusiasmo, e ela não pode ser genuíno se você não colocar todo o seu coração naquilo que faz. Podemos orar por qualquer coisa e abrir a porta para Deus trabalhar. Podemos até pedir a ele que nos dê entusiasmo por aquilo que fazemos.

Deus identifica uma farsa rapidamente.

Também podemos tomar a decisão de ter uma atitude melhor na vida para que o entusiasmo possa surgir. Uma má atitude pode matar o entusiasmo. Se uma pessoa faz algo com uma atitude de autopiedade, nunca será entusiasmado por isso.

Sofri abuso sexual durante muitos anos por parte de meu pai, e quando ele estava no fim dos seus setenta anos, Deus me pediu para trazê-lo para morar perto de minha casa e cuidar dele. Admito que não queria fazer isso. Não achava justo que me pedissem para fazer algo assim depois da maneira como ele me tratou enquanto eu estava crescendo. A princípio me recusei sem rodeios. À medida que Deus fez aquela pressão suave em meu espírito que só Ele pode fazer, submeti minha vontade à Dele. Durante algum tempo, fiz isso em obediência a Deus, mas com uma atitude negativa em meu coração. Então, finalmente, mudei de atitude e passei a fazê-lo com alegria. O resultado do que Deus me levou a fazer foi que meu pai finalmente se arrependeu do seu pecado e aceitou Jesus como seu Salvador. Quando ele morreu alguns anos depois, senti paz, sabendo que ele estava no céu.

Creio que as pessoas sempre sabem se nossos atos são praticados com uma boa atitude ou com uma atitude negativa, e elas não são abençoadas se não formos sinceros em nossos esforços. Duvido que meu pai tivesse sido impelido a aceitar o Jesus que eu dizia que representava se minha atitude tivesse permanecido negativa. Existe alguma coisa que você esteja fazendo, mas com uma atitude negativa? Você pode mudar sua atitude mudando sua mente. A Bíblia diz que devemos renovar nossa mente e nossa atitude diariamente (ver Efésios 4:23). Talvez esta seja uma área que devamos examinar com mais frequência. É fácil ter uma atitude negativa e achar que isso não tem problema algum. Afinal, fazemos o que devemos fazer, então quem se importa se somos felizes com isso ou não? Deus se importa! Ele quer que coloquemos todo o nosso coração naquilo que fazemos; nenhum esforço proveniente de um coração dividido é aceitável.

Adoração Sincera

Devemos adorar e louvar a Deus de todo o nosso coração. Isso significa que você não bate palmas, canta ou levanta as mãos mecanicamente enquanto sua mente está no restaurante almoçando ou enquanto você está preocupado com um problema ou imaginando o que as pessoas na igreja acham da sua roupa nova.

Eu fazia certas coisas para impressionar Deus, e não por amor a Ele, e Ele sempre sabe a diferença.

Se adoramos a Deus dessa forma, isso não significa nada para Ele. Qualquer coisa que façamos com o coração dividido, seria melhor que não fizéssemos, no que diz respeito a Deus. Ele pode deixar que façamos um esforço indiferente por algum tempo, mas finalmente tratará conosco com relação à nossa atitude. Lembro-me bem de quando o Senhor falou ao meu coração e disse: "Joyce, não quero que você faça nada mais para Mim a não ser que realmente deseje fazer". Você deve lembrar que eu disse que muitos dos meus motivos eram errados nos primeiros dias do meu ministério. Eu fazia certas coisas para impressionar Deus, e não por amor a Ele, e Ele sempre sabe a diferença. Por exemplo, eu podia orar, e os primeiros quinze minutos eram maravilhosos, mas eu queria impressionar Deus e meus amigos orando por uma hora, então me forçava a continuar, muito embora o Espírito Santo tivesse terminado de orar em quinze minutos. Depois que o Espírito Santo não estava mais dando energia à minha oração, eu realmente não queria mais estar ali. Minha mente vagava, eu não estava orando com sinceridade, mas estava simplesmente tagarelando, esperando que os minutos passassem no relógio.

Estava aprisionada no que a Bíblia chama de "obras da carne" (ver Gálatas 5:19), que significa que *eu tinha muitos planos sobre como poderia fazer as coisas*. Não estava sendo dirigida pelo Espírito Santo, então não estava fazendo muitas das coisas que fazia com entusiasmo. É o Espírito de Deus que nos dá zelo e este é o motivo pelo qual devemos sempre nos esforçar para sermos cheios com o Espírito como a Bíblia ensina.

Eu orava por muito tempo, mas não tinha recompensa alguma, porque meus motivos não eram puros. Não estava orando de todo o coração, estava apenas desperdiçando o meu tempo ali. Deus queria que eu orasse durante os quinze minutos que estavam sendo dirigidos pelo Espírito Santo e que deixasse de lado os quarenta e cinco minutos que eu estava desperdiçando para impressionar as pessoas. Quando obedeci, Ele realmente aumentou o meu desejo de orar mais. Recusei-me a prestar a Deus um culto de lábios sem o meu coração estar por trás disso, e Ele honrou minha decisão.

Eu orava por muito tempo, mas não tinha recompensa alguma, porque meus motivos não eram puros.

Creio que se nos recusarmos a fazer as coisas com motivações *erradas*, Deus nos ajudará a descobrir o que podemos fazer com a motivação *correta*.

Você Quer Ter Uma Caminhada Mais Profunda com Deus?

Por que algumas pessoas parecem estar tão próximas de Deus enquanto outras não? Existe uma razão, porque tudo tem uma razão. É o princípio de causa e efeito. Sejam quais forem os efeitos que temos em nossas vidas, é por causa de alguma coisa que foi feita ou que deixou de ser feita por nós ou por aqueles que ocupam posição de autoridade sobre nós.

Davi disse que encontraríamos Deus quando o buscássemos de todo o nosso coração. No Salmo 119, Ele disse que devemos buscar, inquirir e ansiar por Ele com todo o nosso coração. Como se comporta uma pessoa que está ansiando por alguma coisa? Ela geralmente faz o que for preciso para que seu anseio seja satisfeito. Mulheres grávidas contam histórias de mandarem seus maridos saírem tarde da noite para comprar uma caixa de sorvete ou uma refeição completa com frango. Eu mesma já dirigi uma hora, ida e volta, para comprar uma xícara de café da Starbucks. Isso lhe parece ridículo? Bem, antes de me julgar, pergunte a si mesmo o quanto você é ridículo quando está desesperado para ter alguma coisa.

Deus deseja ser desejado.

Se tivéssemos anseio por Deus e o buscássemos como buscamos outras coisas, teríamos um relacionamento muito mais íntimo com Ele. Deus deseja ser desejado. Ele não nos imporá a Sua presença, somos nós que devemos buscá-lo. Peça a Deus para enchê-lo de entusiasmo por Ele. Talvez você nunca tenha pensado em orar para ter um desejo entusiasmado pelo que Deus deseja, mas é hora de começar. Um ministro orou para que Deus quebrantasse seu coração com aquilo que quebrantava o coração de Deus, e ele se tornou um missionário mundialmente famoso que transformou as vidas de milhares e milhares de pessoas. Em vez de se sentir culpado porque não quer orar, peça a Deus para lhe dar uma profunda revelação do poder da oração e o desejo de orar.

O esforço que procede de um coração dividido será sempre detectado por Deus e ignorado, portanto, não continue fazendo as coisas por fazer esperando que ninguém perceba. Precisamos colocar todo o nosso ser em buscar e servir a Deus. Se você realmente não está disposto a fazer isso, mas gostaria de estar, peça a Deus para fazer com que você esteja disposto a estar disposto. Creio que Deus aprecia a comunicação sincera, honesta e direta. Ele o encontrará onde você está e o ajudará a chegar aonde precisa estar se você for sincero com Ele.

Você pode ser tão próximo de Deus quanto deseja.

Você pode ser tão próximo de Deus quanto deseja; isso é determinado por quanto tempo você está disposto a dedicar para conhecê-lo.

Lembre-se, Paulo disse que seu propósito firme era conhecer Cristo mais intimamente (ver Filipenses 3:10). Ele tomou a decisão e estava pronto para pagar um preço para obter o resultado desejado.

Roma não foi construída em um dia, e você não terá a disciplina necessária para ter um relacionamento maravilhoso e íntimo com Deus em um dia. Comece com pequenas disciplinas que não exijam muito de você. Se você não está lendo a Bíblia, comece com um capítulo por dia. Leia lentamente, digerindo as palavras, e assegure-se de tirar pelo menos uma coisa do que você leu que faça sentido para você. Pratique ler a Bíblia em busca de qualidade, e não de quantidade. Não procure ler a Bíblia ou estudá-la apenas para obter informação. Abra-a com expectativa, porque ela está cheia de vida. Jesus disse: "As palavras que eu lhes disse são espírito e vida" (João 6:63).

Quando você sentir que está pronto, pode aumentar para dois capítulos por dia. Às vezes gosto de ler um capítulo de Provérbios, porque ele nos dá muita sabedoria prática e discernimento para o viver diário. Também gosto de ler um capítulo de Salmos, porque eles trazem encorajamento e consolo. Alterno entre a leitura do Antigo e do Novo Testamento.

Não tente simplesmente "vencer" um livro — leia-o!

Leia livros que o ajudem a entender os princípios bíblicos. E lembre-se que um livro é lido uma página de cada vez. Não tente simplesmente "vencer" um livro — leia-o! Você não precisa impressionar Deus ou a si mesmo com grandes quantidades de coisa alguma. Apenas comece e continue progredindo.

"A Tartaruga e a Lebre"
Uma das Fábulas de Esopo

Era uma vez uma lebre que se gabava do quanto podia correr mais rápido do que qualquer um, e que ficava sempre importunando a tartaruga por causa da sua lentidão. Então, um dia, a tartaruga, irada, respondeu: "Quem você pensa que é? Não há dúvidas de que você é ligeira, mas até você pode ser derrotada!". A lebre riu em alta voz.

"Derrotada em uma corrida? Por quem? Por você é que não, com certeza! Aposto que não existe ninguém no mundo que possa me vencer, porque sou muito veloz. Ora, por que você não tenta?".

Irritada com tanta ostentação, a tartaruga aceitou o desafio. Um percurso foi planejado, e no dia seguinte, elas estavam na linha de partida. A lebre bocejou de forma sonolenta enquanto a mansa tartaruga começou a caminhar lentamente. Quando a lebre viu o quanto sua rival era penosamente lenta, decidiu tirar uma pequena soneca. "Não se apresse!" disse ela, "vou tirar quarenta pestanejadas e vou alcançá-la em um minuto".

A lebre despertou do seu sono interrompido e olhou em volta procurando pela tartaruga. Mas a criatura estava apenas a uma pequena distância, mal tendo coberto um terço do percurso. Dando um suspiro de alívio, a lebre decidiu que poderia muito bem tomar seu café da manhã, e saiu para mastigar alguns repolhos que havia visto em um campo próximo. Mas a refeição pesada e o sol quente fizeram com que suas pálpebras pesassem. Dando uma olhada descuidada na tartaruga, agora na metade do percurso, ela decidiu dar mais uma cochilada antes de voar e ultrapassar a linha de chegada. E sorrindo diante da ideia de olhar no rosto da tartaruga quando a visse passar voando por ela, adormeceu, e logo estava roncando feliz. O sol começou a se pôr no horizonte, e a tartaruga, que havia se esforçado em direção à linha de chegada desde a manhã, estava a menos de dez metros da linha de chegada. A essa altura, a lebre despertou de um salto. Ela podia ver a tartaruga, um ponto na distância, e partiu. Ela saltava e pulava em grande velocidade, com a língua estendida, procurando ar. Só mais um pouco e ela seria a primeira na chegada. Mas o último salto da lebre foi tarde demais, porque a tartaruga a havia derrotado cruzando a linha de chegada. Pobre lebre! Cansada e envergonhada, desabou ao lado da tartaruga, que sorria silenciosamente.

"Devagar se vai ao longe!", disse ela.

Você não pode chegar a lugar algum se não começar a seguir na direção em que deseja ir.

Se você acha que não tem tempo para passar com Deus, comece a se disciplinar abrindo mão de meia hora de televisão ou de outra diversão que lhe agrada. Vá se deitar meia hora mais cedo, para poder se levantar mais cedo e passar tempo com Deus. Você pode acabar desenvolvendo o prazer de passar dias inteiros ou noites lendo, orando, ouvindo música e adorando a Deus. Você não pode chegar a lugar algum se não começar a seguir na direção em que deseja ir. Apenas vá em frente e continue seguindo e você ganhará a corrida porque terminará a carreira bem. Como o Senhor me mostrou certa vez: "Apenas continue a continuar!".

Deus se agrada com seu mínimo esforço se ele é oferecido de todo o coração.

Qualquer disciplina que você deseje alcançar deve ser construída gradualmente. Não entender isso é a causa de muitos fracassos. Seja paciente consigo mesmo e entenda que Deus se agrada com seu mínimo esforço se ele é oferecido de todo o coração. Se você nunca caminhou para se exercitar e seu desejo é andar cinco quilômetros por dia, você terá de treinar para chegar a essa distância, ou provavelmente distenderá alguns músculos e ficará tão desanimado que desistirá. Costumava reclamar porque toda vez que tentava me exercitar eu me machucava, e finalmente comecei a usar isso como desculpa para não me exercitar. A verdade era que eu não era paciente o bastante para começar gradualmente. Eu queria ter em um dia a disciplina que outros haviam desenvolvido depois de muitos meses ou até anos.

Ser impaciente lhe dará muito desgosto na vida. Na verdade, esta é uma das causas do fracasso, mas poucos percebem isso. Você pode dizer: "Bem, pensei que você havia me dito para ser entusiasmado e cheio de zelo". Realmente quero que você seja entusiasmado, zeloso e apaixonado. Quero que você seja totalmente comprometido, mas a sabedoria deve ser a pedra angular de todo empreendimento. O zelo sem sabedoria trabalha contra nós, e não a nosso favor.

eu desafio você

Faça Tudo de Todo o Coração

Quando você ouve a expressão "de todo o coração", ela o entusiasma ou o assusta? Ela faz você querer correr imediatamente para servir a Deus, ou faz com que você fique cansado só de pensar em ter mais um compromisso? Deixe-me encorajá-lo a não ficar hesitante em amar a Deus de TODO o seu coração. Eis algumas dicas para começar a usar todo o seu coração para Deus.

1. Seja intencional

Quando se deparar com uma escolha ou uma questão, pergunte a si mesmo se isso irá acrescentar ou subtrair algo daquilo que Deus o chamou para fazer. Não tente fazer tantas coisas a ponto de não fazer nenhuma delas de todo o coração. Continue com o seu foco no alvo.

2. Troque o medo pela fé

Se o medo é algo que está impedindo você de dar o seu tudo, peça a Deus para trocar o seu medo pela fé — e seja confiante. Ele está segurando você nas mãos e está andando bem diante de você por todo o caminho. Coragem é fazer algo embora sinta medo, portanto, não espere que todos os sentimentos de medo desapareçam — faça o que tem de fazer, mesmo com medo!

3. Seja dedicado

Viver a vida com todo o seu coração requer compromisso e dedicação. Escolha algo pequeno e dedique-se a fazê-lo todos os dias de todas as semanas. Talvez seja levar a correspondência para seu vizinho idoso, ou escrever um bilhete para alguém apenas para colocar um sorriso em seu rosto. Talvez seja levar café ou uma garrafa de água para o guarda que fica ajudando as crianças a atravessarem junto à entrada da escola mais próxima. Escolha algo pequeno, mas comprometa-se com isso. Você ficará impressionado ao ver como sua disciplina nas pequenas coisas pode crescer para coisas muito maiores para as quais Deus quer usá-lo.

Obediência de Todo o Coração

O rei Davi disse que guardaria os mandamentos de Deus de todo o seu coração (ver Salmo 119:10). Isso é fácil de dizer, mas será que estamos falando sério? Quantas pessoas que se intitulam cristãs estão genuinamente guardando os mandamentos de Deus de todo o coração? Se a maioria dos cristãos estivesse guardando os mandamentos de Deus de todo o coração e servindo-o com entusiasmo, veríamos a igreja, que é formada por todos os cristãos de todos os lugares, afetando a sociedade de uma maneira muito mais positiva do que estamos vendo.

Quantas pessoas que se intitulam cristãs estão genuinamente guardando os mandamentos de Deus de todo o coração?

A verdade é que o mundo não está muito impressionado com a Igreja em geral, e isso por causa de toda a falsidade que o mundo vê. Com certeza, o mundo é julgador e é rápido em gritar "hipócrita!", mas precisamos estar certos de que não estamos dando ao mundo bons motivos para não nos respeitar.

Obedecer a Deus é o propósito de todas as pessoas na terra.

Faça da obediência a Deus uma prioridade em sua vida. Quando o Espírito Santo convencer você da necessidade de fazer algo ou de não fazer algo, esteja disposto a mudar. Obedecer a Deus é o propósito de todas as pessoas na terra. Salomão desperdiçou sua vida em busca dos propósitos errados. Ele tinha paixão, mas ela estava mal direcionada. Como vemos nos seus escritos em Eclesiastes, ele finalmente entendeu o que era realmente importante:

> "Agora que já se ouviu tudo, aqui está a conclusão: Tema a Deus e guarde os seus mandamentos, pois isso é o essencial para o homem".
>
> — ECLESIASTES 12:13

Muitas pessoas não prestam atenção alguma às pequenas coisas, e isto é um grande erro.

Comece obedecendo a Deus nas pequenas coisas. Este é o treinamento que você precisa para obedecer a Deus mais tarde, nas coisas maiores. Muitas pessoas não prestam atenção alguma às pequenas coisas, e isto é um grande erro. Muitas pequenas coisas somadas transformam-se em coisas grandes. A Bíblia declara que se formos fiéis nas pequenas coisas, também seremos fiéis nas coisas maiores (ver Lucas 16:10).

Deus estava me treinando nas pequenas coisas para que eu pudesse governar sobre coisas maiores na vida.

Costumo contar a história de como Deus me ensinou a colocar meu carrinho de compras de volta no mesmo lugar destinado aos carrinhos no supermercado. Isso era difícil de fazer quando o tempo estava ruim ou quando eu estava com pressa, e na verdade levei quase dois anos para chegar ao ponto de fazer isso sempre. Deus estava me treinando nas pequenas coisas para que eu pudesse governar sobre coisas maiores na vida, mais tarde. Eu tinha filhos pequenos naquela época, e não podia ser treinada profissionalmente para o ministério, assim Deus me treinou exatamente ali onde eu estava. Ele usou muitas coisas práticas como o exemplo do carrinho de compras para me preparar para as coisas que faço agora.

Deus quer nos ensinar princípios e construir o nosso caráter. Ele pode fazer isso de diversas maneiras se nos submetermos a Ele onde quer que estejamos.

Como cristãos, deveríamos acordar todas as manhãs empolgados com o relacionamento que temos com o nosso Criador.

Você é Entusiasmado Por Ser Cristão?

Como cristãos, deveríamos acordar todas as manhãs empolgados com o relacionamento que temos com o nosso Criador, e com o que Ele vai nos mostrar e nos ensinar hoje. Em vez disso, porém, costumamos tratar a nossa salvação da mesma maneira que tratamos a nossa respiração — estamos felizes por ela existir, mas na verdade não pensamos muito nela a não ser que algo dê errado. É como a história que ouvi de um homem que servia como pastor temporário em uma pequena igreja de uma pequena cidade bem no coração do Texas. Ele chegou cedo um domingo e parou na cafeteria local com sua Bíblia para rever as anotações para o sermão daquela manhã. Um homem estava sentado por perto e notou a Bíblia em suas mãos.

"O senhor é pregador de alguma coisa?", perguntou ele.

O pastor sacudiu a cabeça e disse a ele a igreja onde estava pregando.

O homem ficou empolgado e disse: "Ei, sou membro daquela igreja!".

O pregador, parecendo meio confuso, perguntou: "É mesmo? Tenho pregado por mais de três meses e não creio que tenha visto o senhor por ali".

Agora era o homem que estava olhando para o pastor de modo estranho. Ele disse: "Ei, eu disse que era membro daquela igreja, não disse que era um fanático!".

Se você é um cristão, você é entusiasmado com isso? Você tem prazer em estar com outros cristãos, adorando com outros crentes, e falando sobre o que Deus está fazendo na sua vida e na vida dos outros? Ou se acostumou à ideia de viver eternamente e de saber que Deus está cuidando de você? Deus certa vez falou ao meu coração que eu deveria viver sempre maravilhada e não ficar indiferente com as coisas que um dia me emocionaram. Lembro-me de como fiquei empolgada quando Deus me revelou o Seu amor por mim. UAU! Deus me ama e isso por nenhuma razão a não ser porque Ele quer me amar. Seu amor é incondicional e eterno. Fiquei tão empolgada e entusiasmada que senti que ia explodir se não dissesse isso a todo mundo. Mas depois de algum tempo, acostumei-me com a ideia de que Deus me ama e não sentia mais o mesmo entusiasmo. Estou certa de que você experimentou o mesmo, mas existe alguma coisa que possamos fazer a respeito? Creio que sim.

Eu deveria viver sempre maravilhada e não ficar indiferente com as coisas que um dia me emocionaram.

Paulo disse a Timóteo que ele devia atiçar o fogo em si mesmo (ver 2 Timóteo 1:6); ele devia soprar sobre a chama e reacender as brasas do fogo que um dia possuiu. Paulo estava falando sobre a fé de Timóteo que lhe havia sido transmitida por sua avó e por sua mãe. Timóteo havia-se permitido ter medo e a mensagem de Paulo foi: "Anime-se". Aparentemente, isso era responsabilidade de Timóteo, e de ninguém mais.

O que podemos fazer para nos mantermos entusiasmados por Deus e pelo Seu propósito para as nossas vidas? Podemos ter cuidado com a maneira como vivemos. Tomar cuidado com a maneira como pensamos. Tomar cuidado com a forma como falamos. E tomar cuidado com a maneira como gastamos nosso tempo.

Todas essas coisas afetam nossa atitude e nossas emoções. Podemos pensar em alguma coisa da forma correta e isso nos encherá de entusiasmo. Da mesma forma, se pensamos da forma errada, podemos ter pavor de fazer aquilo que deveria gerar entusiasmo em nós.

Se você está servindo para ser reconhecido, então suas motivações estão erradas.

Pare de pensar assim: "Estou tão cansado de fazer sempre a mesma coisa o tempo todo! Vou à igreja, mas ninguém aprecia o esforço que faço. Fui voluntário no berçário por três anos, e ninguém nunca me agradeceu". Esse tipo de pensamento o deixará deprimido e fará com que você fique ressentido. Se você está servindo para ser reconhecido, então suas motivações estão erradas. Sirva a Deus, e não ao homem, e a sua recompensa virá Dele.

Em vez disso, pense: "Estou ansioso para ir à igreja hoje. Lembro-me de quando eu era infeliz e nem sequer sabia se iria para o céu quando morresse. Sou tão feliz por ter a oportunidade de servir a Deus trabalhando no berçário! Deus vê tudo que faço e nenhum dos meus esforços deixará de ser recompensado por Ele".

Você pode escolher estar com pessoas que sempre o desafiem a subir novos níveis.

Se passarmos muito tempo com pessoas que não têm visão para suas vidas, que não têm propósito, nem entusiasmo, provavelmente começaremos a ser como elas. No entanto, se passarmos tempo com pessoas que nos desafiem a sermos melhores, estamos fazendo uma escolha sábia. A Bíblia diz que a impiedade é contagiosa, mas a santidade não é (ver Ageu 2:12-13). Por exemplo, podemos pegar um resfriado de alguém, mas não podemos pegar boa saúde, isso precisa ser uma escolha. Se você passar pela vida sem rumo passando tempo com pessoas que não têm objetivo e que são indecisas, apenas se aprofundará cada vez mais na armadilha da falta de propósito. Mas você pode escolher estar com pessoas que sempre o desafiem a subir novos níveis. Não ande com uma pessoa só porque ela está disponível. Escolha seus amigos com sabedoria!

Quando todo o nosso coração está comprometido e investido em algo pelo qual estamos entusiasmados e que buscamos com um propósito, não ficamos à deriva por aí com o que quer que apareça. Oramos, refletimos sobre as coisas, e fazemos escolhas com um propósito. Devemos fazer escolhas que nos ajudem a cumprir o nosso propósito. John Maxwell disse que devemos empregar oitenta por cento do nosso tempo nos nossos dois ou três principais objetivos. Em outras palavras, permaneça focado! É fácil na sociedade de hoje nos desviarmos e ficarmos à deriva em uma direção que será prejudicial ao nosso futuro. Seja determinado a servir a Deus de todo o coração. Imagino que alguém agora esteja pensando: "Joyce, eu gostaria de sentir esse entusiasmo de que você está falando, mas não sinto". Deixe-me lembrá-lo: O entusiasmo é uma decisão com a qual encaramos a vida antes que ela se torne um sentimento. Uma pessoa com um propósito, e que o busca com entusiasmo, é alguém que glorificará a Deus e que será lembrada muito depois que tiver partido da terra.

Uma pessoa com um propósito, e que o busca com entusiasmo,
é alguém que glorificará a Deus e que será lembrada.

CAPÍTULO 6

A Paixão Mal Direcionada

É possível estar muito apaixonado pela coisa errada. Em dado momento o apóstolo Paulo foi zeloso em perseguir os cristãos. Ele os perseguia com veemência e fazia tudo que podia para vê-los aprisionados ou destruídos. Mais tarde em sua vida, ele disse que estava cheio de zelo, mas que esse zelo era destituído de conhecimento. Em outras palavras, ele era apaixonado, mas apaixonado pelas coisas erradas.

Muitas pessoas passam a vida tentando subir a escada do sucesso apenas para descobrirem, quando chegam ao topo, que a escada estava encostada na parede errada o tempo todo.

Você é Ocupado ou Frutífero?

Todos atualmente parecem estar ocupados. Pergunte a qualquer pessoa como ela está, e ela responderá: "Ocupada". E não é de admirar. Aproximadamente setenta e oito por cento das mulheres que têm filhos entre seis e dezessete anos trabalham fora. [1] Embora agora meus filhos sejam adultos, sei o que é fazer malabarismo tentando equilibrar trabalho, família, igreja e tudo o mais, e não necessariamente nesta ordem. Na verdade, em 2003, o Instituto Gallup relatou que pouco mais de um quarto (vinte e oito por cento) dos adultos com filhos com idade inferior a dezoito anos dizem que sua família janta em conjunto em casa sete noites por semana — e essa porcentagem era de trinta e sete por cento em 1997.[2] Some a estes fatos as atividades extra e esportes com os quais nossos filhos agora estão envolvidos em uma proporção cada vez maior, e você está certo — estamos ocupados! Mas Deus nunca nos disse em Sua Palavra para ficarmos ocupados. Ele nos disse para sermos frutíferos.

Estamos cometendo o erro de pensar que estar ocupado é o mesmo que ter sucesso. Lembro-me de quando eu era nova no ministério, e ouvia frequentemente outros ministros falarem como eles não haviam tirado um dia de folga havia anos. Naquela época, eu era impressionável e inexperiente, e lembro-me de ter pensado no quanto eles eram dedicados e comprometidos. Agora entendo que eles não eram sábios e estavam contrariando as leis de Deus relativas ao descanso. A vida deles estava seriamente desequilibrada e, quando isso acontece, uma porta é aberta para Satanás gerar destruição.

Muitos casamentos são destruídos porque um ou ambos os parceiros estão ocupados demais para passarem tempo alimentando o relacionamento. Muitas pessoas perdem a saúde porque estão viciadas em viver a vida na faixa de velocidade máxima. Elas não descansam adequadamente e finalmente seu corpo entra em colapso sob a tensão de uma atividade ininterrupta.

Durante muitos anos, segui os exemplos que vi ao meu redor. Achava que quanto mais ocupada estivesse, mais Deus ficaria satisfeito comigo. A verdade é que quanto mais ocupada eu estava, menos tempo tinha para ouvir a voz de Deus com relação à Sua vontade para mim. Eu tinha um plano e estava trabalhando nele. Era apaixonada, mas minha paixão costumava estar mal direcionada. Eu dizia sim às coisas que Deus me teria instruído a dizer não se tivesse dedicado tempo para perguntar a Ele. Finalmente, adoeci e levei muito tempo para me recuperar. Felizmente, finalmente entendi que Deus não havia nos chamado para estar ocupados, mas para dar bons frutos.

Apenas estar ocupado não significa que você é um sucesso.

Era uma vez um lenhador muito forte que pediu um emprego a um comerciante de madeira e conseguiu. O salário era realmente bom e as condições de trabalho também. Por este motivo, o lenhador estava determinado a fazer o seu melhor. Ele queria ser um sucesso nesse novo emprego.

Seu patrão lhe deu um machado e lhe mostrou a área onde ele deveria trabalhar.

No primeiro dia, o lenhador trouxe dezoito árvores.

"Parabéns", disse o patrão. "Continue assim!".

Muito motivado com as palavras do patrão, o lenhador se esforçou ainda mais no dia seguinte, mas só conseguiu levar de volta quinze árvores. No terceiro dia ele se esforçou ainda mais, mas só levou dez árvores. Dia após dia, por mais que se esforçasse, ele cortava menos árvores.

Devo estar perdendo minha força, pensou o lenhador. Ele foi até o patrão e pediu desculpas, dizendo que não conseguia entender o que estava acontecendo.

"Quando foi a última vez que você afiou o seu machado?", perguntou o patrão.

"Afiar? Não tive tempo para afiar meu machado. Estive muito ocupado tentando cortar árvores". [3]

Não cometa o erro de estar ocupado demais para fazer as coisas que precisa fazer para ser um verdadeiro sucesso.

Seu Tempo Está Sendo Roubado?

Este é um bom momento para pensar novamente sobre suas motivações. Como mencionei anteriormente neste livro, Deus não está impressionado com o que fazemos ou com o quanto fazemos. Ele só se impressiona com o "porquê" fazemos alguma coisa, e deve ser por uma boa razão, uma razão que proceda de Deus. Fazer as coisas para impressionar as pessoas e para ser admirado não é um bom motivo. Fazer as coisas apenas para agradar às pessoas nem sempre é a coisa certa a fazer tampouco. Somos ensinados a nos esforçarmos para agradar aos outros e a não vivermos para agradar a nós mesmos (ver Romanos 15:2-3). No entanto, isso não significa que devemos ser pessoas que vivem para agradar aos outros sob o risco de não agradarmos a Deus.

Se Deus diz "não", então precisamos dizer "não", independentemente do quanto formos pressionados pelos outros a dizer "sim". Do mesmo modo, se Deus está dizendo "sim", então precisamos dizer "sim", mesmo que o mundo inteiro esteja dizendo "não!".

Se você não aprender a seguir seu coração e o Espírito de Deus, viverá sempre sob pressão. O diabo é um ladrão e uma das coisas de que mais gosta é roubar o nosso tempo. O tempo é um recurso precioso que Deus nos deu. Cada um de nós tem certa porção que nos cabe, e quando usamos uma parte dela, não podemos devolvê-la. Este é um pensamento sério, e deve fazer com que escolhamos usá-lo com sabedoria.

Se você não aprender a seguir seu coração e o Espírito de Deus, viverá sempre sob pressão.

Você está frustrado com sua agenda? Você se identifica com esta oração?

O relógio é meu ditador, não descansarei.
Ele me faz deitar quando estou exausto.
Ele me leva a uma profunda depressão.
Ele persegue a minha alma.
Ele me faz andar em círculos loucamente, por amor às atividades;
Embora eu corra freneticamente de uma tarefa à outra, nunca terminarei tudo.
Porque meu ideal está comigo.
Os prazos e a minha necessidade de aprovação me impulsionam.
Eles exigem desempenho de mim, além dos limites da minha agenda.
Eles ungem minha cabeça com enxaquecas.
A minha caixa de entrada transborda.
Certamente o cansaço e as pressões do tempo me seguirão
por todos os dias da minha vida.
E habitarei nas raias da frustração
para todo o sempre. [4]

— Autor desconhecido

Você se surpreende reclamando muito de tudo que tem para fazer? Se isso acontece, você deve inspecionar o fruto de cada coisa à qual está dedicando seu tempo. Posso garantir que você descobrirá que muitas das atividades não estão ajudando-o a cumprir seu propósito na vida.

O diabo pode roubar seu tempo fazendo com que você se sinta culpado por não fazer algo que lhe pediram para fazer. Os "poderia" e os "deveria" da vida podem ser muito opressivos. Eu o encorajo a perceber que todas as pessoas querem que você faça as coisas do jeito delas. Elas têm planos e querem que você as ajude a realizá-los, mas provavelmente não estão preocupadas em saber se você está cumprindo ou não o seu propósito. Tome a decisão hoje de viver para as pessoas ou para Deus. E enquanto toma essa decisão, lembre-se que você comparecerá diante de Deus no Dia do Juízo para prestar contas de sua vida. As pessoas que lhe impuseram exigências não estarão ao seu lado para ajudá-lo a explicar por que você nunca conseguiu fazer o que Deus o chamou para fazer.

Tome a decisão hoje de viver para as pessoas ou para Deus.

Todos Nós Temos Recursos

Deus disponibilizou recursos para todos nós, mas precisamos estar dispostos a dar a eles a utilização adequada. Os recursos que Ele nos deu são dons Dele e devem ser respeitados. Fomos chamados para sermos bons mordomos da graça de Deus, dos Seus dons e talentos, do nosso tempo, do nosso tesouro, e de muitas outras coisas. Até nossa energia é um recurso que Deus nos dá para nos ajudar a realizar Sua vontade. Se utilizarmos mal nossa energia, ainda estaremos utilizando-a, e embora ela seja renovada diariamente com o descanso adequado, creio que tudo que utilizamos mal é algo perdido.

Você organiza sua agenda, e você é a única pessoa que pode alterá-la!

Na próxima vez que você se sentir cansado, pergunte a si mesmo qual é o motivo. Se você está cansado por se esforçar para cumprir o propósito que foi ordenado por Deus, então se alegre. Se você está cansado por correr em círculos se ocupando, mas sem chegar a lugar algum, arrependa-se e faça algumas mudanças na sua agenda a fim de não continuar repetindo o mesmo ciclo de desperdício. Você organiza sua agenda, e você é a única pessoa que pode alterá-la!

As pessoas ficam frustradas quando não estão cumprindo seu propósito. A paixão mal direcionada não nos energiza, mas nos esgota. Podemos ficar envolvidos em mera exacerbação emocional que não tem nada a ver com o propósito da nossa vida. Não cometa o erro de desperdiçar sua vida e não ter nada além de arrependimento quando olhar para trás.

eu desafio você

Seja Frutífero e Não Apenas Ocupado

Faça a si mesmo estas perguntas:

1. Você está fazendo o que realmente deseja fazer, ou está tentando viver de acordo com as expectativas e exigências que outras pessoas lhe impuseram?
2. Você vê resultados palpáveis do seu tempo e esforço, ou está apenas ocupado?
3. Você se sente realizado e satisfeito, ou detesta muitas das suas atividades?
4. Você se sente muito frustrado, ou está em paz? Está desfrutando a vida?
5. Você está dedicando tempo para construir bons relacionamentos com Deus, consigo mesmo, e com seu semelhante?
6. Você confia que as coisas às quais dedica seu tempo são aquelas que realmente deveria estar fazendo?
7. Você acredita que deveria estar fazendo outra coisa com seu tempo, mas não tem coragem de dizer não às exigências que lhe foram impostas?

Responder a essas perguntas honestamente o ajudará a decidir se você é frutífero ou se é apenas ocupado.

Esperar e desejar que as coisas mudem não as fará mudar.

Mudanças Requerem Decisões

Você sente que suas prioridades estão desalinhadas? Você acha que está desperdiçando seus recursos? Se precisa mudar, não comece a dar desculpas ou sentir pena de si mesmo. Muitas vezes dar desculpas ou sentir pena de nós mesmos é nossa maneira de não lidar com os problemas que realmente precisamos tratar. Esperar e desejar que as coisas mudem não as fará mudar. Mudanças requerem decisões, e geralmente um pouco de dor também. Por exemplo: Você pode ter de tomar uma decisão de não fazer alguma coisa e isso pode deixar alguém contrariado por querer que você o faça. Você vai precisar manter sua posição e passar pela dor emocional de perceber que as pessoas estão insatisfeitas com você. Porém, tenha isto em mente: se as pessoas tiverem uma reação negativa porque você está obedecendo a Deus, é problema delas, e não seu.

Se você está com excesso de compromissos, seu nível de satisfação está baixo, e você quer mudar, precisa tomar algumas decisões que o ajudarão a colocar seu tempo dentro do seu propósito. Você terá de eliminar algumas coisas da sua lista de afazeres. Diga "não" a algumas pessoas que querem ouvir "sim". Você precisa encarar a realidade de que algumas pessoas ficarão iradas com você. Elas não irão entender, porque são o tipo de pessoas que nunca entendem nada a não ser o que elas querem.

O que é bom muitas vezes pode ser inimigo do melhor que Deus tem para você.

Quando você optar por permanecer focado, poderá ter de cortar de sua vida algumas coisas de que gosta, mas que não estão dando frutos. Existem muitas coisas na vida que são boas, mas talvez não sejam coisas que Deus pretende que você faça. Muitas pessoas têm sido enganadas pelas "coisas boas". O que é bom muitas vezes pode ser inimigo do melhor que Deus tem para você. Se Satanás não puder nos enganar com o que é mau, seu próximo truque para nos enganar pode ser através do que é bom. As boas obras feitas na carne sem a aprovação de Deus são tão perigosas quanto as coisas más feitas na carne. O termo "na carne" significa simplesmente algo que é feito por decisão e esforço do homem sem a aprovação de Deus. Existem até pessoas que fazem tantas "boas obras" na igreja que suas famílias e seus casamentos estão desmoronando. Na verdade, um dos melhores lugares para uma pessoa se esconder de Deus pode ser a igreja! Ficamos ocupados fazendo coisas que achamos que são boas e de repente estamos ocupados demais para ouvir a voz de Deus ou para sermos sensíveis ao que nossos amigos e nossa família estão tentando nos dizer.

Não nos importa cortar fora de nossas vidas coisas que detestamos e que desprezamos, mas e se aquilo que precisamos cortar é alguma coisa à qual estamos ligados? Isso dificulta muito as coisas, porque nossas emoções estão envolvidas. Lembro-me de quando Deus me mostrou que eu precisava ficar mais em casa para estudar e me preparar para o ministério para o qual Ele me chamou. Isso significava que eu não poderia sair tanto por aí com minhas amigas. Elas eram "boas" amigas. Nós nos divertíamos. Não havia nada de "mau" naquilo que costumávamos passar o nosso tempo fazendo. Íamos a lojas de saldos, ao mercado da cidade para comprar vegetais e frutas frescas; almoçávamos e gostávamos de estar juntas. Gosto de me envolver com pessoas. Eu não gostava da ideia de ser deixada de fora e não saber o que estava se passando com minhas amigas, mas Deus estava me mostrando claramente que eu precisava estar mais focada naquilo que Ele estava me chamando para fazer. Sem dúvida alguma, elas não entenderam, e até me acusaram de estar indo longe demais e de estar me tornando uma "fanática religiosa".

Aquele período da minha vida foi muito difícil para mim. Mas agora, olhando para trás, posso ver que eu estava passando por uma transição que finalmente permitiu que Deus me levasse para um novo nível espiritual, e o diabo estava tentando usar minhas emoções para me impedir. Não quero dizer que Deus estivesse exigindo que eu desistisse de todas as minhas amigas, mas Ele estava exigindo que eu dissesse "não" a muitas atividades que não eram produtivas para mim. Elas me mantinham ocupada, mas não eram frutíferas. Muitos anos depois, Deus tratou comigo com relação à necessidade de passar mais tempo desenvolvendo bons relacionamentos. Eu havia me tornado tão focada que não estava sendo saudável para mim emocionalmente. Precisava de um pouco de diversão boa e pura. Ficava muito tempo sozinha e precisava estar com mais pessoas socialmente. Se realmente ouvirmos o Espírito Santo, Ele nos dirigirá a vivermos uma vida equilibrada. Ele também nos ajudará a discernir os períodos de nossas vidas.

A Bíblia diz que tudo é apropriado ao seu tempo.

A Bíblia diz que tudo é apropriado ao seu tempo (ver Eclesiastes 3:11). Uma coisa pode não ser má em si, mas se estiver fora do tempo para nós, isso a torna má para aquele momento específico de nossas vidas. Em outro tempo ela pode ser perfeitamente permissível e algo que devemos fazer. Descobri que permanecer equilibrado na vida e fazendo o bastante de uma determinada coisa, mas não demais, é um dos maiores desafios que enfrentamos. A Bíblia diz em 1 Pedro 5:8 que devemos ficar equilibrados porque nosso adversário, o diabo, anda ao nosso redor como um leão rugindo com enorme fome procurando quem ele possa devorar. Este trecho das escrituras está nos dizendo que Satanás pode devorar aqueles que estão em desequilíbrio. Viver em extremos é uma porta aberta para o nosso inimigo.

Viver em extremos é uma porta aberta para o nosso inimigo.

Algumas pessoas tendem a fazer tudo "demais". Elas trabalham demais, comem demais, gastam dinheiro demais, ou falam demais. Precisamos fazer todas essas coisas, mas se forem feitas em excesso elas se tornam um grande problema. Busque o equilíbrio e esteja aberto ao processo de poda de Deus. Deixe que Ele mantenha sua vida bem equilibrada acrescentando ou retirando o que quer que possa ser útil no seu momento presente.

Busque o equilíbrio e esteja aberto ao processo de poda de Deus.

Estou lhe pedindo para avaliar honestamente sua vida, e para estar disposto a mudar. Você pode ser apaixonado por coisas que não o estão ajudando a avançar em busca do seu propósito. Sua paixão pode estar mal direcionada e isto às vezes é mais perigoso do que não ter paixão alguma.

Você pode ser apaixonado por ganhar dinheiro e ter sucesso, mas precisa se perguntar se sua paixão é movida pelo Espírito de Deus ou por mera ambição. Eu o encorajo a não priorizar o dinheiro acima da sua família. Você pode estar tentando ganhar muito dinheiro para cuidar bem da sua família, mas a verdade é que eles querem você mais do que querem o dinheiro.

Só porque uma pessoa tem dinheiro isso não significa que ela é rica. A Bíblia diz que existem aqueles que são ricos, quando na verdade, são pobres (ver Apocalipse 3:17).

Quão Pobres Somos Nós

Certo dia, um pai e sua família rica levaram seu filho para uma viagem ao campo com o firme propósito de mostrar a ele como são as pessoas pobres.

Eles passaram um dia e uma noite na fazenda de uma família muito pobre. Quando voltaram para casa, o pai perguntou ao seu filho o que ele havia achado da viagem.

"Muito boa, papai!", disse o filho.

"Você viu como são as pessoas pobres?", o pai quis saber.

"Sim!"

"E o que você aprendeu?"

O filho respondeu: "Eu vi que temos um cachorro em casa, e eles têm quatro. Temos uma piscina que vai até à metade do jardim, e eles têm uma baía que não tem fim. Temos lâmpadas importadas no jardim, eles têm as estrelas. O nosso pátio vai até o quintal da frente, e eles têm todo o horizonte".

Quando o garotinho terminou, seu pai estava sem fala.

O filho acrescentou: "Obrigado, papai, por me mostrar o quanto somos pobres!"[7]

Aquele pai provavelmente queria impressionar seu filho mostrando a ele como a pobreza era terrível, para que ele seguisse seus passos e dedicasse sua vida tentando ser rico. O tiro saiu pela culatra. Seu filho viu o que era de valor real e provavelmente aprendeu uma das lições mais importantes da vida. Esta é uma lição que todos nós deveríamos aprender.

Sua Atividade lhe Dá Energia Ou Esgota Você?

Creio que quando somos apaixonados pelas coisas certas, a atividade necessária para realizar essas coisas nos dá energia. Isso não significa que não nos cansamos, mas nosso cansaço é satisfatório e realizador. Não é um sentimento de cansaço que nos deixa nos sentindo esgotados e vazios. Por outro lado, descobri em primeira mão que se minha paixão estiver mal direcionada, estarei funcionando com base nas minhas emoções em vez de na verdadeira paixão; por volta do fim do dia ou de um projeto, estou exausta e com uma sensação de frustração e não de realização. Esta é uma das maneiras como aprendi a discernir se estou operando nas obras da carne ou se estou realmente seguindo o Espírito Santo. É aceitável racionalmente que se Deus me dirigir a fazer alguma coisa, Ele me dará a habilidade e a força necessárias para a tarefa. Quando Deus guia, Ele provê!

Deus nos dá alegria para a jornada que Ele preparou para nós.

Deus nos dá alegria para a jornada que Ele preparou para nós. Jesus disse que Seu jugo é leve e fácil de ser suportado (ver Mateus 11:30). Fico impressionada quando descubro tantas pessoas fazendo coisas que parecem pensar que Deus as está dirigindo a fazer, e, no entanto, são infelizes e não têm alegria. Isso significa que elas estão cuidando do assunto da maneira errada, ou que decidiram por si mesmas. É fácil querermos tanto fazer alguma coisa que convencemos a nós mesmos de que a nossa vontade também é a vontade de Deus. Se você não tem alegria nas coisas que busca, sugiro firmemente que seja muito sincero consigo mesmo e localize o problema.

Talvez você não esteja dentro da vontade de Deus ou talvez esteja fazendo o que Deus o chamou para fazer, mas está fazendo isso *na dependência de si mesmo* e não na dependência de Deus. Este é um erro que muitas pessoas bem intencionadas cometem e ele o deixará vazio e frustrado, simplesmente porque Deus resiste aos soberbos, mas dá graça aos humildes (ver 1 Pedro 5:5). O profeta Zacarias disse que as nossas tarefas são concluídas não por força nem por violência, mas pelo Espírito de Deus (ver Zacarias 4:6). O profeta Isaías disse que se esperarmos no Senhor, nossa força será renovada e poderemos correr e não nos cansarmos (ver Isaías 40:31).

Se você perdeu a alegria na sua jornada, talvez seja porque permitiu que uma atitude negativa penetrasse na sua alma. Você deixou de ser grato e começou a reclamar? Está abrigando sentimentos negativos contra alguém? Acha que não é apreciado? Qualquer atitude de impiedade pode bloquear a alegria e a paz.

Não estou mais disposta a viver sem alegria. Mudarei o que for preciso mudar a fim de desfrutar minha vida. Passei muitos anos sem desfrutar minha jornada por inúmeras razões, mas finalmente decidi que não iria apenas existir, mas que desfrutaria minha vida e meu trabalho. A alegria é um fruto do Espírito Santo. Jesus disse que Ele veio para que pudéssemos ter vida e desfrutá-la com abundância (ver João 10:10). Eu o encorajo a tomar a decisão de desfrutar cada aspecto da vida e de fazer o que for preciso para ver isso acontecer. Isto faz parte do seu destino e definitivamente faz parte do propósito geral de Deus para sua vida.

Coloque sua energia em algo que seja plenamente realizador e que dê muitos bons frutos.

Encontre algo que você ama fazer e faça-o. Se fizer isso, você se sentirá como se nunca trabalhasse por um único dia em sua vida. Quando você está cumprindo seu propósito, seu trabalho parece se encaixar na sua vida e sua vida se encaixar no seu trabalho, e toda sua atitude mental com relação a ele é saudável. Nunca conto quantas horas por semana trabalho. Simplesmente faço o que preciso a fim de cumprir meu destino. Não deixe que sua paixão seja mal direcionada. Coloque sua energia em algo que seja plenamente realizador e que dê muitos bons frutos.

Permaneça Dedicado ao Seu Propósito

Os doze apóstolos eram dedicados ao seu propósito, porém, em Atos 6, lemos sobre uma situação na qual eles se viram ocupados demais com os detalhes do ministério em vez de estarem pregando a Palavra de Deus. Como acontece em muitos ministérios e organizações atualmente, o problema deles era um problema bom de se ter, porque eles estavam crescendo no ministério. A igreja estava acrescentando novos membros a cada dia, porém mais pessoas significava mais responsabilidade em cuidar daqueles que precisavam de ajuda, como viúvas e idosos. As pessoas começaram a reclamar que algumas estavam sendo negligenciadas. Deve ter sido muito tentador para alguns daqueles discípulos tirar uma folga da pregação e da ministração para arregaçar as mangas e começar a distribuir comida, servir às mesas, e supervisionar o trabalho de atendimento às necessidades físicas dos membros. Entretanto, eles reconheceram que o propósito deles, o chamado deles, era pregar a Palavra. Mas ainda assim eles tinham um problema que precisavam resolver.

Aprendi que há coisas que fui chamada para fazer e coisas que posso fazer.

Seja qual for sua missão na vida, você provavelmente não poderá fazer todas as partes dela sozinho. As pessoas que não sabem delegar sempre terminarão frustradas e ocupadas demais. Aprendi que existem coisas que fui chamada para fazer e coisas que posso fazer. Os apóstolos foram chamados para pregar a Palavra de Deus. Com certeza, eles podiam distribuir comida e servir às mesas, mas isso seria desperdiçar seus talentos. Eles confrontaram a situação e encontraram uma solução. Eles escolheram sete homens com bom caráter e os designaram para a tarefa de cuidar do assunto. Eles lhes deram a tarefa de cuidar daquela "ocupação" enquanto eles se dedicavam à oração e ao ministério da Palavra.

Eu poderia cuidar de muitos detalhes da administração do nosso ministério, mas quando me deixo envolver demais nisso, sempre fico frustrada. Posso fazer isso, mas não é o que fui chamada para fazer. Não é o meu propósito na vida. Deus colocou outras pessoas ao lado de Dave e de mim, e elas possuem dons para negócios, então por que não deixar que elas façam o que são boas em fazer e me dedicar ao que eu sou boa em fazer? Se eu não deixasse que elas me ajudassem, elas logo ficariam frustradas porque se sentiriam irrealizadas. Cada pessoa tem um papel e devemos trabalhar juntos para a glória de Deus. Descubra qual é o seu papel e seja dedicado a ele.

Descubra qual é o seu papel e seja dedicado a ele.

Conheça Suas Prioridades

Em uma de Suas muitas viagens, Jesus entrou em uma pequena aldeia e uma mulher chamada Marta recebeu-o em sua casa (ver Lucas 10:38). Ela tinha uma irmã chamada Maria, que se sentou aos pés do Senhor e ouvia atentamente aos Seus ensinamentos, enquanto Marta estava excessivamente ocupada. Ela estava distraída com a refeição e preocupada em servir os convidados e garantir que tudo estivesse bem. O resultado foi que ela deixou de ouvir o que Jesus estava dizendo, embora esta devesse ter sido sua prioridade número um.

Jesus nem sempre parava na casa de alguém e dava sessões de ensinamentos pessoais a uma sala cheia de gente. Aquele foi um acontecimento importante que deveria ter precedência sobre tudo naquele momento específico, mas Marta era viciada em estar ocupada. Ela chegou a ficar zangada com Maria porque estava trabalhando duro e tentando manter tudo nos eixos — e tudo que Maria podia fazer era ficar sentada. Marta achava que o mínimo que sua irmã poderia fazer era se levantar e ajudá-la a servir às mesas; ela não percebia que Maria estava exatamente onde deveria estar, fazendo exatamente o que tinha de fazer. Era Marta quem estava no lugar errado fazendo as coisas erradas.

Jesus disse a Marta que ela estava muito ansiosa e preocupada.

> "Marta, Marta querida, você está fazendo uma tempestade em um copo d'água e se desgastando por nada. Só uma coisa é essencial, e Maria a escolheu — este é o 'prato principal', e não será tirado dela".
>
> — LUCAS 10:41-42 (THE MESSAGE)

Maria escolheu aquilo que a beneficiaria mais tarde. Ela aproveitou uma rara oportunidade e percebeu que poderia voltar ao trabalho regular depois que Jesus partisse.

Imagino com que frequência Deus tenta dizer algo a nós, ou nos mostrar algo sobre uma situação em que estamos, mas tem dificuldade em fazer contato porque estamos "ocupados demais" para parar e ouvir.

Quantas vezes na vida um pai ou uma mãe estão ocupados demais e um de seus filhos tenta lhes dizer algo muito importante? Em vez de encontrar ouvidos que ouçam, a criança só escuta: "Estou ocupado demais agora". Se uma criança ouvir isso com muita frequência, ela pode parar de tentar falar completamente, ou pode encontrar outra pessoa com quem falar que não esteja ocupada demais para ouvir. Entendo que não podemos deixar nossos filhos nos perturbarem sempre que têm vontade, mas provavelmente deveríamos ser mais sensíveis à urgência em suas vozes em determinados momentos.

Com que frequência Deus tenta dizer algo a nós, ou nos mostrar algo sobre uma situação em que estamos, mas tem dificuldade em fazer contato porque estamos "ocupados demais" para parar e ouvir?

Tive de aprender a não ser tão intensa com relação ao que estava fazendo a ponto de deixar de perceber a importância das necessidades que me cercam. Jesus parava para ouvir o que as pessoas tinham a dizer. Ele as consolava e as ajudava.

Qual é o seu grau de ocupação atualmente? Você sabia que pode ser viciado em estar ocupado? É verdade. Fique ocupado por longos períodos, como semanas ou meses, e você descobrirá que é muito difícil tirar uma folga quando tem a chance de fazê-lo. É difícil relaxar e se permitir recuperar o fôlego, ler um livro para se distrair ou se sentar e ver um filme na televisão. Você já teve um período de férias e quando, ao voltar, ainda estava cansado? Seu corpo não estava acostumado a um estilo de vida mais relaxado. Você é tão viciado em estar ocupado que não tem tempo para Deus ou para ajudar as pessoas que estão sofrendo? Se você se sente assim, esta é uma boa hora para mudar. Graças a Deus, nunca é tarde demais para começar de novo. Se estivermos ocupados demais para passar tempo com Deus ou para ajudar as pessoas, então alguma coisa precisa mudar. Nossas atitudes precisam mudar e nossas prioridades definitivamente precisam se ajustar.

Deus não nos chamou para nos voltarmos para dentro, mas para fora.

Se Deus é nossa paixão número um, então teremos ***compaixão*** pelas pessoas sofredoras e necessitadas. As pessoas egoístas são apaixonadas por fazerem a si mesmas felizes, mas a paixão delas está mal direcionada. Deus não nos chamou para nos voltarmos para dentro, mas para fora. Quando estendemos a mão para outros para tornar suas vidas melhores e ajudá-los a ter um pouco mais de felicidade, estamos cumprindo uma parte importante do nosso propósito na vida.

Aonde Você Vai Com Tanta Pressa?

Há alguns anos, dois psicólogos da Princeton University, John Darley e Daniel Batson, decidiram realizar um estudo inspirado na história bíblica do Bom Samaritano. Eles se encontraram com um grupo de seminaristas, individualmente, e pediram a cada um que preparasse uma palestra informal e curta sobre dado tema bíblico, e depois fossem a um prédio próximo para apresentá-la. A caminho da apresentação, cada aluno se deparava com um homem caído em uma rua, com a cabeça para baixo, os olhos fechados, tossindo e gemendo. A pergunta era: quem iria parar e ajudar?

Darley e Batson introduziram três variáveis ao experimento, a fim de tornar os seus resultados mais significativos. Primeiro, eles perguntaram a cada seminarista, em um questionário, por que optaram por estudar teologia. Eles o fizeram para encontrar um meio de realização pessoal e espiritual? Ou estavam procurando uma ferramenta prática para encontrarem significado na vida diária? Então eles variaram o assunto sobre o qual os alunos deveriam falar. A alguns, pediram que falassem sobre a relevância do sacerdócio profissional para a vocação religiosa. A outros, foi dada a parábola do Bom Samaritano. Finalmente, as instruções dadas pelos realizadores do experimento a cada aluno também variaram. Em alguns casos, quando enviava os alunos para cumprirem sua meta, o experimentador olhava o relógio e dizia: "Você está atrasado. Você estava sendo aguardado há alguns minutos. É melhor irmos andando". Em outros casos, ele dizia: "Ainda temos alguns minutos até que estejam prontos para ouvi-lo, mas você pode ir andando".

Se você pedisse às pessoas para preverem quais seminaristas fariam o papel do Bom Samaritano, as respostas seriam altamente coerentes. Quase todos diriam que os alunos que entraram no ministério para ajudar as pessoas, e aqueles a quem foi lembrada a importância da compaixão simplesmente por terem lido a parábola do Bom Samaritano, seriam os que provavelmente parariam para ajudar. A verdade é que isso não afetou de forma significativa o comportamento deles no sentido de ajudar. A única coisa que realmente importava era se o aluno estava com pressa. Do grupo que tinha tempo livre, sessenta e três por cento deles pararam. Do grupo que estava com pressa, só dez por cento deles pararam para ajudar.[5]

Todo mundo está com pressa para chegar a algum lugar, no entanto, poucos sequer sabem para onde estão indo.

Olhe à sua volta. Toda essa atividade não é nada de novo. O mundo inteiro parece estar apressado. Assim como aqueles alunos, todo mundo está com pressa para chegar a algum lugar, no entanto, poucos sequer sabem para onde estão indo. Realmente acredito que é muito fácil cair na armadilha de estar meramente ocupado sem dar nenhum fruto bom e duradouro. Ficamos tão envolvidos nas nossas ocupações que deixamos de ver as pessoas necessitadas e possivelmente podemos perder nosso propósito de vista completamente. Jesus disse aos Seus discípulos que os escolheu para que pudessem dar frutos e para que o fruto deles fosse duradouro e permanecesse (ver João 15:16). Você está empregando seu tempo em alguma coisa que sobreviverá a você? Se tem filhos, eles provavelmente sobreviverão a você, portanto, assegure-se de dedicar tempo suficiente para criá-los da forma adequada. Não permita que a televisão ou a Internet criem os seus filhos para você.

Você está empregando seu tempo em alguma coisa que sobreviverá a você?

Neste instante, estou dedicando muito tempo a escrever este livro, e creio que ele dará bons frutos e sobreviverá a mim. Minha esperança é que as pessoas o estejam lendo muito depois que eu tenha morrido. É empolgante pensar que minha vida pode continuar e durar para sempre através do trabalho que estou fazendo agora. Criamos quatro filhos que acreditamos que continuarão nosso ministério muito depois que partirmos, e espero que os filhos deles também o façam. Fico entusiasmada em pensar que estou deixando um legado. Eu o encorajo a viver sua vida de tal maneira que você deixe algo maravilhoso para trás quando seu tempo aqui terminar. Seja uma pessoa com propósitos!

"Estar ocupado" não é a resposta para a realização.

Há uma urgência em meu espírito em ajudar as pessoas a entenderem que apenas "estar ocupado" não é a resposta para a realização. Parece-me que o mundo está cheio de pessoas frustradas, infelizes e não realizadas. Ele também está cheio de pessoas "ocupadas" que estão com pressa. Às vezes sinto que o excesso de atividade é como uma maldição; subimos em uma esteira rolante chamada "ocupação" e parece que não encontramos uma maneira de descer dela.

Esteja certo de saber para onde você está indo. Sua atividade diária está ajudando-o a atingir seus objetivos? Você ao menos tem algum objetivo, ou apenas se levanta todos os dias e é envolvido pelas ocupações da vida diária? Se você não tem objetivos, estabeleça alguns, saiba precisamente quais são eles, e examine o quanto você está perto de atingi-los. Ter propósito e direção lhe dará entusiasmo para se levantar da cama todos os dias. Desenvolver objetivos de curto e longo prazo o ajudará a concluir seu propósito.

Seus objetivos podem variar em diferentes momentos da vida, mas é muito importante que você os tenha. Tenha sempre algo diante de você para ser atingido. Recuse-se a ser o tipo de pessoa que está sempre com pressa, mas que não tem ideia de para onde está indo. Seja apaixonado, mas permaneça focado. Seja comprometido, e, o que é mais importante, seja frutífero.

CAPÍTULO 7

Oito Maneiras de Perder Seu Tempo

Existe um site norte-americano que você pode visitar chamado www.bored.com (cuja tradução seria "entediado.com"). O único propósito desse site é oferecer "diversão enquanto você está entediado". Existem links para todo tipo de coisas — você pode ler revistas em quadrinhos online, assistir a vídeos musicais, e até dar o ritmo de uma melodia na barra de espaço do seu teclado para que o computador descubra que música você está "tocando"! Você poder ler, entre todas as coisas, as cartas de rompimento de namoro de outras pessoas. Você pode jogar "pedra, papel e tesoura" online, como quando era criança. Tudo isso é preparado para pessoas que estão entediadas, e embora não haja nada de errado em se divertir, precisamos evitar coisas que são apenas uma perda de tempo.

Uma mulher que conheço me disse que ficou viciada em jogar jogos de computador à noite. Ela começou a jogar Paciência, e não demorou muito para que estivesse tão envolvida por este jogo de cartas online, que passou a voltar correndo para casa depois do trabalho, apressando-se para terminar de jantar — querendo estar sozinha para jogar. Se permitirmos, qualquer coisa pode se tornar um vício.

Você já passou uma noite inteira procurando alguma coisa decente para assistir na televisão? Eu já! Já mudei de canal usando o controle remoto por duas horas ou mais, assistindo um pedacinho de um programa e depois outro — enquanto pensava "isto é idiotice". No final da noite, sentia-me muito frustrada porque havia "perdido" meu tempo. É muito melhor ter coisas à mão para fazer que você sabe que vai apreciar caso tenha tempo livre para isso. Planejar com antecedência nos ajudará a não perder tempo.

Deus não quer que desperdicemos nenhum dos nossos recursos, principalmente nosso tempo. Devemos nos esforçar para usar nosso tempo com sabedoria. Você já se deitou na cama à noite e se sentiu frustrado porque embora tenha estado ocupado o dia inteiro, sentiu que não realizou nada? Você só perdeu tempo? Eu já senti isso, e não gosto nada dessa sensação. Fomos criados por Deus para o progresso, a realização, e para dar frutos. Isso está no nosso DNA e sem isso nos sentimos incompletos.

Fomos criados por Deus para o progresso, a realização, e para dar frutos.

Se quisermos ter certeza de que estamos dando frutos e perseguindo nosso propósito com entusiasmo, talvez tenhamos de dar uma olhada muito séria em nossas vidas e ver se de alguma maneira estamos perdendo tempo. É possível dedicar-se a uma enorme lista de coisas que não estão fazendo nenhum bem a você e nem a ninguém. Descobri algumas coisas que nos fazem perder tempo e quero compartilhar essas coisas com você, mas você provavelmente poderá adicionar coisas à minha lista.

A Preocupação é uma Perda de Tempo

Às vezes gosto de me sentar em uma cadeira de balanço e ensinar sobre a preocupação. Faço isso para chamar a atenção para o fato de que, assim como a cadeira de balanço, a preocupação nos mantém ocupados, mas não nos leva a lugar algum. Frequentemente me deparo com pessoas que me dizem o quanto o exemplo da "cadeira de balanço" as ajudou.

Jesus nos disse para não nos preocuparmos porque isso não faz bem algum (ver Mateus 6:34). Existem muitas coisas na vida a respeito das quais não podemos fazer nada, mas Deus pode. A preocupação não move a mão de Deus, mas a fé sim. Troque a preocupação pela confiança em Deus e você verá progresso. Na próxima vez que for tentado a se preocupar, apenas lembre a si mesmo que isso não fará bem algum nem a você nem a ninguém. Afinal, é difícil ser entusiasmado pelo seu propósito e se preocupar. A preocupação desacelera sua motivação e coloca barreiras diante da sua determinação. A preocupação é uma total perda de tempo.

A preocupação desacelera sua motivação e coloca barreiras diante da sua determinação.

Comprometa-se a não perder tempo. Use o tempo que você gastaria se preocupando e medite na promessa de Deus de ajudar você. Se você sabe como se preocupar, então também sabe como meditar. Preocupar-se é remoer a mesma coisa sem parar na sua mente, e meditar também. Pegue uma das promessas de Deus, como Josué 1:9, e murmure essas palavras diversas vezes enquanto respira: *Seja forte e corajoso! Não se apavore, nem se desanime, pois o Senhor, o seu Deus, estará com você por onde você andar.* Deixe estas palavras girarem em sua mente diversas vezes. Você descobrirá que a esperança está se levantando em seu coração. A sua alegria voltará, e a paz reinará.

Você pode achar que está enfrentando uma situação impossível, então fica se preocupando com o que deve fazer para resolvê-la. Bem, a primeira coisa a ser entendida é que se ela é realmente impossível, não há nada que você possa fazer de qualquer maneira, então, por que se preocupar? A próxima coisa a ser entendida é que o que é impossível ao homem é possível para Deus (ver Lucas 18:27). Deus criou tudo o que vemos do nada, portanto, cuidar do nosso problema não é problema para Ele.

Se é realmente impossível, não há nada que você possa fazer de qualquer maneira, então, por que se preocupar?

Faça o que você pode fazer e deixe Deus fazer o que você não pode fazer. A Bíblia diz que devemos fazer o que a crise exige e depois permanecer firmes no nosso lugar (ver Efésios 6:13). O nosso lugar é "em Cristo", confiando que Ele fará um caminho onde parece não haver um.

Sempre fui mais inclinada a me preocupar, enquanto meu marido tinha facilidade para lançar seus cuidados e confiar em Deus. Observava Dave desfrutar sua vida, enquanto eu era infeliz. Eu perdia o meu tempo e ele usava o tempo dele com sabedoria. O que quer que você esteja passando agora, finalmente passará. Essa situação será cuidada, de modo que você pode muito bem desfrutar a sua vida nesse meio tempo.

Mary Hemingway disse: "Preocupe-se um pouco todos os dias e ao longo da vida você perderá alguns anos. Se algo está errado, conserte-o se puder. Mas treine a si mesmo para não se preocupar. A preocupação nunca conserta nada".[1]

O que devemos fazer quando Deus parece estar dormindo e estamos com um problema?

Jesus e Seus discípulos estavam em um barco atravessando para o outro lado do lago quando uma furiosa tempestade se levantou e as ondas estavam batendo violentamente contra o barco, ameaçando virá-lo e afogar a todos. Enquanto Jesus dormia profundamente na popa do barco, os discípulos estavam se preocupando freneticamente e não conseguiam entender como Jesus podia dormir quando eles estavam correndo tamanho perigo. O que devemos fazer quando Deus parece estar dormindo e estamos com um problema? Depois de acordar, Jesus repreendeu Seus discípulos por serem tão medrosos, tímidos, e por não terem fé. Ele realmente fez cessar a tempestade, e eles chegaram do outro lado assim como Ele havia dito que chegariam. Entretanto, enquanto Jesus descansava, os discípulos perdiam a viagem se preocupando (ver Marcos 4:35-41).

Sejam quais forem os objetivos que você está tentando atingir na vida, encontrará muitas tempestades tentando paralisá-lo. Você pode se tornar infeliz com a preocupação ou pode confiar em Deus. Você é a única pessoa que pode fazer esta escolha, então sugiro que considere seriamente de que maneira quer viver.

Um dia, em março de 1976, eu estava ouvindo um sermão gravado pela primeira vez. Estava fazendo a cama e ouvindo uma mensagem chamada "Atravesse para o Outro Lado". A mensagem era sobre confiar em Deus e desfrutar a jornada. Aquilo era algo que eu nunca havia feito em minha vida, e fiquei impressionada por saber que essa opção sequer existia. Eu havia passado minha vida tentando cuidar de mim mesma e consertar todos os meus problemas. Estava cansada, esgotada, e desgastada emocional e mentalmente. Eu estava pronta para uma mudança e as Escrituras em Marcos capítulo 4 me deram a esperança de que eu precisava para estar disposta a tentar um novo modo de vida.

Eu era especialista em preocupação. A preocupação era minha primeira reação a qualquer problema. Eu adoraria poder dizer que era capaz de deixar de me preocupar imediatamente e de confiar em Deus, mas isso não acontecia. Foram necessários disciplina e dedicação para aprender novas maneiras de abordar os problemas em vez da preocupação. No entanto, pouco a pouco, vi em primeira mão a fidelidade de Deus e percebi que se me levantasse e me firmasse nas Suas promessas, Ele sempre faria o que precisava ser feito. Talvez nem sempre fizesse isso da maneira que eu achava que deveria ser feito, mas Ele o faria. Se você quer sair da cadeira de balanço da preocupação, comece a procurar todas as passagens bíblicas sobre preocupação e ansiedade. Leia-as diversas vezes e deixe a fé crescer em seu coração. A fé vem por ouvir a Palavra de Deus.

A fé vem por ouvir a Palavra de Deus.

Em seguida, recomendo que você use a sua fé em algo pequeno para começar. Talvez você se preocupe quando está dirigindo na chuva. Faça uma oração antes de ligar o carro e diga a Deus que você está trocando o seu medo de dirigir na chuva pela fé que Ele cuidará de você. Não tente cuidar de algo realmente grande da primeira vez. À medida que você começar a eliminar as pequenas preocupações da vida, também experimentará a fidelidade de Deus, e se tornará mais fácil para você confiar em Deus em todas as áreas da vida, inclusive nas mais importantes.

Recentemente, ouvi a história de um ministro que estava assistindo a um filme enquanto viajava para algum lugar em seu avião particular. De repente, o para-brisa do avião rachou. O ministro deu uma pausa no filme, fez uma oração de proteção pelo avião e pelos que estavam a bordo, e depois anunciou que iria terminar de ver o filme porque não havia nada mais que pudesse fazer.

A coisa mais importante a ser lembrada quando surge um problema é que a preocupação é inútil. Não perca seu tempo preocupando-se.

A Culpa é Uma Perda de Tempo

Sempre cometeremos erros, e para ser sincera, se quiséssemos poderíamos desperdiçar todos os dias de nossas vidas nos sentindo culpados por causa do ontem. Mas não temos de fazer isso, porque Jesus levou os nossos pecados na cruz. Ele pagou por eles para que pudéssemos viver livres de sua tirania. A Bíblia afirma que Ele levou as nossas iniquidades e a culpa (ver Isaías 53:11). Sentir-se culpado pelos seus erros passados não irá eliminá-los. Você não pode fazer nada com relação ao passado, mas pode fazer muito quanto ao futuro — e muito disso tem a ver com sua atitude.

Eis o que Charles Swindoll tem a dizer sobre atitude:

> Quanto mais vivo, mais percebo o impacto da atitude na vida. Atitude, para mim, é mais importante que fatos. É mais importante que o passado, que a educação, que dinheiro, que as circunstâncias, que os fracassos, que os sucessos, que o que as outras pessoas pensam, dizem ou fazem. É mais importante do que aparência, talento, ou habilidade. A atitude pode construir ou quebrar uma empresa... uma igreja... um lar. O mais notável é que temos uma escolha todos os dias com relação à atitude que adotaremos para aquele dia.
>
> Não podemos mudar nosso passado... não podemos alterar o fato de que as pessoas agirão de uma determinada forma. Não podemos mudar o inevitável. A única coisa que podemos fazer é tocar na única corda que temos, e ela é a nossa atitude. Estou convencido de que a vida é dez por cento o que acontece comigo, e noventa por cento a maneira como reajo a isso. E o mesmo acontece com você. Estamos no controle das nossas atitudes. [2]

Você se sente obrigado a se sentir culpado quando comete erros? Se isso acontece, você precisa de uma nova atitude.

Talvez você precise de uma nova atitude com relação à culpa, e de uma nova maneira de olhar para ela. Houve um tempo em minha vida em que eu precisei. Você se sente obrigado a se sentir culpado quando comete erros? Se isso acontece, você precisa de uma nova atitude. É a nossa atitude que alimenta os nossos sentimentos. Muitas pessoas dizem que não podem evitar o sentimento de culpa. Elas testificam que por mais que tentem não se sentir culpadas, ainda se sentem assim. Talvez elas nunca tenham mudado de atitude e de pensamento quanto aos seus erros.

Passei a maior parte da minha vida me sentindo culpada por alguma coisa. Assim que uma coisa terminava, outra coisa nova acontecia. Eu realmente me senti culpada por tanto tempo que não me sentia bem se não me sentisse mal. Meu ciclo de culpa começou bem cedo, na infância, em resultado do abuso sexual que sofri quando criança. Acreditei na mentira do diabo de que era culpa minha, e daquele ponto em diante, tudo que dava errado era minha culpa, e eu vivia constantemente com a agonia da culpa. Podia ser a culpa da minha infância ou a culpa do dia anterior, mas eu vivia minha vida constantemente sob a nuvem da culpa e da condenação.

Seres humanos cometem erros; é exatamente por isso que precisamos de um Salvador.

Finalmente cheguei a um ponto em que não estava mais disposta a viver daquela forma, e declarei guerra a viver no passado, que é o que a culpa é. A misericórdia de Deus se renova todos os dias e quando não a utilizamos, ela é desperdiçada. A Bíblia não nos ensinaria por meio de incontáveis versículos das Escrituras sobre a misericórdia de Deus se não fossemos cometer erros. Seres humanos cometem erros; é exatamente por isso que precisamos de um Salvador. Não podemos atender aos padrões de santidade de Deus, por isso Jesus fez isso por nós. Desde que contemos com Ele para a nossa salvação, Deus nos vê como santos e em posição reta perante Ele (ver 2 Coríntios 5:21).

Se você está pronto para uma mudança nesta área, por que não tomar a decisão de sair da cidade do arrependimento? Eis uma história de Larry Harp para ajudá-lo a entender que você não é impotente no que se refere à culpa; é possível fazer alguma coisa a respeito.

Deixando a Cidade do Arrependimento

Eu não havia realmente planejado fazer uma viagem naquela época do ano, mas me vi fazendo as malas com muita pressa. Essa viagem seria desagradável e eu sabia antecipadamente que nenhum bem real viria dali. Estou falando da minha "Viagem da Culpa" anual.

Comprei bilhetes para voar nas linhas aéreas AH SE EU TIVESSE. Era um voo extremamente curto. Peguei minha bagagem, que não pude embarcar. Preferi levá-la comigo o tempo todo. Ela estava pesada com mil lembranças do que poderia ter sido. Ninguém me cumprimentou quando entrei no terminal do Aeroporto Internacional da Cidade do Arrependimento. Digo internacional porque pessoas de todo o mundo visitam essa pequena cidade.

Quando fiz o check-in no Hotel Último Recurso, percebi que eles estariam patrocinando o evento mais importante do ano, a Festa Anual da Autopiedade. Eu não iria perder aquela grande ocasião social. Muitos dos principais cidadãos do lugar estariam lá.

Primeiramente, haveria a família FEITO — você sabe, Eu Devia Ter Feito, Eu Teria Feito, e Eu Poderia Ter Feito. Depois viria a família SE EU TIVESSE: você provavelmente conhece o velho SE EU TIVESSE e seu clã. Naturalmente, as Oportunidades estariam presentes, as Evitadas e as Perdidas.

A maior família seria a do Ontem. Existem muitos membros desta família a serem contados, mas cada um deles teria uma história muito triste para compartilhar.

Então, os Sonhos Desfeitos certamente apareceriam por lá. E A Culpa é Deles nos recrearia com histórias (desculpas) sobre como as coisas haviam fracassado em sua vida. Cada história seria aplaudida de forma sonora por Não Me Culpe e por Não Pude Evitar.

Bem, para encurtar a história, fui para essa festa deprimente sabendo que não haveria nenhum benefício real em fazer isso. E, como sempre, fiquei muito deprimido. Mas quando pensei em todas as histórias de fracassos trazidas do passado, ocorreu-me que o restante desta viagem e as subsequentes "festas de autopiedade" poderiam ser canceladas por MIM! Comecei a entender realmente que eu não tinha de estar ali. Eu não tinha de estar deprimido. Uma coisa ficava passando pela minha mente: NÃO POSSO MUDAR O ONTEM, MAS TENHO PODER PARA FAZER DO HOJE UM DIA MARAVILHOSO. Posso ser feliz, alegre, realizado, animado, assim como animador. Sabendo disso, saí da Cidade do Arrependimento imediatamente e não deixei meu endereço para correspondência. Lamento os erros que cometi no passado? Sim! Mas não existe uma maneira física de desfazê-los.

Então, se você está planejando fazer uma viagem de volta à Cidade do Arrependimento, por favor, cancele todas as suas reservas agora. Em vez disso, faça uma viagem para Começar de Novo. Gostei tanto dali que agora fixei residência permanente no local. Meus vizinhos, Eu Me Perdoo e Novo Começo, são muito úteis. Por falar nisso, você não precisa ficar levando bagagem pesada, porque o peso é erguido dos seus ombros assim que você chega. Deus o abençoe fazendo-o descobrir esta cidade maravilhosa. Se você conseguir encontrá-la — ela fica no seu coração — por favor, procure por mim. Moro na rua EU POSSO.[3]

Superei a culpa e você também pode superá-la. Há muitas passagens que Deus usou para me ajudar a superar os sentimentos de culpa, mas uma em especial é esta:

> "Meus filhinhos, escrevo-lhes estas coisas para que vocês não pequem. Se, porém, alguém pecar, temos um intercessor junto ao Pai, Jesus Cristo, o Justo".
>
> — 1 JOÃO 2:1

Toda a Bíblia foi escrita para nossa instrução, a fim de que pudéssemos viver vidas santas e não pecar. Todos os dias, nosso objetivo e propósito deve ser o de viver uma vida justa que glorifique a Deus. Mas se pecarmos, precisamos entender que Jesus veio por nós e já pagou por cada erro que possamos vir a cometer. Se vivermos na culpa do passado, não teremos energia para viver o hoje para a glória de Deus. A culpa destrói toda sua força e não faz bem algum.

A culpa destrói toda sua força e não faz bem algum.

A culpa é raiva dirigida unicamente contra você mesmo por algo que você fez ou não fez. Jesus pagou a penalidade pelos nossos pecados e Seu sacrifício foi completo e perfeito. Nenhum outro sacrifício é necessário. O sacrifício Dele foi único e bastante para todos os tempos. Ele o fez de uma vez por todas (ver Hebreus 10:10-12). Não precisamos acrescentar o nosso sacrifício de culpa ao sacrifício que Ele já fez, dando Sua vida. Eu prometo — Ele fez uma obra completa e não precisa da nossa ajuda!

Nossa posição deve ser a de admitir os nossos pecados, nos arrependermos deles, o que significa estar dispostos a abandoná-los e voltarmos para Deus e para a justiça. Devemos lamentar os nossos pecados e há até mesmo um tempo em que podemos ficar arrependidos e sofrendo por causa deles. Mas o tempo de lamento não deve durar depois do verdadeiro arrependimento. Se durar, estamos dizendo basicamente com nossos atos que embora tenhamos nos arrependido, nosso pecado ainda tem poder sobre nós e precisamos continuar nos sentindo culpados por ele.

A Bíblia diz em Romanos capítulo 6 que estamos mortos para o pecado e que o poder dele foi retirado. Estar morto para o pecado significa simplesmente que a parte renovada em você (seu espírito nascido de novo) não quer pecar. A parte da nova criatura em você odeia o pecado, embora sua carne ainda tenha o princípio do pecado nela e frequentemente consiga levar vantagem. *A carne guerreia contra o espírito* (ver Gálatas 5:17). *O Espírito está pronto, mas a carne é fraca* (ver Mateus

26:41). *Quem pode nos libertar do corpo desta morte, perguntou o apóstolo Paulo. Jesus Cristo é o único que pode!* (ver Romanos 7:24-25).

Entender que Jesus é o único que pode nos libertar nos ajuda um pouco mais no nosso entendimento da próxima maneira como podemos perder tempo sem muitas vezes sequer percebermos.

Tentar Mudar o que Só Deus Pode Mudar é Perda de Tempo

Tentar mudar algo que você não pode controlar é total perda de tempo! Há um velho ditado que diz que a definição de insanidade é fazer a mesma coisa repetidamente, esperando resultados diferentes. Não é assim que muitas vezes encaramos a vida? Sabemos que no fim das contas cabe a Deus resolver alguma coisa; porém continuamos lutando e tentando fazer algo que só Deus pode fazer. Deixamos que algo que já mencionamos, as obras da carne, tenha prioridade. Em vez disso, devemos lembrar que somos parceiros de Deus e como tal temos responsabilidades, mas se nos confundirmos e perdermos nosso tempo tentando fazer o que só Deus pode fazer, ficaremos frustrados porque nenhum dos nossos esforços produzirá qualquer bom fruto.

Por exemplo, só Deus pode mudar o coração de uma pessoa. Podemos orar pelas pessoas, mas só Deus pode transformá-las. Não podemos sequer transformar a nós mesmos. Podemos tentar nos comportar melhor e ter algum sucesso. Podemos nos disciplinar e aprender formas melhores de reagir às pessoas e às situações, mas no que se refere à genuína transformação do coração, só Deus pode fazer isso. Ele é o único que pode sondar o interior de uma pessoa para curar o que precisa ser curado e mudar o que precisa ser mudado.

No que se refere à genuína transformação do coração, só Deus pode fazer isso.

Você está tendo lutas consigo mesmo? Se estiver, direcione seus esforços para a oração e você começará a ver resultados surpreendentes. Deus responde à oração cheia de fé, e não às obras da carne.

Todos nós temos coisas erradas em nós que precisam ser transformadas, e geralmente a lista é bastante longa. Deus nos transforma à Sua própria imagem à medida que estudamos consistentemente a Sua Palavra. A Palavra de Deus tem poder inato e opera coisas maravilhosas em nosso coração.

Vá a Deus totalmente dependente Dele e diga a Ele que você entende que não pode mudar a si mesmo, e, por sinal, a nenhuma outra pessoa também. Peça a Ele para transformá-lo. Fique empolgado e entusiasmado com as mudanças que você pode ver, e não deprimido e desanimado com as coisas que ainda precisam ser feitas. Comemore cada vitória que Deus lhe der. Pense no quanto você já avançou, e não no quanto ainda precisa melhorar.

Pense no quanto você já avançou, e não no quanto ainda precisa melhorar.

Deus começou uma boa obra em você e Ele a completará (ver Filipenses 1:6). Ele é o Autor e o Consumador da nossa fé (ver Hebreus 12:2). Ele nos chamou para sermos corpo, alma e espírito totalmente santificado, e Ele o fará. Ele cumprirá o Seu chamado na sua vida à medida que você depender Dele e se apoiar Nele (ver 1 Tessalonicenses 5:22-24). Ele irá completá-lo e fazer de você o que você deve ser (ver 1 Pedro 5:10). Você não pode atingir a perfeição na dependência da carne (ver Gálatas 3:3).

Deus nunca o ajudará a ser nenhuma outra pessoa além de você mesmo.

Desperdicei muitos anos de vida lutando contra minha personalidade. Eu não gostava de mim mesma e queria ser outra pessoa e não quem eu era. Observe que eu disse que *desperdicei* muitos anos. Estou lhe pedindo para aprender com os meus erros e fazer as coisas do jeito de Deus, e não do jeito do homem. Deus nunca o ajudará a ser nenhuma outra pessoa além de você mesmo.

Aqueles anos foram frustrantes e desanimadores, porque eu sempre me sentia um fracasso. Sempre dizia a Deus o quanto eu estava me esforçando, mas eu realmente precisava trocar o meu esforço pela confiança Nele. Quando fiz isso, Ele começou a me transformar, e tem feito tanto em mim, que mal consigo me reconhecer se comparado àqueles primeiros anos.

Outro grande desperdício de tempo acontece quando tentamos mudar as outras pessoas. Tentar consertar alguém que não quer ser consertado é inútil. Passei muitos anos tentando ajudar pessoas diferentes, só para vê-las continuarem a fazer as coisas que as estão destruindo. Finalmente percebi que Satanás as estava usando para drenar a energia que eu precisava ter para ajudar as pessoas que realmente queriam a minha ajuda.

As pessoas não vão mudar a não ser que queiram e estejam dispostas a se voltarem para Deus para pedirem a ajuda Dele. Podemos apontar as imperfeições das pessoas o dia inteiro, mas isso só as deixará zangadas ou inseguras. Mais uma vez devemos empregar a nossa energia orando e deixando Deus trabalhar. Quando oramos, a oração abre a porta para Deus operar e então Ele receberá a glória quando a mudança realmente ocorrer.

Nossos filhos podem ser ensinados sobre a maneira como Deus quer que eles vivam, mas não podem ser obrigados a viver assim. Assim como acontece com qualquer pessoa, eles precisam fazer essa escolha. Ora, a Bíblia diz que se os treinarmos corretamente, quando eles forem adultos, não se desviarão do caminho (ver Provérbios 22:6). Esperamos que eles nunca se desviem de fazer o que é certo, mas temos a promessa de Deus de que mesmo que isso aconteça, eles finalmente voltarão às raízes de justiça.

Perdi muito tempo tentando fazer com que meus filhos fossem o que eu achava que eles deveriam ser. Uma de minhas filhas era desorganizada e eu queria que ela fosse arrumada e elegante. Um de meus filhos queria controlar tudo e eu queria que ele se acalmasse e fosse de mais fácil convívio. O outro só queria se divertir. Ele transformava tudo em festa e não se preocupava muito com a escola e com outras responsabilidades. Minha outra filha era uma tremenda perfeccionista e era tão detalhista que quase me deixava louca. Todos os meus esforços para transformá-los só deixaram a mim e a eles frustrados. Graças a Deus porque finalmente aprendi que Deus criou cada um de nós tendo um propósito especial em mente. Somos o barro Dele e Ele nos faz o que quer que sejamos.

Crie o hábito de encontrar o bem nas pessoas, e não suas imperfeições.

Em nosso orgulho, queremos que todos sejam como nós ou que sejam como achamos que devem ser. Deus quer que oremos para que a vontade Dele seja feita. Ele quer que apreciemos as pessoas que colocou em nossas vidas, e que não as julguemos e critiquemos. Crie o hábito de encontrar o bem nas pessoas, e não suas imperfeições. Todos nós temos a nossa pequena carga de erros opressivos e fomos chamados para sermos pacientes e para tolerarmos os outros. Isso significa que teremos de literalmente suportar algumas coisas que não gostamos para termos relacionamentos que durem e que edifiquem.

Entretanto, precisamos lembrar que outras pessoas precisam ignorar alguns de nossos erros também. Esta é a única maneira de podermos viver relacionamentos pacíficos. Todos nós precisamos praticar a arte de sermos adaptáveis.

Fico feliz em dizer que todos os meus filhos e eu conseguimos atravessar os anos difíceis e hoje temos um relacionamento maravilhoso. Cometi muitos erros, mas Deus é aquele que nos sara. Todos eles trabalham para o ministério e são extremamente valiosos para nós. Algumas das coisas que um dia eu vi como fraquezas que precisavam ser transformadas, na verdade passaram a ser pontos fortes que Dave e eu não possuíamos, mas dos quais precisávamos. Eles fazem coisas no ministério que não poderíamos fazer e eles o transformaram em algo melhor.

Deixe Deus ser Deus na sua vida.

Deixe Deus ser Deus na sua vida. Não desperdice a energia que precisa para ter entusiasmo na vida perdendo tempo tentando fazer o que só Ele pode fazer.

eu desafio você

Empregue Seu Tempo Com Sabedoria

Uma das melhores maneiras de saber quanto tempo estamos perdendo e quanto do nosso tempo estamos usando com sabedoria, é acompanhar o que estamos fazendo. Durante um dia, anote tudo que você faz. Leve um pequeno caderno com você aonde for, e desde o momento em que acordar até voltar para a cama, registre tudo. Se você passar uma hora na frente do computador "navegando", anote isso. Se passar cinco minutos orando, anote isso também. Recebeu um telefonema de um amigo? Anote quanto tempo você passou no telefone e sobre o que falaram.

No dia seguinte, pegue outra folha de papel e divida-a em duas colunas. Escreva em uma "investimento sábio" e na outra "tempo perdido". Depois, pegue o relato do seu dia e comece a colocar cada atividade na coluna apropriada, de acordo com a maneira como utilizou seu tempo. Depois de terminar, dê uma olhada em como você se saiu. Você está aplicando seu tempo com sabedoria, fazendo coisas que honram a Deus e que cumprem seu propósito? Ou está perdendo muito tempo em coisas sem significado? Tenha em mente que não há problema em relaxar se isso tem a finalidade de lhe trazer restauração e revigorar suas energias. Seja sincero na sua avaliação e pense em como você pode se dedicar mais, passando mais atividades da coluna "tempo perdido" para a coluna "investimentos sábios".

Reclamar é Perda de Tempo

A maioria de nós tem a tendência de reclamar toda vez que alguma coisa nos desagrada ou contraria. Na verdade, creio que seria um grande milagre de Deus se pudéssemos passar um dia inteiro sem reclamar de nada ou murmurar em nosso coração.

Reclamar é uma total perda de tempo e nada de positivo resulta dessa prática. Ao contrário, cria uma atmosfera negativa onde o diabo encontra oportunidade para trabalhar. Realmente acredito que temos provas bíblicas de que murmurar, apontar os erros dos outros e reclamar abre a porta para o diabo trazer destruição sobre as nossas vidas.

Murmurar, apontar os erros de outros e reclamar abre a porta para o diabo trazer destruição sobre as nossas vidas.

Talvez muitos dos nossos problemas sejam resultado de reclamarmos quando deveríamos estar louvando ou agradecendo a Deus. Reclamar certamente não é a vontade ou o propósito de Deus para o Seu povo. O mundo inteiro parece estar reclamando de alguma coisa, mas cada um de nós pode tomar a decisão de dar um exemplo diferente e mais positivo.

Se você não pode mudar alguma coisa, então mude sua maneira de pensar a respeito dela, mas não reclame.

Eis algumas sugestões que você pode achar úteis:

- Podemos reclamar do que não podemos fazer, ou podemos fazer o que podemos fazer.
- Podemos reclamar da situação da sociedade e desejar que alguém faça alguma coisa a respeito, ou podemos orar.
- Podemos reclamar daquilo que não temos, ou podemos ser gratos pelo que temos.
- Podemos encontrar erros nos nossos amigos e na nossa família, ou podemos agradecer a Deus por não estarmos completamente sós na vida.
- Podemos reclamar do trabalho que temos, ou podemos agradecer a Deus por termos um trabalho.
- Podemos reclamar do trânsito, ou podemos agradecer a Deus por termos um carro quando a maior parte das pessoas do mundo ainda vai a pé para onde deseja ir.
- Podemos reclamar do tempo, ou podemos agradecer a Deus por termos saúde suficiente para sairmos de casa.

Na próxima vez que você for tentado a reclamar, lembre-se que isso não faz bem algum. É uma completa perda de tempo, e é como dizer em alto e bom som a Deus que você não está nem um pouco satisfeito com a maneira como Ele está cuidando de você. Se começar a agradecer a Deus na situação em que você está, Ele o ajudará a chegar aonde você quer chegar.

Se começar a agradecer a Deus na situação em que você está, Ele o ajudará a chegar aonde você quer chegar.

A medida de sua gratidão nos vales da vida ajuda a determinar a velocidade com que você chegará ao topo da montanha. Não cometa o erro de pensar que a grama é sempre mais verde do outro lado. Se você estivesse do outro lado, descobriria que a grama também precisa ser cortada.

Quando for tentado a murmurar e reclamar da vida, apenas lembre-se de que existe alguém no mundo que adoraria trocar os problemas dele com os seus. Existe sempre alguém em pior situação do que você.

A Bíblia nos diz para sermos gratos em todas as coisas porque esta é a vontade de Deus para aqueles que estão em Cristo Jesus (ver 1 Tessalonicenses 5:18).

Recentemente, li a história de um homem que passou de saudável a deficiente de um dia para o outro, devido a um tumor cerebral. O tumor foi retirado cirurgicamente, mas o deixou impossibilitado de fazer muitas coisas que anteriormente ele podia fazer.

A primeira coisa que ele foi tentado a fazer foi ter uma crise de autopiedade, mas então percebeu que ninguém viria em seu socorro, a não ser ele mesmo. Ele decidiu que outra abordagem seria melhor. Decidiu então que em vez de reclamar de sua *de*ficiência, ele iria comemorar sua *di*ferença. Ele aprendeu a fazer as coisas de um jeito diferente do que fazia antes. Por estar na reabilitação regularmente, conheceu pessoas novas das quais realmente gostava. Ele não podia se mover tão rapidamente quanto antes, então começou a prestar atenção em coisas como o brilho do sol, as rosas e as estrelas.

Se você tem alguma coisa em sua vida que considera uma deficiência, por que não chamá-la de "a sua diferença" e fazer dela uma oportunidade para explorar um mundo inteiramente novo?

Ele também aprendeu a humildade. Nas situações em que antes era autossuficiente, recusando-se a pedir ajuda ou a depender de alguém, agora ele tinha de deixar que outros o ajudassem. Ele descobriu que o amor das pessoas lhe dava esperança para prosseguir. Se você tem alguma coisa em sua vida que considera uma deficiência, porque não chamá-la de "a sua diferença" e fazer dela uma oportunidade para explorar um mundo inteiramente novo? Lembre-se... De qualquer maneira, reclamar não mudará as coisas!

A Raiva é Uma Perda de Tempo

Em um artigo da revista *Healthy Living* (Vida Saudável), Joan Lunden disse: "Agarrar-se à ira, ao ressentimento e ao sofrimento faz seus músculos ficarem tensos, provoca dor de cabeça e dores no maxilar por trincar os dentes. O perdão devolve o riso e a leveza à vida". [4]

Eu iria um pouco além do que ela disse e acrescentaria que recusar-se a ficar irado lhe devolve a vida. Ensino às pessoas: "Perdoe e viva novamente".

Veja, ficar irado e amargo não fere os seus inimigos, mas fere você. Eles provavelmente estão vivendo muito bem enquanto você fica sentado em casa contrariado.

O mundo está ficando cada vez mais cheio de pessoas que estão iradas o tempo todo. A maioria da humanidade funciona com pavio curto. A paciência e a longanimidade são traços de caráter que não vemos mais com muita frequência, mas precisamos ver.

Jesus nos deu a solução perfeita para a ira. Ele disse para perdoarmos aqueles que nos ofendem, abusam de nós ou se aproveitam de nós. Ele disse para não ficarmos ofendidos (ver Lucas 17:4). A ofensa nos será oferecida com frequência, mas não temos de aceitá-la. Eu não tomaria veneno se alguém me oferecesse, e é exatamente isso que a ofensa é. Ela envenena nossa mente, nossas emoções, nossa personalidade, nossas atitudes, e nossa vida espiritual. Recentemente ouvi alguém dizer que a ira e a falta de perdão são como um ácido que corrói o recipiente onde está armazenado.

A ira é uma emoção que virá à tona de tempos em tempos, mas Jesus disse para não deixarmos o sol se pôr sobre a nossa ira. Quanto mais continuarmos irados, mais oportunidade a ira terá de criar raízes em nossas vidas e de sufocar a vida em nós. Você pode estar irado com Deus, consigo mesmo, ou com outra pessoa, mas é hora de desistir disso. A ira é inútil. Ela não muda nada a não ser você, e não é para melhor. A ira é sinal de perigo.

A ira é sinal de perigo.

Deus prometeu ser o nosso Vingador. Ele traz justiça às nossas vidas e transforma as coisas erradas em certas se confiarmos Nele. Fui vítima de incesto e por muitos anos vivi com muita raiva. Estava tão cheia de raiva que ela saía de mim em determinadas situações e era dirigida a pessoas que não tinham absolutamente nada a ver com a dor do meu passado. Sentia que a vida me devia algo e estava tentando cobrar isso do mundo inteiro.

Finalmente percebi que ninguém poderia me devolver o que meu abusador havia tirado de mim. Isto é, ninguém a não ser Deus. Ele prometeu nos recompensar em dobro pelas angústias do nosso passado, e sou um testemunho vivo da fidelidade de Deus.

Em vez de ficar irado, saia em busca de pessoas com quem você possa usar de bondade.

Não passe sua vida tentando cobrar dívidas passadas de pessoas que não têm poder para lhe pagar. Desista da raiva e comece a vencer o mal com o bem (ver Romanos 12:21). Em vez de ficar irado, saia em busca de pessoas com quem você possa usar de bondade. Encontre alguém que esteja sofrendo e ajude a substituir a testa franzida e a preocupação dessa pessoa por sorrisos e esperança.

Uma pessoa que não consegue controlar a emoção da ira é como uma cidade destruída, sem muralhas para se proteger dos inimigos. Paulo disse aos Coríntios que eles deveriam perdoar a fim de impedir que Satanás tivesse vantagem sobre eles. Ele disse aos Efésios que se ficassem irados, isso abriria a porta para o diabo e daria oportunidade a ele.

Eu o encorajo a andar em sabedoria. Não permita que a emoção negativa da ira controle sua vida. Tome a decisão agora mesmo de não perder mais tempo ficando irado. Se você fizer isso, creio que abrirá uma porta para que as bênçãos de Deus fluam para sua vida de uma maneira totalmente nova.

O Medo é uma Perda de Tempo

O medo pode realmente roubar seu destino. Qualquer pessoa que viva com medo jamais cumprirá o propósito de Deus para sua vida. O medo impede o progresso e é exatamente isso que o diabo usa como arma favorita contra as pessoas. O diabo não quer que você avance. Se você decidir seguir em frente, terá de confrontar o medo, e o medo nunca irá evaporar ou desaparecer. Ele precisa ser confrontado.

Coragem é o medo que orou e decidiu avançar de qualquer maneira.

A coragem é o medo que orou e decidiu avançar de qualquer maneira. O medo é um sentimento que nunca devemos permitir que controle nossa vida. De agora em diante, quando você sentir medo, simplesmente tome a decisão de seguir em frente. Decida fazer o que quer que você queira ou precise fazer ainda que tenha de "fazê-lo com medo".

Deus não nos deu espírito de medo. Ele nos dá a fé e espera que a usemos. A fé vencerá o medo porque é mais poderosa que ele. Não acredito que qualquer grande obra algum dia tenha sido realizada sem que alguém tivesse de enfrentar o medo e fazer o que precisava ser feito assim mesmo. O medo rouba da mente a razão e sua capacidade de nos ajudar a tomar decisões. Quando o medo se instala, parece que o bom senso e a razão saem pela janela. Parece que nossa mente entra em um processo de caos. Imaginamos todo tipo de coisas ruins, e quanto mais vemos essas imagens terríveis na tela da nossa mente, mais paralisados ficamos.

Quando surgem os problemas, a reação natural é ter medo. Mas depois de sentir medo, nossa próxima reação deve ser buscar a Deus. É triste dizer, mas poucas pessoas se treinaram para dar esse segundo passo. Elas permitem que o medo as paralise, e o diabo entra e rouba o propósito de Deus para sua vida. Se buscássemos a Deus quando temos medo, nós o ouviríamos dizer o que Ele disse aos israelitas: *Não temam porque Eu estou com vocês. Eu não os deixarei nem os abandonarei. Esta batalha não é de vocês, mas de Deus. Não temam, não há nada a temer.*

Não cometa o erro de ouvir o que o mundo, o diabo e as circunstâncias têm a dizer sem também ouvir o que Deus tem a dizer. José se viu em uma situação terrível, mas Deus estava com ele! Ele obtinha o favor em todo lugar aonde ia e prosperou em tudo onde colocava suas mãos. Ele tinha problemas, mas ele também tinha Deus!

Davi teve de enfrentar o gigante Golias porque os demais soldados tinham medo de fazer isso. Às vezes ficamos olhando demais para os nossos problemas. A Bíblia diz que devemos olhar para longe de tudo que nos distraia de Jesus, que é o Autor e o Consumador da nossa fé (ver Hebreus 12:2).

O medo atormenta e não faz bem algum. Ele realmente bloqueia nossa capacidade de sermos apaixonados e entusiasmados com a vida. Ele nos detém e impede que nos aproximemos mais da realização do nosso propósito. Não existe uma única coisa positiva com relação ao medo, portanto, eu o encorajo a parar de perder tempo tendo medo das coisas que ainda não aconteceram. Creia que aconteça o que acontecer em sua vida, Deus é maior que qualquer problema que você possa ter. Medo é esperar que algo de mau aconteça, mas Deus quer que esperemos com determinação que coisas boas aconteçam em nossas vidas todos os dias.

Deus é maior que qualquer problema que você possa ter.

Capítulo 7

A Culpa é Perda de Tempo

Você está aprisionado no jogo da culpa? Se estiver, talvez precise parar e começar a assumir a responsabilidade. Estou certa de que seu primeiro pensamento depois de ler este comentário deve ter sido: "Joyce, não é culpa minha". Quando eu disse isso a Deus, Ele me disse que o que havia acontecido comigo não era culpa minha, mas eu não podia usar isso como desculpa para permanecer infeliz e desperdiçar minha vida. Eu não era responsável pelo abuso em minha vida, mas tinha de assumir a responsabilidade pela maneira como iria reagir a ele.

Eu colocava a culpa em muitas pessoas, e na verdade a maioria delas deveria ter assumido sua responsabilidade e ter me ajudado, mas não fizeram isso. Cada uma delas tinha suas razões para não ajudar, e agora algumas delas passam seus dias se culpando por não fazerem o que deveriam ter feito. Isso também não adianta nada.

Como seres humanos, parece que estamos decididos a perder o nosso tempo em coisas que nunca resolvem o problema. Culpamos uns aos outros, culpamos a nós mesmos, e até culpamos Deus. Em vez de culpar alguém, precisamos deixar o passado para trás e avançar em direção ao futuro. Na verdade, precisamos aprender com o passado e deixar que ele nos ensine para o futuro. Deus não quer que passemos os nossos dias nos sentindo culpados; Ele quer que sejamos responsáveis.

Precisamos aprender com o passado e deixar que ele nos ensine para o futuro.

Depois de trinta anos, meu abusador finalmente assumiu a responsabilidade e me pediu perdão. Àquela altura eu não precisava realmente do pedido de perdão dele, mas ele precisava me pedir perdão para o próprio bem. Eu segui em frente; agora ele estava livre para fazer o mesmo. Enfrentar problemas difíceis como este nos capacita a superá-los, porque qualquer coisa com a qual nos recusamos a lidar tem poder sobre nós. O jogo da culpa não é saudável emocional, mental e espiritualmente. Certamente podemos tentar fugir dos problemas, mas lá no fundo sentimos o peso deles. Muitas pessoas nunca experimentam paz ou alegria por causa de problemas não resolvidos em suas vidas.

Não seja o tipo de pessoa que sempre tem de encontrar alguém para culpar por tudo que está errado. Se você está atrasado para o trabalho, culpa o trânsito, as crianças, o telefone que toca quando você estava saindo, ou uma série de outras coisas? Se você não administra bem seu dinheiro, culpa seu chefe acusando-o de não lhe pagar o suficiente? Se sua vida está confusa e fora de ordem, você simplesmente culpa sua agenda lotada, esquecendo-se de que foi você quem a organizou?

Seja responsável! Seja ousado!

O primeiro passo para a mudança é a decisão de assumir a responsabilidade de fazer o que precisa ser feito e parar de se culpar. É um novo dia, e Deus quer que encaremos a vida de uma maneira nova. Seja responsável! Seja ousado! Creia que com a ajuda de Deus, você pode fazer o que quer que seja preciso fazer na vida. Entenda que culpar os outros, culpar a si mesmo, ou culpar Deus é algo infrutífero. É uma atitude vã e inútil que só o aprisiona em todo tipo de emoção negativa e impede que você tenha progresso.

Comparações São Uma Perda de Tempo

Isto lembra você?

Sinto-me realmente contente — até começar a folhear os cinquenta catálogos que recebo pelo correio todo mês.

Eu gostava do meu carro — até ver o novo Lexus.

Estou satisfeita com minhas roupas — até dar uma volta pelas lojas do shopping.

Amo nossa casa — até pensar em como seria possuir uma casa maior perto de um lago.

Estou satisfeito com todas as áreas da minha vida — até começar a compará-la com a vida de alguém.

Sinto que tenho o suficiente de tudo — até ver alguém que tem mais. [5]

Não é sempre tentador comparar o que você tem com o que outra pessoa tem? Meu conselho é que você pare de olhar para o lado e de se preocupar com os outros e comece a se concentrar no que está diante de você — o incrível plano individual de Deus para cada um de nós! Quando Pedro estava na prisão, Deus enviou anjos para sacudir o lugar até que as portas se escancararam e Pedro saiu por elas. João Batista estava na prisão e foi decapitado. Por que, Deus, por quê? Só Deus sabe e Ele não vai dizer. A confiança exige sempre que tenhamos algumas perguntas não respondidas em nossas vidas.

Quando João estava na prisão, enviou uma mensagem para perguntar a Jesus se Ele era Aquele que haveria de vir, ou se ele deveria procurar outro. Jesus disse a ele para examinar as obras que Ele estava fazendo, para observar os cegos que estavam vendo, os surdos ouvindo, e os coxos andando. Jesus também disse algo mais que é extremamente importante. Ele disse: "E feliz é aquele que não se escandaliza por minha causa..." (Mateus 11:6).

Comece a se concentrar no que está diante de você — o incrível plano individual de Deus.

Parece que João estava se perguntando por que ele estava na prisão se Jesus era o verdadeiro Messias por quem estava esperando. Afinal, João havia sido fiel, abrindo mão de tudo para servir a Deus. Creio que João estava imaginando como Jesus podia tê-lo deixado em uma situação ruim. Quando João perguntou a Jesus se Ele era realmente o Messias, Jesus basicamente disse a ele que não se escandalizasse por causa da situação que estava enfrentando.

Todos nós temos momentos em que nos perguntamos por que Deus não nos livra de uma situação difícil ou por que não fez alguma coisa que pedimos a Ele que fizesse. Também temos a tendência de olhar para alguém que conhecemos e que definitivamente parece ter uma vida mais fácil que a nossa, e então começam as comparações. Não perca seu tempo se comparando, porque isso só leva aos ciúmes, à inveja, ao ressentimento, e à confusão, e é mais uma distração que Satanás usa para manter você fora do rumo.

Abrace o desconhecido assim como você abraça o conhecido.

Confie que Deus tem um bom plano para sua vida. Abrace o desconhecido assim como você abraça o conhecido, porque você pode confiar que Deus está no controle. Ele pode levá-lo por um caminho que você não escolheria, mas Ele tem um motivo para isso.

CAPÍTULO 8

Sonhe Grandes Sonhos

Quando falamos em abraçar nosso propósito com entusiasmo, é natural falar sobre nossos sonhos, porque os sonhos ajudam a despertar nosso entusiasmo assim como o entusiasmo ajuda a estimular nossos sonhos. É importante pensar grande no que se refere aos sonhos para o nosso futuro. Muitos de nós não pensamos grande o bastante, mas acredito que aqueles que pensam pequeno viverão vidas pequenas. As pessoas que não conseguem conceber nada além do que podem ver com seus olhos naturais perdem o melhor que Deus planejou para elas. Recomendo que você tenha pensamentos grandes, sonhe grandes sonhos, e faça grandes planos. Servimos a um grande Deus que é capaz de fazer infinitamente, abundantemente mais e além de tudo que poderíamos esperar, pedir ou pensar (ver Efésios 3:20).

Uma esperança, uma visão, um sonho ou um plano é como uma semente. É uma coisa pequena que leva a algo grande. Tudo começa com uma semente. Nunca poderemos ter uma colheita sem uma semente, e o mesmo acontece com os nossos sonhos. Se você não tem esperanças ou sonhos positivos para o futuro, permanecerá onde está ou começará a recuar. Seu estado atual pode piorar, a não ser que você pense criativa e agressivamente. Não espere que alguma grande ideia surja de repente em sua mente; em vez disso, busque uma. Ore para ter ideias criativas, pense no que você gostaria de fazer, e depois acredite que pode fazer isso.

Ore para ter ideias criativas, pense no que você gostaria de fazer, e depois acredite que pode fazer isso.

Algumas pessoas acreditam que tudo na vida é questão de sorte. Não há nada que possam fazer a respeito de qualquer coisa, exceto esperar que o que vai acontecer aconteça, e depois aceitar isso. É verdade que teremos de aceitar algumas coisas a respeito das quais não podemos fazer nada, mas muitas coisas podem ser mudadas se orarmos e fizermos a nossa parte. Muitos sonhos podem ser realizados se simplesmente empregarmos o entusiasmo e a perseverança para realizá-los.

Crie Oportunidades

O que significa criar oportunidades para si mesmo? Aprenda uma lição com o empresário e conferencista motivacional Jim Rohn:

Seja um Empreendedor

Uma pessoa empreendedora é alguém que se depara com uma pilha de sucata e vê a fabricação de uma maravilhosa escultura. Uma pessoa empreendedora é alguém que passa por uma parte destruída da cidade e vê um novo projeto imobiliário. Uma pessoa empreendedora é alguém que vê uma oportunidade em todas as áreas da vida.

Ser empreendedor é manter seus olhos abertos e sua mente ativa. É ser habilidoso o bastante, confiante o bastante, criativo o bastante, e disciplinado o bastante para agarrar as oportunidades que se apresentam... independentemente da economia.

Uma pessoa que tem uma atitude empreendedora diz: "Descubra o que você pode fazer antes que uma atitude seja tomada". Faça o seu dever de casa. Faça a pesquisa. Esteja preparado. Seja engenhoso. Faça tudo que puder preparando-se para o que está por vir.

Pessoas empreendedoras sempre veem o futuro no presente. Pessoas empreendedoras sempre encontram uma maneira de tirar vantagem de uma situação, e de não serem sobrecarregadas por ela. E pessoas empreendedoras não são preguiçosas. Elas não esperam que as oportunidades venham até elas; elas vão atrás das oportunidades. Iniciativa significa sempre encontrar uma maneira de se manter trabalhando ativamente em prol da sua ambição.

Uma pessoa empreendedora baseia-se em duas coisas. A primeira é criatividade: Você precisa de criatividade para ver o que está lá fora e para moldá-lo em benefício próprio. Você precisa de criatividade para olhar o mundo de forma um pouco diferente. Você precisa de criatividade para ter uma abordagem diferente, para ser diferente.

O que anda de mãos dadas com a criatividade na iniciativa é o segundo requisito: a coragem para ser criativo. Você precisa de coragem para ver as coisas de modo diferente; coragem para ir contra a multidão; coragem para adotar uma abordagem diferente; coragem para ficar só se for preciso; coragem para escolher atividade e não inatividade.

E por último, ser empreendedor não diz respeito apenas à capacidade de ganhar dinheiro. Ser empreendedor também significa se sentir bem o suficiente consigo mesmo, e ter autoestima suficiente para querer ver vantagens e oportunidades que façam a diferença no seu futuro. Fazendo isso, você aumentará sua confiança, sua criatividade, e sua autoestima — ou seja, sua natureza empreendedora.[1]

Eu costumava dizer: "Não sou uma pessoa muito criativa", mas não digo mais isso. Agora, oro para que Deus me dê ideias criativas e confesso que sou criativa. Tenha uma atitude positiva a respeito de si mesmo e das suas habilidades. Só porque você nunca foi de determinada forma no passado, não significa que não possa ser assim no futuro.

Em uma de minhas viagens à Índia, fui a uma região remota para visitar uma favela. Duzentas mil pessoas viviam naquela favela e cinquenta mil delas eram crianças. Enquanto dirigia pela área, fiquei horrorizada com as condições de vida das pessoas. Todos os dias, elas ficavam sentadas passivamente no meio da sujeira, da lama, e do lixo. Uma casa comum era feita de quatro estacas firmadas no chão, com papelão ou outros pedaços de materiais, como trapos e pedaços de metal, escorados uns nos outros para fazer um telhado. As crianças perambulavam sem roupas ou com roupas muito sujas. Os homens se sentavam em grupos sem fazer nada, enquanto as mulheres seguravam seus bebês e mexiam o que quer que houvesse em suas panelas. Era uma visão lamentável. Ainda sacudo a cabeça, incrédula, quando me lembro daquela visita.

Basta uma pessoa com um sonho e uma visão de melhoria para acender uma centelha em outras e provocar grandes mudanças. Na superfície, parece que ela não tem nada com que trabalhar, mas uma pessoa empreendedora sempre encontra alguma coisa. Consegui ver algumas pessoas que organizaram seus negócios provisórios. Uma mulher tinha uma máquina de costura e um aviso feito em casa anunciando seu negócio de costura. Outra mulher tinha uma tábua de passar e um ferro, e obviamente, estava oferecendo seus serviços de lavar e passar roupa. Senti orgulho delas... pelo menos estavam tentando fazer alguma coisa.

Basta uma pessoa com um sonho e uma visão de melhoria para acender uma centelha em outras.

Quando visito esse tipo de lugar, costumo pensar em como as coisas seriam melhores se as pessoas simplesmente se reunissem e se livrassem do lixo. Se não houvesse nada mais que pudessem fazer, com um mínimo de esforço elas poderiam pelo menos manter o ambiente limpo.

Naquele dia, realizamos um pequeno programa de alimentação para cinquenta crianças, e enquanto eu me sentava na sujeira com elas, servindo-as com arroz e sopa de lentilhas, eu me perguntava o que poderia fazer para ajudar as outras 49.950 crianças que não estavam ali naquele dia. Foi quando tive a ideia de um dia poder alimentar um milhão de crianças por dia em diversas partes do mundo. Declarei este sonho em voz alta a algumas pessoas da nossa equipe, e os olhos delas se encheram de lágrimas. Três de nós imediatamente doamos várias centenas de dólares por mês para começar a alimentar mais crianças imediatamente. Nossa doação não chegou a fazer sequer uma pequena diferença no objetivo de um milhão de crianças, mas pelo menos estávamos fazendo alguma coisa. Estávamos fazendo a diferença nas vidas de pelo menos algumas daquelas crianças, e para elas, aquilo importava muito e fazia uma enorme diferença.

Vou continuar avançando em direção ao cumprimento dessa visão enquanto eu viver. Espero poder ver esse dia e oro por isso, mas mesmo que não o veja, sou entusiasmada por tentar fazer algo além de apenas balançar a cabeça e dizer: "Isto é uma vergonha!".

Vi o caos instaurado e decidi criar uma oportunidade para que eu e outras pessoas que queiram se juntar a nós ao longo dos anos pudéssemos fazer a diferença. Você pode fazer o mesmo. Tudo começa apenas com um sonho.

A Passividade

As pessoas que vivem em aldeias como as da Índia cresceram em meio a um grau de pobreza tão extremo que nem conseguiriam se imaginar vivendo fora dela. Elas precisam ser ensinadas a pensar de forma agressiva e a tomar medidas agressivas.

A passividade é o oposto da atividade e é muito perigosa. Uma pessoa passiva gostaria de ver algo de bom acontecer e se dispõe a ficar sentada onde está e esperar para ver se isso acontece. O diabo pode manipular facilmente uma pessoa passiva. Ele oprime a vontade dela até que ela seja incapaz de tomar qualquer decisão ou qualquer atitude sem ser impelida por uma força externa.

Deus, no entanto, quer nos motivar partindo do nosso interior. Ele nos dá ideias criativas, grandes sonhos, e uma atitude determinada e ativa. A única marcha de Deus é para frente. Ele quer que sejamos decididos, cheios de energia pelo Seu Espírito e entusiasmados com a vida. As pessoas que se permitiram tornarem-se passivas têm um tipo de morte dentro delas que é assustador. A iniciativa delas simplesmente desapareceu!

A passividade nem sempre vem acompanhada da depressão, do desânimo, da autopiedade, da culpa, das desculpas e da preguiça, mas pode vir. Quando a passividade toma conta de uma pessoa, é necessária muita determinação para se libertar dela.

Meu marido Dave certa vez teve um problema com a passividade. Ele não estava deprimido ou desanimado, mas não estava cuidando das suas responsabilidades.

Dave esteve no exército por três anos, e durante esses anos, o trabalho dele era principalmente jogar baseball e basquete para entreter as tropas. Ele realmente frequentou a escola em parte do tempo, mas na maior parte do tempo, ele praticava esportes. Depois de treinar nos dias em que não tinham jogos regulares, ele ficava livre para passar o resto do dia na praia ou para fazer o que quisesse. Ele contou que durante aqueles três anos de sua vida, ele não tinha de tomar muitas decisões. Diziam a ele quando comer, o que vestir e aonde ir. Quando saiu do exército, ele havia criado maus hábitos que não seriam desfeitos com facilidade.

Dave e eu nos casamos em 1967, e embora saíssemos para trabalhar todos os dias e ganhássemos a vida, ele não fazia muito além disso, a não ser praticar esportes e assistir a esportes. Fiquei muito frustrada, e embora ele realmente fizesse certo esforço para mudar, ele lembra que era muito difícil simplesmente porque não tinha nenhum sentimento para dar suporte a esses esforços. Ele havia ficado dormente em tantas áreas e por tanto tempo, que sua vontade de fazer as coisas literalmente havia se tornado passiva.

Lendo um livro de Watchman Nee, Dave aprendeu sobre os perigos da passividade e reconheceu que tinha um problema. Ele contou muitas vezes como foi difícil a princípio começar a fazer as coisas que ele sabia que devia fazer, mas não tinha nenhuma vontade de fazer. Entretanto, com perseverança e a ajuda de Deus, pouco a pouco, ele se libertou.

Dave adora falar sobre os perigos da passividade com as pessoas, porque ele sabe em primeira mão o quanto ela é enganosa e como o diabo a usa para roubar o entusiasmo e o propósito das pessoas, assim como o sonho delas.

Vários meses depois da minha viagem à Índia, também viajei para Ruanda, na África. Entre abril e junho de 1994, Ruanda passou por um terrível genocídio no qual quase um milhão de pessoas foram assassinadas brutalmente. Essa tragédia deixou a nação devastada. A economia deles foi destruída, assim como suas casas, seus negócios, e o próprio campo.

Quando visitei o país em abril de 2006, fiquei agradavelmente surpresa ao encontrar a nação muito limpa e bem cuidada. Embora eles tenham muitos problemas para superar, começaram na direção certa. O presidente do país aprovou uma lei exigindo que todos limpassem suas casas e seus bairros um sábado por mês. Eles também têm reuniões nos bairros onde discutem formas de melhorar a região onde vivem. Não tenho palavras para dizer o quanto fiquei entusiasmada com o que vi. Eles tinham problemas terríveis, mas estavam fazendo o que podiam. Acredito firmemente que se fizermos o que podemos fazer, Deus fará o que não podemos fazer.

Se fizermos o que podemos fazer, Deus fará o que não podemos fazer.

Se você tem problemas sérios em sua vida, por favor, entenda que a chave para uma reviravolta é confiar em Deus e fazer o que você pode fazer. Você está fazendo a sua parte, ou está sentado passivamente com uma atitude negativa esperando que alguém conserte sua vida? Se esta pessoa é você, você pode mudar isso agora mesmo. Declare em voz alta que não vai ficar sentado no meio do caos e desperdiçar sua vida. Declare que você é uma pessoa ativa, determinada, criativa, entusiasmada, e que se recusa a desistir! A princípio, talvez você não se sinta apaixonado ou determinado, mas você tem a capacidade de tomar decisões que se sobrepõem aos seus sentimentos. Sua vontade é a parte mais forte da sua alma, e quando você coloca sua vontade alinhada com a vontade de Deus, não há nada neste mundo que possa impedi-lo de ter êxito na vida.

Sua vontade é a parte mais forte da sua alma.

Vi uma grande diferença entre a favela da Índia e a de Ruanda. O mais interessante é que provavelmente, no que diz respeito às circunstâncias, os ruandenses passaram por tempos mais difíceis do que as pessoas que conhecemos na Índia, mas a nação de Ruanda está em melhor estado, simplesmente porque alguém se dispôs a se levantar e dizer: "Vamos fazer *alguma coisa* apenas para não ficarmos sem fazer *nada*!".

O maior erro que alguém pode cometer é não ter sonhos para o futuro e não fazer nada para melhorar alguma coisa em sua vida. As coisas não têm de ser assim para você. Deus tem muitos planos para sua vida — esteja preparado para fazer alguma coisa a respeito.

A gravidez é muito semelhante a ter um sonho e vivê-lo.

Você Não Pode Dar à Luz Antes de Conceber

O processo da gravidez é muito semelhante a ter um sonho e vivê-lo. Quando um bebê é concebido pela semente de um homem plantada no útero de uma mulher, é como um pensamento formado ou imaginado na mente. A mulher passa aproximadamente nove meses grávida, depois entra em trabalho de parto e dá à luz um filho.

Na esfera espiritual, acontece a mesma coisa — com a diferença que tudo acontece na mente, no coração, e no espírito de um homem ou de uma mulher. A ideia criativa, o sonho ou a visão é a semente. Ela é plantada no coração ou no espírito de uma pessoa, que também passa por um período de gestação, de trabalho de parto, e finalmente dá à luz. Na esfera espiritual, tanto homens quanto mulheres podem engravidar. A Bíblia diz que os velhos sonharão e os jovens terão visões (ver Atos 2:17). Você nunca é jovem demais ou velho demais para ter grandes sonhos. Você nunca é do sexo ou da raça errada. A quantidade de dinheiro ou de educação que você possui não importa. Tudo que importa é que você esteja disposto a ter grandes sonhos, dependa de um grande Deus que o ama e que quer vê-lo fazer grandes coisas na vida, e que esteja disposto a superar toda oposição.

Você nunca é jovem demais ou velho demais para ter grandes sonhos.

Muitas das ideias e sonhos que temos em nosso coração revelam o propósito de Deus para as nossas vidas. Sentimos ou temos uma sensação de algumas coisas, desejamos fazer coisas, e esta é a maneira de Deus nos mostrar qual é o nosso propósito. É possível ter desejos carnais, que não provêm de Deus, mas se for este o caso, Deus nos mostrará a verdade se estivermos dispostos a nos corrigirmos. Seja o tipo de pessoa que só deseja o que Deus deseja e você não terá muitos problemas. Cometi erros em minha vida por achar que algumas coisas que eu queria eram a vontade de Deus para a minha vida, apenas para descobrir que minhas motivações estavam erradas. Deus me corrigiu com delicadeza e me levou de volta ao caminho certo, e Ele fará o mesmo por você. É impossível encontrar o propósito de Deus se você vive aterrorizado pelo medo, sem se dispor a correr nenhum risco. Repito... não viva com medo!

eu desafio você

Sonhe Grande!

1. Pense no quanto Deus é grande e depois se lembre de que Ele está do seu lado.
2. Faça uma lista dos seus sonhos e não se limite a certo número. Continue acrescentando coisas à lista à medida que as ideias surgirem. Você ficará impressionado ao ver quantos deles realmente se realizarão.
3. Faça planos de buscar pelo menos um dos seus sonhos. Pergunte a si mesmo o que é necessário para ter êxito: Dinheiro? Ética profissional? Mais instrução? Uma equipe de pessoas? Quando você tiver uma boa ideia, esforce-se para fazer com que ela aconteça.
4. Sonhe grande, mas comemore os pequenos passos de sucesso ao longo do caminho. Entenda que cada esforço que você faz o leva um passo mais perto da disciplina e da dedicação necessárias para concentrar sua paixão no que Deus o chamou para fazer.
5. Mantenha sua paixão em alta e no controle dos seus sonhos. Entregue seu tudo a ela e recuse-se a desistir.

O Medo do Fracasso

Medo é aquilo pelo que você passa quando está a caminho do sucesso. Costumo dizer que a maioria das pessoas fracassa enquanto abre caminho para o sucesso. Em outras palavras, é impossível descobrir o que Deus tem para sua vida sem cometer alguns erros ao longo do caminho. Não fique tão viciado na sua própria perfeição a ponto de viver uma vida pequena, sem paixão por quase nada, só porque optou por viver no modo de segurança.

A maioria das pessoas fracassa enquanto abre caminho para o sucesso.

Os livros de história estão cheios de narrativas sobre homens e mulheres que fizeram grandes coisas, mas antes de terem sucesso, enfrentaram um fracasso após o outro. Thomas Edison fez duas mil experiências antes de inventar com sucesso a lâmpada elétrica. Abraham Lincoln perdeu diversas eleições e teve um esgotamento nervoso antes de se tornar presidente dos Estados Unidos. A primeira vez que tentei levar o ministério para a televisão, foi um fracasso total.

Por que temos tanto medo do fracasso afinal? Creio que esta é uma das maiores táticas do diabo para impedir que as pessoas tentem fazer as coisas. Ele nos diz para ficarmos em segurança e isso nos parece bom, mas a segurança também pode ser monótona. Segurança geralmente significa mesmice, mas Deus nos criou para a diversidade e o crescimento. Ele quer que enfrentemos novos desafios, que tentemos coisas novas, que tenhamos experiências, e que sejamos criativos.

Segurança geralmente significa mesmice, mas Deus nos criou para a diversidade e o crescimento.

O medo do fracasso na verdade é um dos maiores medos que as pessoas precisam enfrentar se pretendem cumprir o propósito de suas vidas.

Eis três mulheres que tiveram um sonho, perseveraram, e que sabiam o que significava vencer o medo.

Rainha Elizabeth I

O pai de Elizabeth amaldiçoou-a no seu nascimento por ela ser uma menina. O Papa a declarou ilegítima, e sua meio-irmã aprisionou-a na

Torre de Londres. Mais tarde, Elizabeth reinou como rainha por quarenta e cinco anos, durante os quais a Inglaterra cresceu em prosperidade, paz e poder. Ela instituiu o direito a um julgamento justo e foi pioneira dos programas de assistência social para os idosos, os enfermos e os pobres. [2]

Elizabeth Blackwell

Vinte e nove escolas de medicina rejeitaram Elizabeth Blackwell antes dela se tornar a primeira médica da era moderna. Você pode imaginar ser rejeitado vinte e nove vezes e ainda ter a coragem de tentar de novo? Depois que Elizabeth realmente se tornou médica, diversos hospitais se recusaram a empregá-la. Ela finalmente abriu a Enfermaria para Mulheres e Crianças Indigentes de Nova York, entre vários outros consultórios médicos. Mais tarde, fundou a Escola de Medicina para Mulheres. [3]

Mary McLeod Bethune

Mary McLeod Bethune foi a mais nova de dezessete filhos. Quando foi recusada para o serviço missionário, ela abriu uma escola. Seus alunos usavam caixas como carteiras e frutos de sabugueiro como tinta. Para levantar fundos, ela e seus alunos transportavam milhares de quilos de lixo para o proprietário de um depósito de lixo local. O Presidente Franklin Roosevelt concedeu a Mary a distinção de ser a primeira mulher afro-americana a ser conselheira do presidente. [4]

Sou imensamente encorajada por pessoas que se recusam a desistir diante da oposição. Não podemos oferecer a Deus uma adoração maior do que buscarmos o Seu propósito com determinação, superando toda oposição e deixando a apatia e a passividade para trás.

Não podemos oferecer a Deus uma adoração maior do que buscarmos o Seu propósito com determinação.

Estas três mulheres são exemplos de pessoas que conceberam e estavam determinadas a dar à luz os seus sonhos. Elas viveram com entusiasmo!

Estava assistindo à biografia de uma atriz famosa e fiquei surpresa ao descobrir que sua vida havia sido muito desafiadora. Ela casou-se e divorciou-se três vezes. Um de seus maridos cometeu adultério com sua melhor amiga, que também era uma atriz muito conhecida. O outro foi um apostador que perdeu milhões de dólares e a deixou falida. O terceiro investiu todo o dinheiro dela em um hotel, um restaurante e um teatro que administrou terrivelmente mal e novamente deixou-a falida. Se você a visse nas telas ou nas revistas, jamais diria que ela havia passado por tamanhas tragédias. Quando lhe perguntaram como ela pôde seguir em frente e ter êxito depois de tantas coisas devastadoras terem acontecido em sua vida, ela disse: "Apenas coloco minha confiança em Deus e começo de novo".

Começar de novo. Começar tudo outra vez parece uma tarefa difícil, não é? Esta pode ser a sensação que você tem, principalmente quando já investiu grande parte de sua vida em alguma coisa, apenas para vê-la fracassar. No entanto, só temos duas escolhas: seguir em frente ou afundar. Precisamos escolher seguir em frente.

Não Aborte Seus Sonhos

Há uma regra simples para o sucesso: "Não desista!". Sabemos que muitas mulheres hoje engravidam e fazem abortos (Mais de 848 mil abortos foram feitos somente em 2003, de acordo com os Centros de Controle e Prevenção de Doenças dos Estados Unidos). Isso é trágico, porque uma vida para a qual Deus tinha planos foi destruída antes mesmo de ter a chance de brotar e florescer. Eu o encorajo a não abortar seus sonhos para a vida e o futuro. Satanás tentará tudo para fazer com que você desista. Às vezes você talvez se sinta tão esgotado a ponto de achar que simplesmente não pode prosseguir. Durante esses momentos, você precisa ser encorajado passando tempo com Deus e com pessoas fiéis a Ele que também têm sonhos e que podem servir para motivá-lo e inspirá-lo. Se você já está desanimado, certamente não vai querer passar o dia com outra pessoa desanimada.

As pessoas nem sempre estarão disponíveis para você, mas Deus prometeu nunca deixá-lo ou abandoná-lo.

As pessoas nem sempre estarão disponíveis para você, mas Deus prometeu nunca deixá-lo ou abandoná-lo. Ele está sempre com você! Haverá momentos na sua jornada em que você terá de avançar, e será apenas você e Deus. Esses são momentos de teste, e geralmente é durante esses momentos que as pessoas abortam seus sonhos. Se você conseguir avançar em meio à depressão e ao desespero, sairá do outro lado mais arraigado e firmado em Deus. Você desenvolverá uma caminhada profunda com Ele que será impressionante. O Davi da Bíblia passava muito tempo sozinho nos campos adorando a Deus e sendo deixado de fora das coisas que se passavam em casa, mas ele também se tornou rei. Não desista durante esses momentos que você precisa passar sozinho. Deus trará as pessoas certas à sua vida no tempo certo, mas se você está em um desses "tempos de solidão" agora, apenas confie que Deus sabe o que está fazendo e que tudo cooperará para o bem se você ama a Deus e é chamado segundo o Seu propósito (ver Romanos 8:28).

Contudo, se você desistir, não há nada que Deus ou qualquer pessoa possa fazer para ajudá-lo. A Bíblia nos diz que muitas são as aflições do justo, mas o Senhor de todas o livra (ver Salmo 34:19). Quando estiver passando por tempos de teste, lembre-se simplesmente que eles não durarão para sempre. Eles vêm em estações, e as estações passam.

Gravidez e Paciência

A gravidez é um período interessante na vida de uma mulher. Se ter um bebê era o seu desejo, a notícia de que está grávida lhe dá grande alegria. Ela compartilha a boa notícia e todos ficam entusiasmados, mas depois de algum tempo, ela está apenas grávida. E para ser sincera, antes que finalmente dê à luz, ela costuma se sentir como se fosse ficar grávida para sempre, e fica realmente cansada de estar grávida. Na verdade, existem algumas lições espirituais que podemos aprender observando a gravidez.

Quando uma mulher concebe, a princípio não há nenhum sinal visível de que ela está grávida. Alguém pode olhar para ela e dizer: "Com certeza, você não parece estar grávida". Leva tempo para a barriga começar a aparecer. Do mesmo modo, quando você tem um sonho ou visão para sua vida, pode contar a alguém o que acredita que vai acontecer e essa pessoa pode olhar e não ver nada que a faça concordar com você. Lembro-me do quanto fiquei entusiasmada quando comecei a perceber qual era o propósito de Deus para minha vida. Deus não apenas me chamou, mas também me deu entusiasmo, motivando-me a buscar Sua vontade. Contei a muitas pessoas sobre o que eu achava que ia fazer no futuro, e a maioria delas foi muito crítica. Elas me disseram que aquilo não era possível e me deram uma série de motivos para isso. Eu não tinha a instrução necessária, não tinha a personalidade correta, ninguém sabia quem eu era, não tinha as portas abertas, era uma mulher, e assim por diante. A reação delas, naturalmente, foi desanimadora para mim, e era exatamente isso que o diabo queria — e devo admitir, fui tentada a abortar meu sonho. Felizmente, eu não desisti.

Quando uma mulher engravida, as coisas começam a mudar dentro do seu corpo e isso a afeta fisicamente e emocionalmente. Ela pode ficar cansada ou mais emotiva. Ela pode sentir que as coisas estão mudando, mas talvez não entenda isso o suficiente para saber como falar a respeito. Deus está preparando seu corpo para dar à luz. Ele está mudando alguns de seus desejos. Por exemplo, ela quer cuidar do seu bebê e tem o instinto de preparar um ninho; ela quer ler materiais sobre maternidade e criação de filhos, e se sente mais atraída a pessoas que têm filhos do que antes. As coisas com as quais ela costumava passar tempo já não a interessam tanto quanto pensar no seu bebê.

Quando entendemos qual é o nosso propósito ou ficamos "grávidos" de um sonho para as nossas vidas, também sentimos mudanças que talvez não compreendamos. Quando o meu sonho tomou posse do meu coração, tornei-me mais séria e queria investir meu tempo em coisas que me ajudariam a me preparar para o futuro. Alguns dos meus amigos não entenderam e me criticaram. Meus pensamentos estavam mudando, meus desejos estavam mudando, e até o tipo de pessoas com as quais eu queria passar tempo mudaram. A mudança não acontece com facilidade, mas precisamos estar preparados para a transição que está acontecendo em nossas vidas.

Quando uma mulher está grávida ela se sente desconfortável. Suas roupas não lhe cabem, e ela pode se sentir muito impaciente, esperando que seu sonho se torne realidade. Quando fiquei grávida do meu sonho de ensinar a Palavra de Deus e ajudar as pessoas, lembro-me de sentir que eu não me encaixava em lugar nenhum. Não era o que eu costumava ser e ainda não era o que viria a ser. Eu estava desconfortável e muito impaciente por ver as coisas tomarem forma. Eu me sentia pronta, mas dia após dia apenas continuava grávida do meu sonho. Meu desejo estava crescendo cada vez mais, e eu me sentia como se fosse explodir se Deus não abrisse logo uma porta para que eu pudesse ministrar.

Quando estava grávida de meus filhos, passei três semanas da data prevista com um deles, quatro semanas com outro, cinco com outro e cinco semanas e meia com meu último filho. Meu médico me disse que minha gravidez era como a de um elefante, e costumamos nos sentir assim quando estamos tentando dar à luz os nossos sonhos e visões para o futuro. Tentei caminhar além do costume e tomar óleo de rícino, esperando acelerar as coisas, mas nada funcionou. Fui até o hospital, onde tentaram induzir o trabalho de parto, mas isso também não funcionou. Mandaram-me para casa e eu simplesmente continuei grávida! Fiquei muito frustrada, mas Deus tinha um tempo certo — e nada iria acontecer até então.

Mas sem dúvida, no tempo certo, e na hora certa, finalmente entrei em trabalho de parto e depois de dores intensas, dei à luz a uma linda criança.

Aqueles de vocês que têm sonhos para suas vidas, aqueles de vocês que sentem que sabem qual é o seu propósito e que estão prontos para sair em busca dele, devem ser pacientes. Isso não vai acontecer da noite para o dia. Vocês ficarão grávidos por mais tempo do que gostariam. Haverá muitas mudanças. Vocês sentirão a dor das contrações e do parto, mas se não desistirem cedo demais, finalmente verão o cumprimento do seu propósito na vida e sentirão toda a alegria que vem junto com isso.

Se não desistirem cedo demais, finalmente verão o cumprimento do seu propósito na vida e sentirão toda a alegria que vem junto com isso.

A gravidez não é apenas um tempo de paciência e monotonia, mas é também um tempo de expectativa! Aguardamos com ansiedade que coisas boas aconteçam. Na verdade, quando podemos aguardar alguma coisa com alegria, estamos ajudando a nós mesmos a suportar as coisas que precisamos enfrentar. Davi disse: "Eu teria desesperado se não acreditasse que veria a bondade do Senhor na terra dos viventes" (Salmo 27:13, AMP).

Quando uma jovem não parece estar grávida, ela põe sua esperança na palavra do médico. Quando não existem sinais visíveis de que nossos sonhos se realizarão, precisamos colocar nossa esperança na Palavra de Deus. "Espero no Senhor com todo o meu ser, e na sua palavra ponho a minha esperança" (Salmo 130:5).

Aventure-se e faça alguma coisa que você nunca fez antes.

Vale a Pena Esperar

E então, você acha que vale a pena ter grandes sonhos? Talvez depois de algumas das coisas que eu lhe disse, você esteja dizendo: *Não tenho certeza se quero passar por tudo isso.* Deixe-me encorajá-lo a correr o risco. Não viva uma vida segura e pequena. Saia do barco e tente andar sobre as águas, como o apóstolo Pedro. Não tenha medo de mudanças. Aventure-se e faça alguma coisa que você nunca fez antes. Tome a decisão agora de que você não irá olhar para trás no fim de sua vida e não ver nada além de arrependimento, desejando ter feito as coisas que estavam no seu coração, e sabendo que é tarde demais. Se você tomar a decisão agora de simplesmente viver uma vida confortável, pode estar permitindo que o conforto roube de você sua paixão e seu propósito.

Passei por muitas coisas para sair de onde estava e chegar onde estou, e pensei em desistir milhares de vezes. Pensava: *Isto é difícil demais*, ou *O preço é alto demais.* Agora, estou muito feliz por ter ido até o fim com Deus. Acredite em mim, vale a pena esperar para estar dentro da vontade de Deus e cumprir Seu propósito para sua vida com entusiasmo.

CAPÍTULO 9

Assuma a Responsabilidade

Espero que a esta altura você tenha abraçado um sonho para sua vida ou tenha a sensação de qual sonho é o seu, caso ainda não tivesse um quando começou a ler este livro. Espero que você esteja começando a sentir qual é o propósito de Deus para sua vida, ou que pelo menos esteja determinado a buscar qual seja ele, e a buscá-lo apaixonadamente.

Se este é o seu caso, quero que você se coloque na frente de um espelho, olhe para si mesmo, e diga em voz alta: "Vou fazer a minha parte e vou terminar o que comecei".

Precisamos sempre nos lembrar de que só porque Deus nos mostra qual é o nosso propósito, isso não significa que ele vai acontecer. Os sonhos e visões atuam na esfera espiritual. Eles são possibilidades, mas não há garantias de que aconteçam a não ser que estejamos dispostos a fazer a nossa parte.

Só porque Deus nos mostra qual é o nosso propósito, isso não significa que ele vai acontecer.

Ser responsável é algo que muitas pessoas ignoram. A definição de Deus para um sonhador não é a de alguém que se senta com a cabeça nas nuvens, sonhando com as estrelas. É alguém que vê as possibilidades de coisas grandes, mas que entende que será necessário muito trabalho árduo e muita determinação para vê-las se concretizarem. Os sonhadores são pessoas que estão dispostas a se sacrificar e a pagar o preço de antemão a fim de atravessar a linha de chegada com honra e amor próprio.

Não Seja Preguiçoso

As pessoas preguiçosas estão sempre infelizes e não entendem por quê. O motivo pelo qual são infelizes é porque Deus não as criou de uma forma tão maravilhosa e magnífica para que elas pudessem simplesmente ficar sentadas sem fazer nada — sem dar bons frutos. Você conhece alguém assim? Talvez alguém que passa tempo demais falando sobre todos os programas de TV que tem acompanhado? Ou alguém que parece saber tudo sobre a vida de todo mundo, mas que não cuida da sua própria vida? Isso não é ação! Não é estar envolvido com a vida! Fomos criados para vivermos em movimento; foi por isso que Deus nos deu tantas juntas por todo o corpo. Devemos nos movimentar com elas e fazer coisas!

O homem preguiçoso nunca vê nada de bom acontecer. Tudo que o cerca está em ruínas e todos os demais estão errados; pelo fato de que ele nunca assume responsabilidades, nada nunca muda, inclusive sua vida espiritual. Uma pesquisa entre os leitores do *Discipleship Journal* classificou as áreas de maior desafio espiritual para o crente, e a "preguiça" ficou em quarto lugar, logo abaixo de materialismo, orgulho e egocentrismo.[1]

Se você quer ver mudanças em sua vida, comece a perguntar a si mesmo o que pode fazer para tornar as coisas diferentes. Não fique sentado ocioso, desejando que algo de bom aconteça com você. O homem preguiçoso vê o problema e fala sobre ele, mas não dá nenhuma solução.

Existem aqueles que esperam que alguma coisa aconteça e aqueles que fazem alguma coisa acontecer. É verdade que precisamos esperar em Deus e não entrar nas obras da carne. Por outro lado, porém, como mencionei anteriormente, Deus não pode dirigir um carro estacionado. Ainda que você esteja em um momento de espera em sua vida, mantenha seu motor funcionando e esteja pronto para seguir em frente assim que tiver um sinal verde de Deus. Não é sábio fazer a coisa errada, mas também não é sábio não fazer nada.

Não é sábio fazer a coisa errada, mas também não é sábio não fazer nada.

A cadeira de balanço que mais vende e que está na maioria das salas de visitas dos Estados Unidos chama-se La-Z-Boy (que significa "garoto preguiçoso" em português). É verdade, gostamos da ideia de conforto e odiamos a inconveniência. Não há nada de errado com uma cadeira confortável, mas a preguiça destrói o plano de Deus para sua vida. A Bíblia diz: "Quem relaxa em seu trabalho é irmão do que destrói..." (Provérbios 18:9). Geralmente não encaramos o ato de não fazer nada como uma ação, mas é. É uma ação negativa, uma não-ação que não produz nada, e é o maior desperdício das habilidades e do poder de Deus que podemos ver. Eu gostaria que alguém fabricasse e vendesse uma cadeira chamada "Work-R-Boy" (garoto trabalhador). Sinceramente, não sei quantas pessoas estariam dispostas a ter essa marca de cadeira em suas casas.

Deus nos dá tudo que precisamos para viver uma vida frutífera, vitoriosa, próspera, e alegre. Tudo que precisamos fazer é ligar o motor e continuar avançando na direção certa. Muitos de nós, porém, acham que têm o direito de viver uma boa vida, como se de algum modo tivéssemos o direito e o privilégio de termos sucesso sem fazer nada. Não percebemos que Deus nos favoreceu com certos direitos e com a capacidade para vencer, o que quer dizer que Ele nos supriu com aquilo que precisamos, e se fizermos a nossa parte teremos um bom resultado. Há uma grande diferença entre receber um favor e ter direito a alguma coisa. Não temos direito a nada que não tenhamos conquistado por meio da obediência a Deus.

Não temos direito a nada que não tenhamos conquistado por meio da obediência a Deus.

Crer é Nossa Responsabilidade Primordial

Nossa responsabilidade primordial no que se refere a seguir o nosso propósito com entusiasmo é crer na Palavra de Deus, e crer em Jesus Cristo. Através do ato de crer, nos tornamos coerdeiros com Jesus. Tudo que Ele conquistou, nós herdamos. Mas a Palavra de Deus também diz que aqueles que creem (genuinamente) também obedecerão ao que Deus diz. Ouço muitas pessoas dizerem que são crentes, mas não as vejo obedecendo a Deus. O apóstolo Tiago disse que a fé sem obras é morta, e que se formos ouvintes da Palavra e não praticantes, estamos enganando a nós mesmos (ver Tiago 1:22; 2:17).

A principal coisa pela qual devemos ser apaixonados é por obedecer a Deus. Devemos ter a intenção de obedecer a Deus ou provavelmente não permaneceremos obedientes. As diretrizes da Palavra de Deus são para o nosso benefício, e obedecer a elas é a coisa mais sábia que podemos fazer. A carne é basicamente preguiçosa e não está muito interessada na excelência moral; portanto, devemos sempre seguir a Deus e à Sua Palavra. A carne nos levará à destruição, mas Deus nos leva à boa vida que Ele preordenou e preparou para que vivêssemos (ver Efésios 2:10).

Permaneça Ativo

Ser responsável significa agir deliberadamente, e isto significa ser ativo naquilo por que você é entusiasmado. Jesus sempre encorajava as pessoas a permanecerem ativas e os apóstolos ensinavam as pessoas a permanecerem ativas — não apenas ocupadas fazendo alguma coisa, mas ativas nas coisas que as ajudarão a estarem preparadas para o futuro. Sermos ativos no estudo da Palavra de Deus nos ajudará a estarmos preparados para a obediência. Não podemos fazer o que é certo se não soubermos o que é certo. Se você não tem feito muita coisa para ajudar a si mesmo ou a outras pessoas, levante-se e siga em frente porque quanto mais tempo passar sem fazer nada, menos vai querer fazer.

Os apóstolos davam às pessoas muitas instruções para seguirem. Entre elas estavam coisas como orar, estar atento à Palavra de Deus, ser uma bênção uns para com os outros, trabalhar com suas mãos, cuidar dos seus negócios, não fofocar, não julgar, nem criticar. Eles eram encorajados a perdoar, a não se ofender, e a rejeitar o ressentimento ou a amargura. Eles certamente eram ensinados a ser responsáveis, ativos, e a fazer a sua parte de todas as formas possíveis. Quanto mais ativos somos em obedecer a Deus, mais a nossa alegria e paz aumentarão.

Paulo disse que se um homem não trabalhasse, ele não devia comer (ver 2 Tessalonicenses 3:10). Não me parece que Paulo tolerasse a preguiça. Qualquer pessoa que seja fisicamente capaz precisa trabalhar e permanecer ativa. Se você atualmente está sem trabalho, permaneça ativo oferecendo-se como voluntário enquanto procura um emprego fixo. Faça o que puder fazer, e recuse-se a ficar sentado sem fazer nada. Lembre-se, faça o que puder fazer, e Deus fará o que você não pode fazer. Não fazer nada não é o propósito de Deus para você.

Faça o que puder fazer, e recuse-se a ficar sentado sem fazer nada.

Ao longo dos anos em que estava esperando que Deus abrisse as portas para que eu ensinasse a Sua Palavra,permaneci ativa estudando, orando e estendo minha mão ao que estava diante de mim. Ensinava em pequenos cursos de estudo bíblico, aconselhava pessoas, visitava um asilo semanalmente, distribuía folhetos evangelísticos nas esquinas, e fazia qualquer outra coisa que achasse que poderia ajudar alguém, mesmo que remotamente. Deus me deu o desejo de ajudar as pessoas, e eu estava determinada a tentar fazer isso.

Lembro-me da história que podemos ler na Bíblia sobre dez virgens que estavam esperando o noivo chegar. Cinco eram sábias; elas se prepararam antecipadamente e levaram azeite extra com elas para o caso de terem de esperar. As outras cinco virgens eram tolas; não queriam fazer nenhum trabalho extra, e em vez disso, fizeram o mínimo. Elas não estavam preparadas.

O noivo tardava a vir e elas adormeceram. De repente, ouviu-se um grito — o noivo estava chegando. Por não terem feito os preparativos adequados para sua chegada retardada, as virgens tolas ficaram sem azeite. Elas pediram às sábias que lhes dessem um pouco do azeite delas, e elas responderam que não tinham o suficiente para dividir. O resultado foi que as virgens preguiçosas e tolas foram deixadas de fora porque não fizeram o que deviam ter feito (ver Mateus 25:1-13).

É isto que acontece com as pessoas preguiçosas. Elas não querem fazer o que devem fazer ou estar prontas para a ocasião e ser responsáveis. Mas também se perguntam por que nunca têm o bastante e sempre querem que outra pessoa seja responsável por fazer para elas o que elas deviam ter feito por si mesmas. O sucesso na vida costuma ser passageiro para elas, e muitas vezes sentem pena de si mesmas e ficam ressentidas com aqueles que estão desfrutando o sucesso.

Devo admitir que pessoas assim me irritam. Tenho pavio curto com pessoas preguiçosas porque elas têm as mesmas oportunidades que todo mundo tem, mas ficam sentadas sem fazer nada, enquanto a vida passa por elas. Suas desculpas nunca parecem ter fim.

Aja com deliberação no sentido de perseguir seus sonhos. Não se convença de que você merece ficar sem fazer nada por algum tempo.

Participei da Minha Última Festa da Autopiedade

Você está disposto a assumir a responsabilidade pelo que faz e reconhecer que o resultado da sua vida depende desses atos? Se estiver, precisa recusar todo convite que o diabo lhe fizer para ir a uma festa da autopiedade. Passei muitos anos sentindo pena de mim mesma, mas isso era apenas uma maneira de evitar assumir a responsabilidade por minha própria vida. É fácil seguir nossos sentimentos, mas é necessário ter maturidade espiritual para fazer o que Jesus faria em cada situação. Ele certamente não desperdiçaria Seu tempo sentindo pena de si mesmo.

É necessário ter maturidade espiritual para fazer o que Jesus faria em cada situação.

Jesus não sentiu pena de si mesmo quando Pedro o negou ou quando Judas o traiu. Não sentiu pena de si mesmo quando Seus irmãos sentiram vergonha Dele ou quando Seus discípulos o decepcionaram no momento mais difícil. Jesus continuou sendo responsável pelo que Deus o havia chamado a fazer, e manteve Seus olhos nisso, mesmo quando os outros o abandonaram. Precisamos entender que quando a vida ou as pessoas nos decepcionam, temos uma responsabilidade — permanecer estáveis e continuar com o propósito de Deus para nossas vidas. Não seremos responsabilizados pelo que as outras pessoas fazem, mas seremos responsáveis por nós mesmos. Com certeza não quero comparecer diante de Deus e ouvi-lo perguntar por que desperdicei meu tempo sentido pena de mim mesma.

Com certeza não quero comparecer diante de Deus e ouvi-lo perguntar por que desperdicei meu tempo sentido pena de mim mesma.

Assuma a responsabilidade por suas reações emocionais diante da vida. Ainda que suas emoções queiram afundá-lo, você pode clamar a Deus para erguê-lo. Ele lhe dará a força para permanecer estável em meio às tempestades da vida.

> "Bem-aventurado é o homem a quem tu repreendes, ó Senhor, e a quem ensinas a tua lei, para lhe dares descanso dos dias da adversidade, até que se abra uma cova para o ímpio".
>
> — SALMO 94:12-13 (ARA)

Esta passagem da Bíblia não diz que Deus nos mantém calmos. Ela diz que Ele nos dá poder para nos mantermos calmos. Como disse anteriormente, somos parceiros de Deus. A parte Dele é nos dar habilidade e a nossa parte é sermos responsáveis. Responsabilidade significa responder à habilidade que você tem. Uma pessoa preguiçosa quer que Deus faça tudo, enquanto ela não faz nada a não ser seguir seus sentimentos.

Você deve declarar em voz alta agora: "Participei da minha última festa da autopiedade". Eu prometo que no fim você se sentirá muito melhor consigo mesmo se assumir sua responsabilidade do que se evitar fazer isso.

Escolha Ser Responsável

Quando colocamos a culpa pelo fato de as coisas não estarem indo da maneira que queremos em outras pessoas ou circunstâncias, não estamos assumindo nossa responsabilidade. Já falamos sobre como o jogo da culpa é uma perda de tempo, mas este é um jogo que começou no Jardim do Éden e nunca mais parou.

Costumamos culpar as pessoas, a vida, o diabo, e a nós mesmos, mas nada disso muda nada. Se você realmente quer mudar alguma coisa, deve começar assumindo a responsabilidade por si mesmo e pela sua vida. Precisamos escolher ser responsáveis, mesmo se isso parecer injusto. Talvez você tenha sido ferido ou maltratado e não há nada que você possa fazer quanto ao que já foi feito — mas você *pode* fazer alguma coisa quanto à sua maneira de reagir. Se você está desanimado, deprimido ou sentindo autopiedade, pode assumir a responsabilidade por isso e dizer: "Não vou mais ficar sentado aqui culpando ninguém. Vou tomar uma posição e assumir o controle das minhas emoções". Sinto que culpar outras pessoas pelos nossos problemas é uma das principais maneiras pelas quais evitamos assumir a nossa responsabilidade. Talvez não seja intencional; apesar disso, estamos tentando evitar o que na verdade deveríamos estar tratando, e esta é a maneira do diabo nos manter aprisionados em um estilo de vida que odiamos.

Não há nada que você possa fazer quanto ao que já foi feito — mas você *pode* ***fazer alguma coisa quanto à sua maneira de reagir.***

Culpar a si mesmo também não é o caminho para a liberdade. Quando cometemos erros, costumamos pensar que ficar nos punindo com culpa e condenação é uma atitude espiritual, mas não é. Passei muitos anos pensando: *É tudo culpa minha*, mas esta também não é uma atitude ***responsável***. Alguém que quer ser responsável admite livremente seu erro, está disposto a abandoná-lo, ora e pede a Deus que o ajude no futuro e depois segue em frente. Ele avança. Ele redireciona seu foco na sua paixão e no que deve fazer para voltar aos trilhos.

Existem pessoas que estão em hospitais para doentes mentais simplesmente porque se culparam por alguma coisa por tanto tempo que isso finalmente destruiu sua saúde mental. Se você teve um período em sua vida em que cometeu um grande erro, pare de olhar para trás e entenda que só existe uma coisa que você pode fazer: deixar isso para trás, e seguir em frente!

A vida nem sempre é justa, mas Deus é.

A vida nem sempre é justa, mas Deus é — e você pode ter certeza de que Ele fará justiça na sua situação se você desistir do jogo da culpa e for responsável na busca do propósito Dele para sua vida. Também podemos ficar encurralados culpando o diabo e nunca progredirmos. O ponto que quero provar é que não importa de quem seja a culpa pelos seus problemas, você precisa entender que culpar alguém é antiprodutivo, e depois tomar a decisão de seguir em frente. Ainda que a responsabilidade pelo problema não seja sua, a solução para sair dele é. Eu desafio você a permanecer firme, a assumir sua responsabilidade, e a começar a trabalhar com Deus para ter a melhor vida possível.

eu desafio você

Seja Responsável

1. Lembre-se que ninguém se importa mais com sua paixão ou seu propósito que você mesmo.
2. Evite culpar os outros pelos seus problemas e faça o que puder para melhorar as coisas.
3. Acredite, acima de tudo, que Deus lhe deu os desejos do seu coração; e se prepare para fazer alguma coisa a respeito.

Ninguém se Importa Como Você

O motivo pelo qual você precisa assumir a responsabilidade pelo resultado de sua vida é que ninguém se importa com sua vida como você. Assim como ninguém cuidará de seus filhos do mesmo jeito que você, ou cuidará de seus animais, ou da sua casa, ninguém se importará com você como você. Você foi investido desse interesse! É claro que Deus se importa, mas Ele não fará a parte pela qual você é responsável. Ele o capacita a fazê-la, mas quero enfatizar que *Ele não vai fazer isso por você!* Outras pessoas podem se importar com você e com o propósito que Deus tem para sua vida. Mas acredite, ninguém se importa como você. Ninguém está disposto a investir o tempo e o esforço necessário para ser tudo que você pode ser porque eles estão, e devem estar, preocupados em ser tudo o que podem ser. Se você não se importa com sua vida, então não há nada que ninguém possa fazer que faça muita diferença.

Ao longo dos anos em que estive buscando o propósito de Deus para minha vida, Ele me enviou muitas pessoas maravilhosas para me ajudarem. Pensei que algumas delas fossem ficar comigo para sempre, mas logo descobri que as pessoas vêm e vão. Independentemente de quem tenha partido, Dave e eu ficamos porque a responsabilidade final é nossa.

Outras pessoas podem desistir, mas se você está ardendo com a paixão de Deus por sua vida, você não pode desistir. Esta não é uma opção para você! Independentemente de como se sinta, você precisa seguir em frente porque é a única pessoa que pode correr sua corrida. Ninguém pode cruzar a linha de chegada da sua corrida a não ser você.

Ninguém pode cruzar a linha de chegada da sua corrida a não ser você.

Recentemente, ouvi uma fábula sobre um cachorro que adorava perseguir outros animais. Ele se gabava de sua grande habilidade de corredor e dizia que podia pegar qualquer coisa. Bem, não demorou muito até que sua prepotência foi colocada à prova por certo coelho. Com facilidade, a pequena criatura superou seu perseguidor que latia. Os outros animais, observando com alegria, começaram a rir. O cachorro se desculpou, no entanto, dizendo: "Vocês se esquecem de que eu só estava correndo por diversão. Ele estava correndo para salvar sua vida!". Precisamos correr para salvar nossas vidas, para encontrar nossa motivação, nossa paixão e nosso impulso para continuar seguindo em frente, mesmo quando o resto do mundo nos disser para parar.

Precisamos correr para salvar nossas vidas, para encontrar nossa motivação, nossa paixão e nosso impulso para continuar seguindo em frente.

Às vezes ficamos frustrados com as pessoas porque elas não parecem ter o mesmo compromisso que temos, mas na verdade isso não é justo com elas. Deus não colocou no coração delas o que colocou no seu coração com relação ao seu sonho.

Por exemplo, se uma mulher está grávida, ela é a única pessoa que tem de dar à luz. Ninguém pode fazer isso por ela. Ela pode ter um bom médico, boas enfermeiras, e um bom treinamento para o parto, mas o trabalho a ser feito se resume a ela e ao bebê.

Em vez de pensar: "Bem, não é justo que eu tenha toda esta responsabilidade", lembre-se que você será a pessoa que colherá a recompensa da realização. Jesus suportou a cruz pela alegria de obter o prêmio, e todos nós precisamos tomar a nossa cruz e levá-la até à linha de chegada por essa mesma alegria.

Algumas vezes tentei deixar que outras pessoas assumissem a responsabilidade pelo que eu deveria ter sido responsável, e isso sempre terminou em desastre. Dave cuida das finanças do ministério com uma lente de aumento. Em outras palavras, ele cuida disso *diligentemente.* Nossos filhos têm muita autoridade, mas Dave e eu sabemos que no fim das contas nós somos aqueles que têm a responsabilidade final. Estamos diretamente envolvidos em tudo nesta altura de nossas vidas, mas jamais nos permitiremos ficar sentados ociosamente enquanto outra pessoa toma todas as nossas decisões. Vamos envelhecer à medida que os anos forem passando, mas nunca seremos velhos demais para sermos responsáveis pelo que Deus nos deu.

Nunca seremos velhos demais para sermos responsáveis pelo que Deus nos deu.

Cuide do Que lhe Pertence

Conheço um ministro que tinha um ministério muito grande. Embora tenha tido muitos anos de frutificação e tenha contribuído de forma impressionante para o Reino de Deus, ele finalmente teve enormes dificuldades financeiras e precisou reduzir o tamanho de seu ministério. Ele me disse que o motivo para esse corte foi o fato dele ter deixado a cargo de outras pessoas muitas coisas das quais deveria ter cuidado pessoalmente.

Conhecemos outro homem que tinha um negócio lucrativo. Ele também tinha um sócio em quem confiava e a quem deixava cuidar de tudo enquanto ele preferia jogar golfe. Os anos se passaram, e de repente tudo desmoronou, quando descobriram que o suposto sócio responsável estava se apropriando indevidamente do dinheiro da empresa. O sócio ativo foi para a cadeia e o não ativo terminou com um emprego medíocre e muito constrangimento. Ele percebeu tarde demais que havia sido irresponsável.

Pais cristãos costumam cometer o erro de achar que o ministério de crianças da igreja ou o líder do grupo de jovens ou a escola cristã que seus filhos frequentam garantirá que eles tenham o treinamento espiritual adequado, mas isso nem sempre é verdade.

Seus filhos são seus filhos, e você é responsável pelo treinamento espiritual deles.

Seus filhos são *seus* filhos e você é responsável pelo treinamento espiritual deles. Conheço uma família que pensava que seu filho certamente seria espiritualmente forte porque ele tinha um suposto líder de juventude "tremendo". Mais tarde, eles descobriram que o líder de juventude "tremendo" não estava ensinando muita coisa aos garotos e estava envolvido sexualmente com uma das garotas do grupo de jovens. Não fique impressionado com alguém só porque ele fala muito ou tem um desempenho brilhante. Não confunda exagero com unção (presença de Deus) na vida de uma pessoa.

Faça perguntas. Se você tem a responsabilidade final, tem o direito de fazer perguntas, e sei que na minha posição faço muitas perguntas. Pessoas inseguras podem ficar ofendidas com perguntas, mas é minha responsabilidade saber o que está acontecendo. Faça perguntas sobre que tipo de educação seus filhos estão tendo. Não suponha que tudo está bem se você na verdade não sabe. Não suponha que seus filhos têm amigos que são bons garotos. Pergunte a eles como são seus amigos e passe a conhecê-los pessoalmente. Não suponha nada; saiba onde eles estão, a que tipo de filmes assistem, o que fazem na Internet, a que tipo de programas assistem na TV — lembre-se, é sua responsabilidade.

Dê Um Bom Exemplo

Quando falamos sobre tomar uma atitude e assumir a responsabilidade, parte do motivo pelo qual isso é tão importante é porque as pessoas acreditam muito mais no que veem você fazer do que no que ouvem você dizer. Portanto, assuma a responsabilidade por dar um bom exemplo. A maneira como vivo minha vida diante das pessoas e até em casa, por trás das portas fechadas, é muito importante para mim.

Não diga aos outros simplesmente o que fazer, mas deixe que eles vejam você dar o exemplo. Se um pai ou uma mãe diz a um filho para ter bons modos, e depois o filho vê mamãe e papai sendo rudes um com o outro, eles desperdiçaram suas palavras.

Viver de forma responsável na sociedade é um trabalho árduo. A Bíblia diz que devemos "vigiar e orar" (Marcos 14:38). Creio que precisamos observar a nós mesmos um pouco mais e orar para não sermos hipócritas. Fazer o que digo que vou fazer é muito importante para mim. Não sou perfeita nesta área, mas acredito que tenho de dar um bom exemplo. Se você quer que aqueles que estão debaixo da sua autoridade sejam confiáveis, então deve dar o exemplo.

O escritor e conferencista John Maxwell diz que tudo se baseia e se desenvolve com base liderança, e acredito nisso. Se você quer exercer autoridade, precisa assumir a responsabilidade que vem junto com ela.

PARTE II

A Busca da Paixão Com Propósito

CAPÍTULO 10

Mantenha-se Inflamado

Tenho um desejo ardente de ver as pessoas viverem cheias de entusiasmo. Estou cansada de pessoas mornas, indiferentes, que estão entediadas com a vida. Para viver com entusiasmo, precisamos evitar ficar estagnados e inativos. A água que não se move fica estagnada. Se você já viu uma poça de água estagnada, sabe que ela é turva e cheira mal, e que pode haver até formação de mofo. Quem pode ficar estagnado? Qualquer pessoa! Por mais entusiasmado que tenha sido um dia, você pode ficar estagnado se não fizer sua parte para se manter inflamado. A água que é constantemente mexida não cria mofo, ela fica fresca por mais tempo. Ela respira e flui por causa do impacto da ação que o movimento faz nela. Os líderes têm uma responsabilidade adicional neste ponto, porque não apenas precisam se manter em chamas, como também têm de ajudar outros a se manterem ardentes também.

Quem pode ficar estagnado? Qualquer pessoa!

A estagnação pode acontecer no casamento, no trabalho, na igreja, na escola, na sua vida pessoal, na sua vida espiritual, e em muitas outras áreas. Quando a estagnação ocorre? Quando paramos de investir em alguma coisa, ela para de crescer. Qualquer coisa que não se move está a caminho de ficar estagnada e se tornar maçante, e é exatamente isso que queremos evitar se estamos falando em realmente abraçar nossas vidas com entusiasmo e propósito.

Casamento, Amizades e Colegas de Trabalho

A maioria das pessoas que se divorcia culpa a outra parte, mas se as duas partes estivessem investindo no relacionamento, haveria uma boa chance de que o divórcio pudesse ser evitado. Ninguém tem um bom casamento automaticamente; todos nós temos de trabalhar para isso. Dave e eu nos casamos em 1967, e isso significa que estamos casados há muito tempo, mas posso lhe garantir que ainda temos momentos em que precisamos investir com determinação no nosso relacionamento.

Ore por todas as pessoas com quem você se relaciona e peça a Deus para ajudá-lo a encontrar maneiras de fazer com que elas se sintam valiosas.

Se você vive com alguém ou conhece alguém há muito tempo, é fácil achar que a presença dessa pessoa em sua vida é garantida. É como o menino de oito anos que disse com sabedoria certa vez: "Não se esqueça do nome da sua esposa. Isso vai estragar o amor". Se você começar a ver seu cônjuge como uma peça favorita de mobília que está sempre ali, há uma boa chance de "estragar o amor"! Eu o encorajo a orar por todas as pessoas com quem você se relaciona e pedir a Deus para ajudá-lo a encontrar maneiras de fazer com que elas se sintam valiosas. Não espere simplesmente que elas façam alguma coisa por você, mas pergunte o que você pode fazer por elas. Se investir nos seus relacionamentos, você colherá algo deles. Entendo que algumas situações definitivamente não têm solução, mas se a sua situação é uma delas, eu o encorajo a garantir que não seja porque você não fez a sua parte.

Não entre em um relacionamento achando que é tarefa da outra pessoa manter você feliz.

Não entre em um relacionamento achando que é tarefa da outra pessoa manter você feliz. Você deve ser responsável pela própria alegria — isso não é função de outra pessoa. Esteja disposto a se adaptar e a se ajustar às pessoas que o cercam. Não estou sugerindo que você deixe as pessoas o controlarem, mas que esteja disposto a mudar se isso ajudar a gerar paz nos seus relacionamentos. Costumamos discutir por coisas pequenas que na verdade não fazem muita diferença quando levamos em consideração tudo na vida.

Bons relacionamentos exigem um investimento de tempo. Se você tem tantas pessoas em sua vida que não pode dar atenção a nenhuma delas, talvez precise saber a diferença entre conhecidos e bons amigos. Conheço muitas pessoas, e amo todas elas, mas aprendi que só posso ter uns poucos bons amigos de verdade. Decida quais de seus relacionamentos são vitais e certifique-se de dedicar o tempo adequado a eles.

Meu marido é meu amigo, e isso significa que temos de ser determinados no que se refere a passar tempo juntos. Não quero simplesmente viver na mesma casa com Dave, quero estar próxima a ele, de modo que preciso fazer a minha parte para não permitir que nosso relacionamento fique estagnado. Recentemente, eu estava orando por Dave, e Deus me disse para elogiá-lo mais. Ele é muito seguro e não parece ficar empolgado ou ter nenhum tipo de reação exagerada quando é elogiado. Mas, em obediência a Deus, comecei a elogiá-lo várias vezes ao dia. Não demorou muito para que eu percebesse que me sentia mais próxima dele do que nunca, e ele parecia estar prestando mais atenção em mim, e estávamos nos divertindo mais juntos. Uau! Eu investi e colhi!

Também preciso assumir a responsabilidade de investir na vida das pessoas que me ajudaram a organizar minha vida. Tenho pessoas que me ajudaram a fazer o que Deus me chamou para fazer e preciso fazer o esforço de mostrar a elas o quanto são importantes. Não quero que elas fiquem estagnadas porque, se isso acontecer, é possível que elas não queiram mais fazer seu trabalho. Quando as pessoas ficam estagnadas, costumam achar que precisam mudar, mas a verdade é que elas só precisam ser inflamadas novamente. Elas precisam que uma brisa nova e fresca sopre em torno delas e as motive a seguir em frente.

Oro pedindo que eu seja sensível às necessidades das pessoas que me cercam e principalmente que eu tente seguir meu coração. Quando estava trabalhando neste livro, tive a ideia de enviar flores para minha secretária com um bilhete dizendo que eu a admirava. E fiz isso! Eu poderia ter dito: *Farei isto depois que terminar meu trabalho*, ou poderia ter simplesmente me esquecido totalmente disso, mas não o fiz, porque é muito importante mostrar às pessoas que você se importa.

Assistindo à televisão em uma noite no Dia dos Namorados, pensei em uma mulher que conhecia cujo marido havia morrido há alguns meses. Senti que devia ligar para ela e lhe desejar "Feliz Dia dos Namorados". Quando fiz isso, ela reagiu dizendo: "Você devia saber que eu precisava deste telefonema. Este é o meu primeiro Dia dos Namorados sem meu marido". Deus sabia o que ela estava sentindo e permitiu que eu fosse Sua agente, encorajando-a. Creio que Deus quer usar todos nós nessas áreas muito mais do que podemos imaginar.

Aprenda a ouvir as pessoas e o seu coração.

Aprenda a ouvir as pessoas e o seu coração. Geralmente, elas lhe dizem em conversas gerais o que querem ou precisam, e à medida que tomamos uma atitude para atender a essas necessidades, as pessoas com quem nos importamos são encorajadas. Se nos treinarmos para prestar atenção, geralmente poderemos ver pela fisionomia ou pela expressão corporal da pessoa que ela precisa ser encorajada e edificada. Deus pode colocar algo especial no seu coração, ou você pode apenas usar o bom senso. O bom senso nos diz que as pessoas precisam ser encorajadas e animadas de tempos em tempos. Definitivamente, colhemos o que plantamos nas vidas das outras pessoas. Quanto mais tentarmos fazer os outros felizes, mais felizes seremos.

O bom senso nos diz que as pessoas precisam ser encorajadas e animadas de tempos em tempos.

Se você acha que pode ter bons relacionamentos, mas nunca dedica tempo para investir esforços neles, não está usando o bom senso e a sabedoria. Todo mundo gosta de elogios e presentes. Todo mundo quer ser apreciado pelo trabalho que faz. Todo mundo precisa se sentir amado e valorizado.

Experimente Coisas Novas

Em 1901, dizem que o seguinte anúncio apareceu em um jornal de Londres: "Procura-se homens para uma empreitada arriscada. Salários baixos, frio intenso, longos meses de escuridão total, perigo constante, retorno em segurança duvidoso". O anúncio estava assinado por Ernest Shackleton, explorador da Antártica. Surpreendentemente, ele atraiu milhares de interessados, ávidos por sacrificarem tudo pela possibilidade de uma aventura significativa.[1]

Não ceda ao medo do desconhecido ou da aventura — supere-o e siga seu coração.

Creio que devemos viver nossas vidas com um enorme espírito de aventura e risco. Só temos direito a uma viagem pela vida e não quero ficar velha e não ter nada a não ser arrependimento. Sempre enfrentamos a luta entre a fé e o medo, e precisamos lutar contra a tentação de engordarmos nossa conta bancária e nossas economias para a aposentadoria e depois planejarmos viver a vida que sempre sonhamos mais tarde. Não ceda ao medo do desconhecido ou da aventura — supere-o e siga seu coração. Sempre haverá os críticos e aqueles que nos advertem contra o fracasso iminente, mas no fim das contas, eles não são realmente tão importantes. Theodore Roosevelt disse: "Não é a crítica que conta; nem o homem que aponta como o homem forte tropeça, ou onde quem fez a ação poderia ter feito melhor. O crédito pertence ao homem que realmente está na área... que, na melhor das hipóteses, conhece, no fim, o triunfo de um grande empreendimento, e que, na pior das hipóteses, se fracassar, pelo menos fracassa ousando grandemente, para que seu lugar nunca fique entre aquelas almas frias e tímidas que nunca conhecem nem a vitória nem a derrota".

É dos gols de placa que as pessoas se lembram, e não das bolas na trave.

Se assumir o controle, você pode até chutar a bola na trave, mas se não tentar, nunca saberá qual é a alegria de fazer um gol de placa. Até mesmo os melhores jogadores chutam na trave. No entanto, é dos gols de placa que as pessoas se lembram, e não das bolas na trave. Eles se tornam heróis e ícones simplesmente porque foram corajosos o bastante para tentar, e continuar tentando, até encontrarem seu ponto central na vida. Esse é um termo familiar para os jogadores de futebol e para outros atletas que sabem que é o ponto central de uma bola que está para ser atingida que pode determinar a distância que ela irá voar ou o final abrupto do seu voo. Esses jogadores encontraram o lugar que era perfeito para eles e perceberam que ao longo do caminho para o sucesso eles fracassariam em algumas tentativas.

A estagnação pode ocorrer quando temos medo de tentar coisas novas, ou quando fazemos sempre a mesma coisa o tempo todo. As coisas ficam tão confortáveis que você fica quase em estado de coma. Você pode estar se sentindo estagnado no seu trabalho, e o simples fato de dirigir por uma rua diferente pode ajudar. Talvez você nunca saia para almoçar, e sair no meio do dia por um tempo pode ajudá-lo a adquirir uma perspectiva nova e colocar um novo impulso em seus pés. É tão fácil entrar em uma rotina; mas continuar fazendo aquilo com que estamos acostumados e não querer se aventurar no desconhecido não é emocionalmente saudável.

Seja corajoso e experimente coisas novas. Se você está entediado consigo mesmo ou com sua aparência, tente um corte de cabelo novo ou uma nova cor de cabelo.Vá comer em um novo restaurante, vá a um parque de diversões, ou faça alguma coisa fora do comum para você. Arrisque-se! Talvez não goste disso, mas repito, pode ser exatamente o que você precisa.

Recuse-se a arriscar-se e você nunca experimentará realmente a vida como ela poderia ser.

John Ortberg disse em seu livro *If You Want to Walk on Water (You've Got to Get Out of the Boat)* [Se Você Quer Andar Sobre as Águas (Você Precisa Sair do Barco)]: Há perigo em sair do barco, mas há perigo em ficar nele também. Se você vive no barco (seja qual for o seu barco), acabará por morrer de tédio e estagnação. *Tudo é arriscado!* Arrisque-se e abrace a vida — recuse-se a arriscar-se e você nunca experimentará realmente a vida como ela poderia ser.

Embora eu sinta que estou no centro da vontade de Deus para minha vida e tenha encontrado definitivamente o propósito de Deus para mim, ainda tenho de fazer coisas para impedir que fique estagnada e entediada.Você pode ter o melhor emprego do mundo e ainda assim descobrir que está se sentindo inativo e rotineiro de tempos em tempos. Deus nos criou para desfrutarmos de variedade, portanto, precisamos de aventura! Precisamos de uma mudança de ritmo, de uma nova experiência, ou de alguma coisa fora do comum que nos desperte, que nos coloque de pé, e que nos impulsione para fora.

Todo mundo parece achar que seria muito empolgante viajar o tempo todo, como costumo fazer, mas quando se faz isso o tempo todo, você se cansa. Tenho de fazer coisas para assegurar que eu não adote uma atitude do tipo "Estou entediada com isto". Uma das coisas que faço é lembrar regularmente o quanto sou abençoada e que Deus poderia ter escolhido outra pessoa. Lembro-me do quanto estava entediada quando era uma contadora e passava dias procurando três centavos para que o saldo dos livros "batesse". Algumas pessoas são criadas por Deus para trabalharem com números o dia inteiro, mas eu não era uma delas.

Também corro riscos, tento coisas novas, e estou determinada e ser alguém que "anda sobre as águas". Espero que você compartilhe comigo essa determinação.

Você ficará entediado se não se animar e fizer algumas coisas ousadas e fora do comum para manter a vida uma aventura empolgante.

Independentemente de qual seja a estação em que você está na vida, ficará entediado se não se animar e fizer algumas coisas ousadas e fora do comum para manter a vida uma aventura empolgante. Você pode olhar para a vida de outra pessoa e achar que se tivesse a vida dela, você ficaria empolgado o tempo todo, mas na verdade isso não aconteceria. Recentemente, assisti a um filme sobre a vida de Jaqueline Kennedy e ouvi o comentário dela sobre o quanto havia se cansado de ter o Serviço Secreto com ela o tempo todo, e de que esperassem que ela estivesse presente em tantos compromissos. Ela tinha o privilégio de ser a primeira-dama dos Estados Unidos e havia momentos em que não gostava disso; até mesmo algo tão grandioso quanto ser como a primeira-dama do país pode se tornar maçante.

Se você se sente estagnado, uma grande mudança em sua vida pode estar preparada para você, mas antes de pular do navio e começar outra coisa nova, certifique-se de fazer a sua parte para se animar aí mesmo onde você está. Há momentos em que devemos avançar, mas fico preocupada com as pessoas que estão sempre começando coisas novas e nunca terminam nenhuma delas. Quando estou me sentindo encalhada em algum lugar, sem me mover e presa na inércia, não abandono meu ministério e abro uma Boutique de Roupas da Joyce, embora eu deva admitir que tenha pensado nisso algumas vezes! Sei que não ficaria satisfeita, nem Deus seria glorificado se eu estivesse buscando qualquer outra coisa além do meu propósito.

Certifique-se de fazer a sua parte para se animar aí mesmo onde você está.

Na Bíblia, Jesus encontrou um homem que estivera enfermo por trinta e oito anos (ver João 5:1-9). Ele havia ficado ao lado de um tanque de água durante todo aquele tempo esperando por um milagre. A resposta de Jesus à vida estagnada daquele homem foi: "Levanta... e anda". Por mais simples que pareça, creio que esta é a resposta para muitas pessoas. Anime-se!

eu desafio você

Mantenha-se Animado!

Muitos de nós estamos entediados com a vida. É hora de avançar e prosseguir apaixonadamente com a vida e o propósito que Deus quer que tenhamos! Eis uma lista para você começar:

1. Pense em uma necessidade na sua comunidade com a qual você se importa. Ela pode estar relacionada a crianças, mulheres, famílias, ou idosos — qualquer coisa pela qual você seja apaixonado. Agora, ofereça-se como voluntário para ajudar nessa necessidade ou para encorajar outras pessoas a se oferecerem como voluntárias com você e executar essa atividade em grupo.
2. Uma das maneiras mais seguras de adquirir novamente um movimento renovado e ativo em sua vida é fazer alguma coisa por alguém. Anote alguns endereços no seu local de trabalho, na sua sala de Escola Dominical, ou talvez em um asilo para idosos local. Reserve alguns minutos para escrever um bilhete de encorajamento para alguém que talvez você nem conheça. Diga a essas pessoas o quanto você se importa e que estará orando por elas naquela semana.
3. Sua energia está precisando de um estímulo? Então, mexa-se, literalmente! Apenas trinta minutos por dia de caminhada leve a rápida pode fazer maravilhas pela sua circulação, pelos seus níveis de oxigênio, e até para o seu raciocínio!
4. Tenha uma conversa séria consigo mesmo. Lembre-se de todas as maneiras como você é abençoado. Faça uma lista das pessoas em sua vida e de como elas o beneficiam. Recuse-se a reclamar ou ser negativo. Uma pessoa grata é uma pessoa feliz!

Discernindo a Vida da Morte

No primeiro dia da semana, as mulheres foram ao túmulo de Jesus, levando consigo ervas preparadas. Elas encontraram a pedra removida, e quando entraram, o corpo de Jesus não estava lá. Enquanto estavam perplexas e imaginavam o que teria ocorrido, dois homens com vestes brancas resplandecentes (anjos) de repente apareceram ao lado delas. Os homens disseram: "Por que vocês estão procurando entre os mortos Aquele que vive?" (Lucas 24:5). Creio que esta é uma afirmação com a qual podemos aprender muito.

Se reclamarmos de nós mesmos, podemos ministrar morte a nós mesmos.

Algumas pessoas não entendem por que suas vidas são tão maçantes e monótonas, embora passem o tempo todo ao redor de coisas mortas em vez de coisas vivas. Por exemplo, se você passa seu tempo com pessoas críticas, elas ministram morte a você e não vida. Talvez você nem perceba, mas não é edificado ou encorajado quando está com elas. Se reclamarmos de nós mesmos, podemos ministrar morte a nós mesmos. O poder da vida e da morte está na língua, e comemos do fruto dela (ver Provérbios 18:21).

A Bíblia nos diz que não devemos ficar sentados ociosamente no caminho dos ímpios nem seguir o conselho deles. Você se senta à mesa para almoçar diariamente com pessoas ímpias e fica ouvindo-as contar piadas sujas e fazer fofocas? Se faz isso, você está cometendo um grande erro. Está tendo comunhão com coisas mortas que não produzirão qualquer coisa boa em sua vida. Temos de ser determinados com relação ao nosso tempo, assim como com relação aos relacionamentos que temos.

Por que você continuaria convidando à sua casa alguém que só traz críticas e má vontade?

Precisamos aprender a discernir a morte da vida. No instante em que entramos em contato com alguma coisa morta, devemos nos afastar dela. Você não manteria a carcaça de um esquilo morto em sua casa, então, por que continuaria convidando à sua casa alguém que só traz críticas e má vontade? Se começarmos a nos sentir mortos por dentro, precisamos tomar uma atitude e fazer alguma coisa a respeito. Se está se sentindo desanimado, não fique sentado em casa sozinho o dia inteiro pensando em cada coisa deprimente que puder. Levante-se e saia de casa, dê uma caminhada sob a luz do sol e o ar fresco. Vá dar uma volta, tome uma xícara de café, fale com alguém, ou tenha uma boa conversa consigo mesmo. Às vezes tenho de ter uma conversa comigo mesma quando sinto uma má atitude surgindo em mim. Digo: "Joyce, pare agora mesmo. Você é muito abençoada e não tem motivo algum para ser rabugenta".

Há momentos em que eu gostaria que alguém estivesse por perto para me encorajar, mas se não há ninguém e preciso de encorajamento, falo comigo mesma, para poder me lembrar das bênçãos em minha vida e de todo o bem que me acontece. A Bíblia diz que o rei Davi se animou no Senhor. Você tem a capacidade de encorajar ou desencorajar a si mesmo, dependendo da maneira como pensa, que é a sua forma de falar consigo mesmo. Quando Davi estava enfrentando Golias, ninguém o estava encorajando, então ele começou a falar sobre como Deus é grande e como ele sabia que seria vitorioso. Com certeza, ele venceu a batalha. Podemos vencer nossas batalhas também, com a ajuda de Deus, e às vezes com um pouco de conversa estimulante de nós para nós mesmos.

O Poder do Riso

Em seu livro *Laugh Again* (Ria Novamente), Chuck Swindoll afirma que não conhece "nenhuma necessidade maior hoje além da necessidade de alegria. Alegria inexplicável, contagiante. Alegria exuberante... Infelizmente, nosso país parece ter perdido seu espírito de diversão e riso. Recentemente, um aluno brasileiro que estudava em uma universidade próxima me disse que o que mais o impressiona nos norte-americanos é a sua falta de riso. Fui incapaz de rebater a crítica dele". [2]

O riso é uma solução infalível para quem está ficando estagnado. Eu o encorajo a rir muito na vida, porque o riso é uma fonte da qual podemos sempre depender para animar as coisas. Ele tem o efeito de uma corrida interna, e na verdade é muito saudável para nós. Um estudo sobre o riso demonstrou diversos benefícios:

- O efeito do riso sobre o corpo é imediato. Rir na verdade diminui a pressão sanguínea, reduz os hormônios do estresse, e aumenta a flexão muscular.
- O riso aumenta sua resistência a infecções.
- O riso também dispara a liberação de endorfinas, os anestésicos naturais do corpo, e produz uma sensação geral de bem-estar.
- Nos Estados Unidos, o riso é usado como uma técnica de administração da dor para pacientes com câncer terminal. Os pacientes que empregam regularmente a terapia do riso são mais tolerantes à dor do que aqueles que não o fazem.[3]

Talvez você esteja dizendo: "Joyce, não há nada de engraçado em minha vida". Se esse é o seu caso, então faça algo divertido. Alugue um filme engraçado ou saia com alguém que você conhece que costuma fazê-lo rir. Recentemente passei algum tempo com uma pessoa com quem não costumava sair, e acabei rindo a noite inteira. Lembro-me de ter pensado: *Eu não sabia que ele era tão engraçado, mas vou criar o hábito de sair mais com ele.* Preciso de pessoas em minha vida que me façam rir, e você também. Trabalho muito e o riso me ajuda a equilibrar as coisas. Se você é um viciado em trabalho que nunca tira tempo para se divertir, definitivamente irá estagnar e provavelmente ficará ressentido por isso. Deus nos criou para trabalhar e brincar, e não apenas para trabalhar, trabalhar e trabalhar! A diversão e o riso geram restauração e descanso em sua alma.

Deus nos criou para trabalhar e brincar.

Durante muitos anos, fui viciada em trabalho e isso estava me matando de diversas maneiras. Não tinha alegria; estava cansada o tempo todo; ficava ressentida com as pessoas que se divertiam; sentia pena de mim mesma e só reclamava. Tudo que eu tinha a fazer era buscar um pouco de equilíbrio em minha vida. Mas cabia a mim fazer isso! Aprendi que preciso ser responsável por fazer o que quer que seja necessário para me ajudar a desfrutar desta jornada, e isso inclui saber rir — rir da vida, rir com os outros, e até rir de mim mesma.

Não Olhe Para Trás

Quando você é apaixonado e empolgado com a vida, não tem tempo de olhar para trás. Talvez você tenha passado por sofrimentos e decepções ou tenha feito coisas que gostaria de poder consertar. Todos nós temos esses arrependimentos enterrados, mas eles estão terminados e acabados.

Você está vivo e é hora de olhar para frente e colocar o foco em viver.

Essas coisas estão mortas, mas você está vivo e é hora de olhar para frente e colocar o foco em viver.

A resposta aos nossos problemas nem sempre é uma coisa profunda e oculta que leva meses de aconselhamento para ser revelada. Às vezes é muito simples e um pequeno ajuste pode trazer uma tremenda mudança. Pode ser algo tão simples como tomar a decisão de deixar o passado para trás, ou ter mais equilíbrio na vida, rir mais, fazer mais pelos outros, ou escolher amigos mais positivos e animadores. Uma coisa é certa: Nada muda se não tomarmos uma decisão e uma atitude. Então, eu o encorajo a se mexer!

Pare de olhar para trás e comece a olhar para frente! E nunca diga: "Não tenho nada para esperar". Você tem o resto da vida, e se espera que Deus faça algo maravilhoso, Ele o fará. Ele quer que você viva esperando que algo de bom aconteça todos os dias da sua vida. Ore pedindo boas notícias, porque a Bíblia diz que isso é alimento para os ossos (ver Provérbios 15:30).

Não Cometa Tolices por Desespero

Algumas pessoas estão desesperadas por respostas para o estado em que estão, absolutamente destituídas de vida. Muitas estão tão desesperadas para saber o que o futuro lhes reserva, que se voltam para videntes em busca de respostas, seja pessoalmente ou através de um serviço por telefone, que parece estar muito em voga hoje em dia. Essas coisas podem dar às pessoas uma esperança temporária e falsa, mas não ministram vida. Uma vidente ganhou 4.360 milhões de dólares antes que o governo finalmente a obrigasse a fechar as portas. Ela era tão falsa quanto uma nota de três reais, mas pessoas desesperadas acreditam em qualquer coisa. Eu o encorajo a discernir as coisas que se referem à sua vida e a pensar no seu futuro. Inicie um relacionamento com Deus através de Jesus Cristo e aprenda a ouvir a Sua voz.

Deus é vida, e quando você o toca, sempre toca a vida.

Uma palavra de Deus ministrará vida a você. Às vezes, quando estou cansada e me sinto um pouco estagnada, passo algum tempo a mais com Deus e peço a Ele que me dê uma palavra nova. Ele conforta meu coração, dizendo que estou no caminho certo e que a Sua mão está sobre mim. Deus é vida, e quando você o toca, sempre toca a vida.

A Palavra de Deus proíbe estritamente procurarmos médiuns, feiticeiras ou videntes para termos orientação (ver Levítico 19:31; 20:6-7). Algumas pessoas podem pensar que estão apenas brincando quando leem o horóscopo todos os dias, visitam uma cartomante, ou procuram pessoas para lerem as palmas de suas mãos. Na verdade, porém, elas estão ofendendo a Deus e abrindo uma porta em suas vidas para o diabo. A Bíblia diz que se você buscar essas coisas, será contaminado por elas (ver Levítico 19:31). Essas coisas envenenam sua vida e ministram morte a você.

Deus planejou seu futuro e Ele o guiará e conduzirá.

Se você fez algo assim no passado, peça a Deus para perdoá-lo, e nunca mais volte a fazê-lo. Deus planejou seu futuro e Ele o guiará e conduzirá à medida que você se voltar para Ele em busca de direção.

Não procure respostas para os vivos entre os mortos.

> "E quando as pessoas [em vez de colocarem sua confiança em Deus] disserem a vocês: 'Consultem médiuns e espíritas que murmuram encantamentos para terem direção, não deverá um povo buscar e consultar o seu Deus? Deverão eles consultar os mortos em favor dos vivos?'.
>
> E aqueles [que consultam médiuns e espíritas] vaguearão [pela terra] dolorosamente angustiados e famintos; e quando estiverem famintos, ficarão irados e amaldiçoarão o seu rei e o seu Deus; e quer olhem para cima ou para a terra, contemplarão apenas aflição e trevas, a tristeza da angústia, e serão lançados em densas trevas e em temível escuridão".
>
> — ISAÍAS 8:19, 21-22 (AMP)

Algumas pessoas estão tão desesperadas para garantir seu futuro com um cônjuge que se casam com a pessoa errada, sabendo bem lá no fundo que estão cometendo um erro. Não se desespere, seja paciente! Confie no plano de Deus e entenda que talvez Ele não esteja com pressa, mas também promete não tardar.

O desespero costuma levar a coisas que não ministram vida a nós. As pessoas que estão desesperadas por ganhar mais dinheiro podem cair na armadilha de fazer concessões em suas consciências. Imagino quantas jovens se envolveram com pornografia porque sonhavam ser modelos, mas não quiseram esperar que Deus abrisse as portas certas da oportunidade.

Não tome decisões quando estiver se sentindo desesperado; em vez disso, vá para algum lugar e acalme-se. Se você está emocionalmente abalado, espere pelo menos vinte e quatro horas antes de tomar qualquer decisão importante.

Certa vez, ouvi uma história sobre um nômade no deserto que acordou em sua tenda uma noite sentindo muita fome. Ele se sentou, acendeu a luz, procurou pela tenda, e viu um saco de tâmaras no canto. Pegou o saco, tirou uma tâmara, e mordeu-a, descobrindo imediatamente que havia um verme nela. Ele o cuspiu e pegou outra, mas encontrou outro verme. Ele tentou mais uma vez e a única coisa que viu em sua boca foi um verme. Pelo fato de estar com tanta fome, ele pensou por um instante no que deveria fazer. Apagou a luz, pegou o saco, e começou a comer todas as tâmaras.

A vontade de Deus não é que tenhamos um momento, mas sim uma vida de felicidade, aventura, romance e realização.

Às vezes as pessoas apagam as luzes de suas consciências e fazem as coisas por desespero, tentando preencher o anseio em seus corações. Elas estão dispostas a arcar com as consequências do pecado em troca de um momento de felicidade. A vontade de Deus não é que tenhamos um momento, mas sim uma vida de felicidade, aventura, romance e realização. Se nos disciplinarmos nesses momentos em que estamos desesperados e esperarmos em Deus, Ele nos surpreenderá com algo muito melhor do que poderíamos conseguir por nós mesmos.

A Lei do Espírito da Vida em Cristo Jesus

A Bíblia nos diz que a lei ministra morte, mas o Espírito ministra vida. O Espírito nos inflama! Você está vivendo debaixo do cativeiro de muitas leis religiosas (normas e regulamentos)? Se estiver, então você pode ser um cristão estagnado. É o Espírito de Deus que dá vida e devemos ser guiados pelo Espírito Santo, e não por regras e regulamentos feitos por homens. Algumas religiões apenas dizem às pessoas o que elas não podem fazer, e deixam de dizer a elas o que Jesus fez. Você está desfrutando a liberdade, ou se sente condenado na maior parte do tempo porque não consegue seguir todas as regras? Recentemente um homem me disse que na religião na qual ele foi criado, todas as pessoas tinham um gene a mais: *culpa!* Infelizmente, isto costuma ser verdade. As pessoas vão à igreja procurando Deus, ajuda e consolo, e saem carregadas de regras que não conseguem cumprir e de culpa por causa de seu fracasso. Onde o verdadeiro Espírito do Senhor está, há liberdade e libertação do cativeiro (ver 2 Coríntios 3:17).

Se você frequenta uma igreja morta e está se perguntando por que não tem entusiasmo por estar ali, talvez precise encontrar um lugar que ministre vida real. Mas como você pode saber?

Você Pode Estar em Uma Igreja Morta

Você se sente pior ou melhor depois de ir à igreja? Se você se sente mais infeliz do que estava antes, pode estar em uma igreja morta.

As pessoas que cantavam no coro da igreja há vinte anos são as mesmas que estão cantando no coro hoje, e se sentam no mesmo lugar de sempre, e cantam a mesma música que sempre cantaram? Você pode estar em uma igreja morta, porque as coisas vivas precisam mudar e crescer.

Sua igreja é do tipo em que todo mundo tem o seu lugar reservado e onde os convidados são bem-vindos — desde que eles não se sentem no lugar de alguém? Você pode estar em uma igreja morta.

O assunto mais interessante das conversas no domingo pela manhã é a nova cor e o novo tapete escolhidos para a reforma do santuário? Você pode estar em uma igreja morta.

O pastor fala frequentemente sobre igrejas mortas em seu sermão, mas nunca trata da falta de frequência ou da participação de sua própria igreja? É possível que você esteja em uma igreja morta.

Você ouve muitas fofocas em sua igreja sobre o pastor, sua equipe, e outros membros da igreja? É possível que você esteja em uma igreja morta.

Ir à igreja é algo que deveria encorajá-lo e lhe dar energia e entusiasmo, e deveria ser uma oportunidade para o Espírito Santo inflamar você durante a semana inteira. Jesus é a sua glória e Aquele que levanta a sua cabeça. Quando você está na presença de Jesus, Ele lhe dá plenitude de alegria. Faça algumas perguntas difíceis a si mesmo: Você vai à igreja apenas para cumprir uma obrigação, ou fica feliz quando chega a hora de ir e triste quando termina? O salmista Davi disse que ficava muito alegre quando chegava a hora de ir à casa do Senhor.

Ir à igreja é algo que deveria encorajar você e lhe dar energia e entusiasmo.

Você vai à igreja apenas para receber a bênção para o resto da semana, ou vai para dar e ajudar outras pessoas? Você é um canal ou um reservatório? Um canal tem algo fluindo para dentro e algo fluindo para fora, mas um reservatório apenas fica parado e recebe o que lhe é oferecido. Não há movimento, mas um grande potencial de se tornar estagnado.

A Bíblia diz que a lei do Espírito da vida em Cristo Jesus nos libertou da lei do pecado e da morte (ver Romanos 8:2). Isto significa simplesmente que somos incapazes de seguir todas as leis religiosas (normas e regulamentos) e elas, na verdade, nos fazem pecar. Entretanto, se formos comprometidos em seguir o Espírito Santo, seremos tocados pela vida. O Espírito de Deus não apenas nos mostra o que fazer, como também nos dá a capacidade para fazê-lo. A lei nos diz o que devemos fazer e depois nos condena porque não conseguimos fazer aquilo.

A nova aliança da salvação por meio de Jesus Cristo é um novo modo de vida. Talvez você esteja procurando um novo modo de vida. Talvez você queira uma vida que seja verdadeiramente cheia de energia e entusiasmo. Se este é o caso, você precisa aprender a reconhecer e seguir o Espírito Santo, e não as pessoas, não as regras feitas por homens, e não suas próprias ideias. Jesus disse: "Sigam-Me".

Somente o Espírito de Deus pode dar energia à sua vida espiritual e impedir que ela fique estagnada. Se aprender a ouvi-lo, Deus o conduzirá ao que fazer para permanecer animado e pronto para o entusiasmo e a percepção para a vida que Ele planejou para você.

Precisamos aprender a evitar a estagnação em todas as áreas da vida. Estar estagnado e sem vida não é uma maneira de se viver, e não glorifica a Deus. Aquilo que você investir em alguma coisa será o que você colherá dela. Então, se você está apenas fazendo as coisas por fazer e não está realmente investindo nada em seu casamento, em seu trabalho, em sua igreja, sua casa, e suas amizades, é hora de mudar. A escolha é sua. Deus disse: "Coloquei diante de vocês a vida e a morte... Agora escolham a vida, para que vocês e os seus filhos vivam" (Deuteronômio 30:19).

Aprenda a Amar Sua Vida

Quando você se sente bem consigo mesmo, é mais fácil se sentir bem com relação às outras pessoas.

A vida que você tem é a única que tem neste momento, então você pode muito bem aprender a amá-la. Quando você se sente bem consigo mesmo, é mais fácil se sentir bem com relação às outras pessoas e circunstâncias. Se você começar a ter uma atitude positiva onde está, nas suas atuais circunstâncias, Deus o ajudará a chegar aonde você quer. Se você realmente não suporta sua vida, faça algo a respeito. Não fique sentado reclamando — faça algo para melhorá-la. O que você quer da vida? Você está fazendo alguma coisa para que isso aconteça, ou está somente desejando que as coisas fossem diferentes?

Você está fazendo alguma coisa para que isso aconteça, ou está somente desejando que as coisas fossem diferentes?

Se você não gosta do seu emprego, odeia a atmosfera de seu ambiente de trabalho e tem pavor de ir para lá todos os dias, pergunte a si mesmo se está fazendo alguma coisa para mudar isso. Você sorri para todos quando chega lá, ou franze a testa como todo mundo? Você já disse alguma coisa encorajadora aos seus colegas de trabalho ou ao seu chefe?

Por que não mudar sua maneira de falar da vida e de todos os aspectos dela? Ouvi uma canção na noite passada: "Amo Minha Vida", e pensei: *Esta é uma música fantástica que eu gostaria que todos estivessem cantando.*

Uma das maneiras mais rápidas para se estagnar é encontrar algo de errado em tudo e em todos, inclusive em si mesmo. Por outro lado, as pessoas gratas geralmente são felizes. A Bíblia nos diz para nos enchermos sempre com o Espírito de Deus, e uma das maneiras que ela enumera para fazermos isso é ser gratos em tudo (ver Efésios 5). Agradeça a Deus pela sua vida e pelo seu trabalho. Agradeça a Deus por estar respirando e porque todas as coisas são possíveis para Ele. Deus nunca muda, mas tudo o mais está sujeito a mudanças. Você não está em um beco sem saída; você não está encurralado em um lugar de onde não pode fugir. Hoje é o começo do resto da sua vida maravilhosa, e você deve tomar a decisão de amá-la e desfrutá-la. Lembre-se: esta é a única vida que você tem.

Hoje é o começo do resto da sua vida maravilhosa.

Familiaridade

Um dos motivos pelos quais perdemos a alegria e o renovo que uma novidade nos traz é a familiaridade. Isso significa simplesmente que ficamos tão acostumados com alguma coisa que não vemos mais o quanto ela é especial. É como a mãe que começou a ler a Bíblia para seu filho mais novo. Algumas semanas depois eles estão lendo o Evangelho de João. Quando ela lê João 3:16, seu filho comenta: "Ah, eu conheço este. Este é velho". Estar familiarizado com um versículo pode fazer isso conosco. Podemos conhecê-lo tão bem que achamos que sabemos tudo que se deve saber sobre ele. O mesmo acontece com as bênçãos e as alegrias que temos na vida. Precisamos fazer um esforço para não considerarmos essas coisas como garantidas. Ser continuamente grato é uma das maneiras de fazer isso. Bendirei o Senhor o tempo todo! Os meus lábios sempre o louvarão (ver Salmo 34:1).

Seja grato e declare isso (ver Salmo 100:1). Faça uma lista de todas as coisas pelas quais você é grato, inclusive das pessoas que fazem parte de sua vida. Pense nas coisas grandes, mas pense nas coisas pequenas também. Costumo agradecer a Deus pela água quente, principalmente quando estou cansada e estou tomando um bom banho quente. Também agradeço a Deus pelo silêncio. Realmente gosto de ter um tempo de silêncio, porque esses momentos parecem restaurar todo o meu ser. Nenhum de nós é automaticamente grato de maneira regular; precisamos estar determinados a isso. É importante nos dedicarmos e nos exercitarmos para não ficarmos familiarizados com as coisas que deveriam nos impressionar, pois são as pequenas coisas da vida que apreciamos que mantêm nossa alma inflamada pela alegria.

São as pequenas coisas da vida que apreciamos que mantêm nossa alma inflamada pela alegria.

Pequenas Coisas Fazem uma Grande Diferença

Não se esqueça de fazer pequenas coisas que têm um grande poder em potencial. Com frequência, quando pensamos em entusiasmo e motivação, pensamos em grandes empreendimentos e imaginamos de que maneira os realizaremos. Mas as pequenas coisas podem ser tão eficazes quanto as grandes, talvez até mais poderosas. Um abraço ou um sorriso podem mudar o dia de alguém. Demonstrar apreço pode salvar um casamento. Cinco minutos a mais no trabalho todas as noites podem significar que você é a pessoa que não será despedida. Fazer pequenas orações ao longo de todo o dia pode aproximar você de Deus. Deixar que alguém que está com uma quantidade menor de compras passe na sua frente na fila pode fazer com que ela preste mais atenção no adesivo do seu carro que diz "Jesus te ama" na próxima vez que ela o vir.

As pequenas coisas da vida podem mudar completamente o rumo da vida de alguém.

As pequenas coisas da vida podem mudar completamente o rumo da vida de alguém. Um grupo de homens estava tendo uma conversa amigável. Um deles observou que havia aprendido a tomar um cuidado especial com as pequenas coisas. "Vocês acreditam", disse ele, "que uma coisa pequena como um par de meias mudou todo o rumo da minha vida?". "Mal posso acreditar", respondeu outro homem. "Bem, é verdade! Uma vez planejei fazer uma viagem com alguns amigos em um barco, mas dois dias antes da previsão de partida, machuquei meu pé enquanto cortava madeira. Foi só um corte pequeno, mas a tinta azul das meias feitas em casa que eu estava usando contaminou o ferimento, e fui obrigado a ficar em casa. Enquanto meus amigos estavam viajando, um pregador poderoso veio à nossa cidade para fazer cultos de avivamento. Como eu não tinha mais nada para fazer, decidi assistir. A mensagem tocou-me profundamente, e o resultado foi que entreguei meu coração ao Senhor. Depois, vi que precisava mudar minha vida de muitas maneiras. Novos desejos e propósitos tomaram conta de mim.

Também decidi estudar, pois acreditava que isso me permitiria viver de uma forma mais útil para o meu Senhor". O homem que fez estes comentários era simplesmente o ex-presidente dos Estados Unidos — James A. Garfield![4]

Sou uma forte defensora de prestarmos atenção às pequenas coisas da vida. Costumo pegar moedas perdidas em todos os lugares aonde vou. Geralmente as pessoas não as pegam porque elas não valem muito, mas acredito que há um princípio envolvido nisto que precisamos ver. Se eu achar que não vale a pena abaixar-me para pegar uma moeda, provavelmente sou o tipo de pessoa que deixa muitas outras pequenas coisas passarem.

Recuse-se a ser preguiçoso, evite a estagnação, ame sua vida, e procure oportunidades de cuidar das pequenas coisas.

Assuma o compromisso neste instante de ser o tipo de pessoa que sempre faz a sua parte em todas as situações. Recuse-se a ser preguiçoso, evite a estagnação, ame sua vida, e procure oportunidades de cuidar das pequenas coisas da vida que outros ignoram. Seu entusiasmo crescerá e o seu propósito ficará mais firme e não demorará até que sua recompensa venha!

CAPÍTULO 11

Paixão para Seu Espírito

Quando pensamos em sermos cheios de entusiasmo, é crucial entendermos os propósitos que Deus tem para nós em cada área de nossas vidas. Sem esse entendimento, seríamos como o grupo de crianças que você vê ocasionalmente correndo em um *playground*, empolgadas e gritando de alegria a plenos pulmões, e quando alguém que as observa pergunta por que estão tão empolgadas, elas apenas sacodem os ombros e dizem: "Não sabemos". O entusiasmo deve ser aplicado com propósito, e um dos maiores propósitos que Deus nos dá é para o nosso espírito.

Seu espírito é sua parte mais profunda. Não é a parte que as pessoas veem, mas é a parte mais importante. Assim como o motor do seu carro contribui grandemente para o desempenho dele, o estado do seu espírito determina a qualidade da vida que você tem.

Nosso espírito e nossa alma são a nossa parte eterna, e como tal, devemos prestar mais atenção a elas do que às áreas externas da vida. Deus está preocupado com todas as áreas da nossa vida, mas Ele está preocupado especialmente com o "homem interior do coração" (1 Pedro 3:4, ARA).

O estado do seu espírito determina a qualidade de vida que você terá.

Por exemplo, a Bíblia diz que um homem é abençoado, afortunado e feliz quando não há engano em seu espírito (ver Salmo 32:2). Algumas pessoas se enganam e acreditam que o errado é certo e o certo é errado. Quando fazem isso, elas não estão encarando a verdade e estão plantando sementes para uma vida infeliz. No entanto, se um homem encara a verdade, reconhece seu pecado, e ora pedindo perdão, ele será tão forte no seu espírito que mesmo quando vierem grandes provações à sua vida, elas não atingirão o seu espírito. Ele sentirá o poder protetor de Deus (ver Salmo 32:6). Somos ensinados a termos um espírito reto, um espírito perseverante e firme, e não um espírito que é fraco e desiste facilmente (ver Salmo 51:10).

Podemos aprender muito sobre a vontade de Deus para o nosso espírito lendo a Sua Palavra. Aprendemos, por exemplo, que o espírito forte de um homem o sustentará na dor física ou em meio aos problemas (ver Provérbios 18:14). Um espírito quebrantado resseca os ossos (ver Provérbios 17:22). O rei Davi orou para que tivesse um espírito voluntário (ver Salmo 51:12). Um homem deve ter um espírito confiável e fiel (ver Provérbios 11:13). O livro de Provérbios fala de intenso domínio próprio e de calma de espírito.

A Bíblia também menciona diversas condições nas quais o homem pode permitir que seu espírito esteja e que não são da vontade de Deus nem são boas para o homem. O rei Davi certa vez escreveu que seu espírito estava oprimido e desmaiado dentro dele (ver Salmo 143:4). Provérbios fala de um espírito apressado que é tolo, um espírito que tem um antagonismo deliberado em si, um espírito orgulhoso e arrogante que antecede a destruição, e um espírito ganancioso que alimenta a disputa.

Devemos depender do Espírito Santo para ter força e usar o fruto do domínio próprio que nos foi dado por Deus para manter nosso espírito na condição correta.

Devemos depender do Espírito Santo para ter força e usar o fruto do domínio próprio que nos foi dado por Deus para manter nosso espírito na condição correta. A Bíblia diz que um homem que não governa seu próprio espírito é como uma cidade destruída e sem muros (ver Provérbios 25:28). Em outras palavras, por não manter seu espírito na condição correta, ele retirou a proteção que Deus desejava que ele tivesse de sua vida.

Sim, a situação espiritual do homem é muito importante. O que se passa dentro de você? Quer você saiba ou não, isso afeta sua vida diária de uma forma impressionante.

Tédio Espiritual

Em seu livro *Enjoying God* (Desfrutando Deus), S. J. Hill escreveu:

> Por que o entretenimento fascina o espírito humano? Por que certos filmes capturam a nossa imaginação? Porque existe algo na nossa constituição humana que anseia por ser transportado para além do nosso viver mundano. Hollywood tenta captar nossos sonhos e paixões através dos filmes — drama, aventura, romance — e se sai muito bem. Mas estes não passam de falsificações dos verdadeiros dramas, aventuras e romances que fazem parte do projeto de Deus.
>
> Um dos maiores problemas que a Igreja enfrenta no presente é o tédio espiritual. Por quê? Porque os crentes não foram criados para uma programação, uma instituição, ou uma cerimônia semanal para esquentar os bancos. Os cristãos não foram criados para ficarem satisfeitos com um sermão de três pontos que contém apenas os conselhos suficientes para suportarem os "solavancos" da semana. O coração humano foi feito para a paixão. Ele foi criado para ter relacionamento. Ele foi projetado para experimentar a plenitude de Deus.[1]

Deus deseja ter um relacionamento profundo, íntimo e apaixonado com Seu povo, mas para ter isso, o espírito do homem precisa estar na condição certa. O nosso espírito é o lugar onde temos comunhão com Deus; é o lugar da Sua habitação. Deus é justo e santo, e para que Ele habite no nosso espírito, Ele precisa torná-lo justo e santo.

O nosso espírito é o lugar onde temos comunhão com Deus.

Capítulo 11

Um Espírito Justo

A maneira como você se sente a respeito de si mesmo no seu espírito (coração) é um fator determinante em sua vida.

A maneira como você se sente a respeito de si mesmo no seu espírito (coração) é um fator determinante em sua vida. Ela prepara o cenário para todos os seus relacionamentos, inclusive o seu relacionamento com Deus. Ela afeta o seu desempenho no trabalho e o seu nível de paz e alegria. Ela afeta sua confiança e sua coragem e a maneira como você reage ao fracasso. Você pode voltar atrás ou continuar seguindo em frente — depende de como se sente a respeito de si mesmo.

Você sente lá no fundo que há algo errado com você? Você se compara com os outros e acredita que deveria ser como eles? Deus deseja que seu espírito seja coberto de justiça — e não de culpa, condenação e insegurança. Você tem entendimento da justiça de Deus que está disponível a você por meio da fé em Jesus Cristo? Devemos sempre nos ver como justos diante de Deus. Isto é um dom que Ele dá àqueles que aceitam Jesus como seu Salvador, e é o estado em que nosso espírito deve estar se quisermos ter uma comunhão adequada com Deus. A própria justiça de Deus é creditada ou transmitida àqueles que aceitam Jesus como seu Salvador. Jesus morreu para que pudéssemos comparecer com ousadia diante de Deus e não para nos retrairmos com medo e vergonha.

Jesus morreu para que pudéssemos comparecer com ousadia diante de Deus e não para nos retrairmos com medo e vergonha.

Entre com Ousadia

Quando acredito que tenho um relacionamento correto com alguém e que esse alguém me ama, isso me capacita a me aproximar dele com ousadia quando preciso que ele me ajude com alguma coisa. Isso também me deixa livre para expressar o meu amor e a minha afeição por ele porque não sinto medo da rejeição.

Como você se aproxima de Deus? A Sua Palavra diz que devemos entrar com ousadia na Sua presença. Ela diz que devemos "ousar" entrar corajosamente diante Dele.

> "No qual temos ousadia e acesso em confiança, pela nossa fé nele".
>
> — EFÉSIOS 3:12 (ARA)

Jesus não morreu por nós para que tivéssemos uma religião. Ele morreu para que nossos pecados fossem perdoados, para que fôssemos justificados diante de Deus, e desfrutássemos de comunhão com Ele. A religião é a tentativa do homem de chegar a um lugar aonde Deus o aceite. É a ideia do homem sobre as expectativas de Deus, mas o Cristianismo é Deus assumindo a humanidade na pessoa de Jesus Cristo e descendo até o homem.

Jesus não morreu por nós para que tivéssemos uma religião. Ele morreu para que nossos pecados fossem perdoados.

A justiça é descrita na Bíblia como uma armadura que cobre o coração ou o espírito do homem (ver Efésios 6:14). Nossos espíritos precisam ser cobertos pela justiça se quisermos ter uma comunhão enriquecedora com Deus e andar em vitória. Deus nos dá esta justiça por Sua graça, mas precisamos recebê-la por fé e andar nela.

O Tipo de Justiça de Deus

Há dois tipos de justiça: o tipo que tentamos merecer por meio do comportamento certo, e o tipo que nos é dado como um presente por meio da fé em Jesus Cristo. Existe a justiça própria e o tipo de justiça de Deus. Esta última não apenas é muito melhor que a primeira, como é o único tipo que Deus aceitará.

Uma das coisas mais maravilhosas sobre aceitar Jesus Cristo é que o nosso relacionamento com Ele nos dá uma posição correta diante de Deus. Ele nos vê como justos. Isto não tem nada a ver com o nosso comportamento; Ele simplesmente nos vê assim porque esta é a única maneira pela qual pode ter um relacionamento íntimo conosco. Deus é santo e completamente justo e não pode habitar na presença do pecado. Uma vez que somos imperfeitos e incapazes de manifestar perfeição, Deus opta por nos ver através do sangue de Jesus que foi derramado na cruz como pagamento pelos nossos pecados. Ele nos vê como vê Jesus!

Deus nos vê como justos.

Se nos sentirmos mal sobre nós mesmos o tempo todo e nos sentirmos culpados e condenados, então não podemos desfrutar a vida que Jesus morreu para nos dar. O nosso testemunho aos outros também será muito negativo porque não podemos ser luz para os que vivem em trevas se nós mesmos estivermos vivendo em escuridão. Qualquer pessoa cheia de autodepreciação, vergonha, acusação e culpa está em escuridão.

Não podemos ser luz para os que vivem em trevas se nós mesmos estivermos vivendo em escuridão.

O Propósito de Deus tem Muitos Aspectos

O propósito de Deus para as nossas vidas tem muitas, muitas partes, portanto, não cometa o erro de pensar que encontrar o propósito de Deus significa apenas que você deve descobrir qual é a sua vocação ou o tipo de trabalho que você deve executar. Antes de chegarmos ao "fazer", precisamos ser bons em "ser". *Precisamos* ser *o que Deus quer que sejamos antes de podermos realmente* fazer *o que Ele quer que façamos.* O verdadeiro sucesso se baseia no que somos, e não no que fazemos.

Antes de chegarmos ao "fazer", precisamos ser bons em "ser".

Deus nos dá uma posição correta diante Dele como um presente que deve ser recebido por fé. Não seria certo esperar que fizéssemos algo se Ele não nos desse a capacidade para fazê-lo. Ele espera que nos comportemos bem, então nos dá retidão. Se você pedisse a seu filho para varrer o chão, você lhe daria uma vassoura. Se pedisse a seu filho para cortar a grama, você lhe daria um cortador de grama.

Somos justificados (como se nunca tivéssemos pecado) por meio da fé em Jesus Cristo. Somos vistos como aqueles que estão em Cristo e, como tal, Deus nos vê da mesma maneira que vê Jesus. Uau! Aceitar essa verdade pode nos trazer alegria, e é exatamente isso que aqueles que aceitam estar em Cristo antes de tentarem "fazer" em Cristo sentem.

Você está perdendo a alegria em sua vida? Se isso estiver acontecendo, talvez você tenha uma autoimagem negativa; você não se valoriza ou acreditou nas coisas negativas que as pessoas lhe disseram. Deus quer lhe dar o presente da justiça. A justiça de Deus não se baseia em você fazer tudo certo, mas na fé em Jesus Cristo e no que Ele fez certo.

Você Precisa de Roupas Novas?

Muitos de vocês devem se lembrar da história de Hans Christian Andersen, "A Roupa Nova do Imperador". É o conto de um imperador que gostava tanto de roupas novas que gastava todo seu dinheiro, tempo e atenção nisso, e fazia muito pouco quanto ao governo do reino. Quando não estava exibindo uma roupa nova, ele estava em seu quarto de vestir, experimentando roupas novas.

Quando dois trapaceiros foram à cidade fazendo-se passar por mestres tecelões, eles convenceram o rei de que sabiam como fazer a roupa mais extraordinária, que não apenas tinha uma belíssima aparência, como também era invisível para aqueles que fossem excepcionalmente estúpidos. O rei, que era cheio de desejos gananciosos e egoístas, deixou-se enganar, e caminhou pela rua diante de seus súditos deleitando-se na glória das novas roupas. Então, uma criança exclamou: "Mas ele não está vestindo nada!".

Não foram os mestres tecelões que enganaram o imperador para acreditar que aquelas vestes invisíveis eram reais. Foi a justiça própria do imperador; seu orgulho, presunção, e vaidade o enganaram. Costumamos nos colocar na mesma posição, recusando-nos a olhar para dentro do nosso ego; mas o nosso propósito não é agradar a nós mesmos, é agradar a Deus.

Você é capaz de se ver pela fé como realeza, um filho do Reino de Deus?

Segundo a Bíblia, todos nós somos reis e sacerdotes para o nosso Deus (ver Apocalipse 1:6; 5:10). Ora, sabemos que existem pessoas chamadas ao sacerdócio ou aqueles que realmente são reis das nações. Ser rei ou sacerdote talvez nunca seja a nossa função, mas é a nossa posição diante de Deus. Isto nos dá uma percepção do quanto Deus acredita que somos valiosos. Você pode começar a pensar em si mesmo como um rei e sacerdote? Espero que sim, porque como filho de Deus, é exatamente isto que você é. "Vistam-se de retidão (vida reta e posição correta diante de Deus) os teus sacerdotes; cantem de alegria os teus fiéis" (Salmo 132:9, AMP).

Diferente do imperador que queria roupas novas feitas de engano e egocentrismo, Deus quer que os Seus sacerdotes se vistam de justiça, o que inclui fazer o que é certo e ser certo. A questão, naturalmente, é qual vem primeiro. Temos uma posição correta diante de Deus porque fizemos o que é certo, ou temos uma posição correta diante de Deus como um presente de Deus — e por causa disso, somos motivados a fazer as coisas certas? A carroça vem antes dos bois, ou os bois vêm antes da carroça? Amamos a Deus primeiro e Ele nos ama porque nós O amamos primeiro? Absolutamente não! A Bíblia diz claramente: "Nós O amamos porque Ele nos amou primeiro" (1 João 4:19, NKJV). O que temos que Deus não tenha nos dado primeiro? Nada!

A Bíblia nos ensina que devemos crer, e Deus se agradará.

Muitas religiões ensinam às pessoas que elas precisam fazer alguma coisa ou ter um determinado desempenho, e então Deus ficará satisfeito. A Bíblia nos ensina que devemos crer, e Deus se agradará. Sem fé é impossível agradar a Deus (ver Hebreus 11:6).

E Quanto às Boas Obras?

As nossas boas obras contam para alguma coisa? Devemos nos esforçar para fazer o que é certo? Bem, naturalmente Deus se agrada quando fazemos o que é certo, mas como disse anteriormente neste livro, a nossa motivação para fazer o que fazemos é muito importante. Se fizermos o que é certo esperando sermos justificados através das nossas boas obras, Deus não ficará nada satisfeito. A nossa justiça não pode vir dos nossos próprios esforços, mas deve ser o resultado de crermos e dependermos inteiramente Dele. Tudo vem Dele e é por Ele e para Ele, inclusive a nossa justiça (ver Romanos 11:36).

Creia primeiro e depois pratique boas obras pelo motivo correto.

O apóstolo Tiago disse que a fé sem obras é morta (inútil, sem vida), e isso é verdade. As obras são necessárias, mas a fé precisa vir em primeiro lugar. Do contrário, estamos colocando a carroça antes dos bois novamente. Imagine por um instante que você está dando um passeio de carruagem. Há dois lindos cavalos e uma charrete adorável para você se sentar. Se a charrete estivesse presa na frente dos cavalos e eles tentassem empurrar a charrete pela cidade, você faria um passeio bastante difícil. Não seria nada agradável e poderia ser bastante assustador.

Creia primeiro e depois pratique boas obras pelo motivo correto. Pratique-as porque você ama a Deus, e não para fazer com que Ele o ame e o aceite. Você é aceito por meio da fé em Jesus. Você pode vir como está e Deus o ajudará a se tornar o que Ele quer que você seja. "E isto inclui vocês, chamados por Jesus Cristo e convidados (como estão) para pertencerem a Ele" (Romanos 1:6, AMP, ênfase da autora).

Se pudéssemos ser perfeitos no nosso comportamento, não precisaríamos de um Salvador.

Você vem como está, e enquanto Deus está trabalhando Seu propósito e Sua vontade em você e na sua vida, você pode desfrutar a jornada. Você não tem de ficar zangado consigo mesmo se não manifestar um comportamento perfeito o tempo todo. Se pudéssemos ser perfeitos no nosso comportamento, não precisaríamos de um Salvador. Na próxima vez que você pecar, simplesmente admita-o — peça a Deus para perdoá-lo e para ajudá-lo a não pecar de novo. Agradeça a Ele porque embora você tenha cometido um erro, ainda tem uma posição correta diante Dele pela fé.

Você Pode Acreditar No Que Parece Bom Demais para Ser Verdade?

O relacionamento pessoal com Deus através de Jesus oferece uma nova maneira de viver. Somos convidados a receber Cristo pela fé, e quando fazemos isso, a justiça, assim como muitas outras bênçãos maravilhosas, é imputada a nós (colocada em nossa conta) (ver Romanos 4:11, 10:6). No entanto, o que legalmente nos pertence importa muito pouco se não crermos que o possuímos. Sem fé, jamais poderemos usar o que Deus oferece.

Quando estou com frio, se não acreditar que tenho um casaco no meu armário, continuarei com frio. Quando estou com fome, se não acreditar que tenho comida na despensa, continuarei com fome. Se uma pessoa pobre fica sabendo que herdou milhões de dólares e que eles foram depositados no banco, ela continuará pobre se não acreditar no que lhe disseram e realmente for até o banco descontar o cheque.

Muitos cristãos são como essa pessoa pobre. Quando Jesus morreu, eles herdaram justiça, justificação e libertação do poder do pecado, assim como muitas outras coisas impressionantes descritas nas promessas de Deus para o Seu povo. No entanto, essa herança não lhes faz bem algum, e embora uma nova aliança (acordo) tenha sido assinada e selada com o sangue de Jesus, eles continuam vivendo sob a velha aliança (acordo), que gera pecado e morte (todo tipo de infelicidade) (ver 2 Coríntios 3:6).

Você deve se ver como Deus o vê, e não como o mundo o vê.

Dê um passo de fé e veja a si mesmo como alguém escolhido por Deus, que ganhou uma herança. *A Palavra de Deus lhe dá permissão para ter uma boa atitude para consigo mesmo.* Você deve se ver como Deus o vê, e não como o mundo o vê.

> "Nele, digo, no qual fomos também feitos herança, predestinados segundo o propósito daquele que faz todas as coisas conforme o conselho da sua vontade".
>
> — EFÉSIOS 1:11 (ARA)

Devo admitir que algumas destas verdades bíblicas quase parecem boas demais para serem verdade. É necessário um passo ousado de fé para viver no Reino de Deus e desfrutar os benefícios desse Reino. Receber o perdão total por todos os nossos pecados como um dom de Deus — por meio da fé em Jesus — é tão bom que muitas pessoas simplesmente não conseguem acreditar. Acreditar que Deus as vê como justas — mesmo quando cometem erros — é difícil de compreender. Elas estão procurando algo difícil, algo que tenham de passar a vida lutando para conseguir. Os intelectuais não conseguem entender a salvação através de Cristo e se recusam a acreditar no que suas mentes não podem compreender. No entanto, Deus promete que se qualquer pessoa vier a Ele como uma criancinha e simplesmente acreditar no que Ele diz, será salva (será liberta do pecado e receberá uma nova vida).

É necessário um passo ousado de fé para viver no Reino de Deus e desfrutar os benefícios desse Reino.

Tenho sido criticada por ensinar às pessoas que elas são a justiça de Deus em Cristo, embora a Bíblia afirme isso claramente em 2 Coríntios 5:21. Também tenho sido criticada por dizer: "Eu sou a justiça de Deus em Cristo". Quando digo isto, não quero dizer que sou justa em mim mesma ou devido a qualquer ato de justiça que eu possa realizar. Estou simplesmente concordando com a Palavra de Deus. Sei que toda a nossa justiça própria é como trapo de imundície, segundo

Isaías 64:6. Decidi acreditar na Palavra de Deus e tomá-la para mim, e isso mudou minha vida de uma vida de derrota e infelicidade para uma vida de vitória e alegria. Todos nós pecamos e cometemos erros, mas graças a Deus porque podemos ser perdoados e comparecer perante Ele vestidos com vestes de justiça.

Graças a Deus porque podemos ser perdoados e comparecer perante Ele vestidos com vestes de justiça.

Durante dez anos de minha vida, fui uma cristã que frequentava a igreja todos os domingos e até fazia vários tipos de boas obras através da minha igreja. Eu acreditava, assim como muitos de meus amigos cristãos, que era uma pecadora miserável e desprezível, e em resultado disso, meu comportamento mudou muito pouco. Eu ia à igreja, mas continuava sendo miserável e desprezível. Não conseguia me erguer acima do que eu acreditava ser, e você também não pode, nem ninguém. Finalmente, passei a não querer mais viver em derrota, comecei a estudar seriamente a Palavra de Deus, e decidi que iria acreditar na Palavra de Deus em vez de crer nas doutrinas feitas por homens que não tinham poder algum. Assim como multidões de outras pessoas que buscavam a Deus ao longo da história, descobri verdades maravilhosas que me prometiam vida eterna, vitória, paz, alegria, justiça, justificação, libertação da culpa e da condenação, esperança, prosperidade, cura, poder e autoridade. E descobri que essas coisas eram para a minha vida aqui na terra, e não apenas para quando eu morrer e for para o céu, como tantas pessoas acreditam. Não podemos simplesmente pensar no que acontecerá algum dia, temos de pensar no agora. É difícil estar entusiasmado por um dia que parece estar tão longe e distante. É imperativo estarmos entusiasmados pelo

Não podemos simplesmente pensar no que acontecerá algum dia, temos de pensar no agora.

Na igreja, precisamos aprender sobre o pecado e o perdão, mas também precisamos aprender sobre a posição reta que ocupamos diante de Deus. Se não fizermos isso, estamos correndo o risco de passar a vida rejeitando a nós mesmos, embora Deus tenha nos aceito. Muitas pessoas não gostam de si mesmas, e, de fato, algumas até se odeiam e encontram diversas maneiras de se punir pela indignidade que veem em si mesmas. Creio que Deus quer que recebamos o Seu amor, que amemos a nós mesmos de forma equilibrada, e que deixemos o Seu amor fluir através de nós para os outros.

Deus quer que recebamos o Seu amor, que amemos a nós mesmos de forma equilibrada, e que deixemos o Seu amor fluir através de nós para os outros.

Recentemente assisti a um filme sobre uma jovem que se odiava tanto, que começou a se cortar e se queimar como uma forma de punição. Eu me punia não me permitindo desfrutar a vida. Algumas pessoas se isolam e vivem vidas solitárias; algumas são tão inseguras que nunca ousam se arriscar a viver uma aventura. Estou encorajando você a se valorizar e se respeitar, a ter um bom relacionamento consigo mesmo! Se você está contra si mesmo, então é derrotado antes mesmo de começar. Você é criação de Deus e Ele pagou um alto preço para livrá-lo de uma vida de pecado e opressão; portanto, aja como uma pessoa valiosa e comece a apreciar a si mesmo e a vida que Jesus morreu para lhe dar.

Aja como uma pessoa valiosa e comece a apreciar a si mesmo e a vida que Jesus morreu para lhe dar.

> "Vocês foram comprados por alto preço. Portanto, glorifiquem a Deus com o corpo de vocês".
>
> — I CORÍNTIOS 6:20

A Bíblia diz que você é raça escolhida, uma pessoa especial de propriedade de Deus e comprada por Ele, e que foi chamado para proclamar os maravilhosos feitos e exibir as virtudes de Deus, que o chamou das trevas para viver na Sua maravilhosa luz (ver 1 Pedro 2:9). Creia na obra que Deus o está chamando a fazer, e comprometa-se a apenas "estar" em Jesus. Ele cuidará de você em meio a qualquer dificuldade que encontre e o ajudará a fazer tudo que Ele quer que você faça.

Você foi chamado para proclamar os maravilhosos feitos e exibir as virtudes de Deus.

Uma Nova Identidade

Nos anos 1950, Sao Kya Seng, príncipe dos trinta e quatro estados Shan independentes do nordeste de Mianmar, também conhecida como Hsipaw, foi a Denver, Colorado, para estudar engenharia. Ele desejava ter a experiência de como era ser um estudante nos Estados Unidos, por isso manteve sua identidade em segredo. Nem mesmo seus professores sabiam quem ele realmente era. Um de seus colegas era uma jovem chamada Inge Sargent, da Áustria. Sendo os dois alunos no sistema de intercâmbio, Inge e o príncipe birmanês rapidamente descobriram que tinham muito em comum e começaram a passar cada vez mais tempo juntos.

eu desafio você

Creia

Quando você tenta entender o propósito de Deus para o seu espírito, com o propósito de alcançar o entusiasmo que Ele deseja para você, é necessário certa dose de confiança e credulidade. Confie que Deus está no controle, e creia que Ele lhe dará o que você precisa para realizar e ter êxito! Se você tem dificuldades nesta área, eis alguns versículos para consultar e algumas das promessas de Deus para meditar.

1. Deus nunca o abandonará (ver Hebreus 13:5).
2. Deus quer o melhor para você (ver Jeremias 29:11).
3. Deus quer o melhor *de* você e Ele fará tudo que puder para ajudá-lo (ver João 14:26).

Logo sua amizade se transformou em amor, mas o príncipe da Birmânia decidiu não revelar sua verdadeira identidade, embora eles estivessem namorando sério. Ele não queria que a decisão de Inge de namorá-lo fosse influenciada pelo fato de que ela poderia se casar com alguém da realeza. Então, quando ele finalmente a pediu em casamento, com um anel de noivado de rubis e diamantes, Inge ainda não sabia quem ele realmente era. No entanto, por amá-lo muito, Inge disse sim e eles se casaram, como qualquer outro casal, nos Estados Unidos. Para a lua de mel, Sao Kya Seng levou Inge ao seu país natal, para que ela pudesse conhecer sua família e ver de onde ele vinha. Quando o navio deles chegou à costa de Mianmar, centenas de pessoas estavam esperando no porto e muitas delas haviam ido em pequenos barcos, segurando cartazes de boas-vindas. Uma banda tocava e algumas pessoas lançavam flores ao navio. Surpresa com todo aquele entusiasmo, Inge voltou-se para seu marido e perguntou quem era a pessoa cuja chegada todo aquele povo estava comemorando.

"Inge", disse o jovem à sua noiva, "sou o príncipe de Hsipaw. Estas pessoas estão celebrando a nossa chegada. Você agora é a princesa". [2]

Jesus também nos dá uma nova identidade.

Assim como essa jovem recebeu uma nova identidade, Jesus também nos dá uma nova identidade. Ele diz: "Você é Meu filho e eu o amo incondicionalmente". Ele também diz que ocupamos uma posição correta diante de Deus através Dele; que somos justificados, santificados e glorificados. As coisas velhas já passaram e todas as coisas se fizeram novas. Ele nos oferece uma nova maneira de viver.

> "E aos que predestinou, também chamou; aos que chamou, também justificou; aos que justificou, também glorificou".
>
> — ROMANOS 8:30

Embora essas coisas estejam sendo trabalhadas continuamente na vida do crente, elas pertencem a cada crente espiritualmente, e não devemos ter medo de dizer isso. Talvez não estejamos onde precisamos estar, mas graças a Deus porque estamos a caminho! Estamos nos tornando o que Deus nos criou para ser!

Talvez não estejamos onde precisamos estar, mas graças a Deus porque estamos a caminho!

Pare de se sentir mal consigo mesmo e saiba que você é justiça de Deus em Cristo. Isso o motivará a produzir o comportamento correto e o motivará a abraçar com entusiasmo o que lhe foi dado por Deus. À medida que continuar a estudar a Palavra de Deus, você será continuamente transformado à Sua imagem de glória em glória (ver 2 Coríntios 3:18). Você não precisa ficar encurralado em um comportamento pecaminoso. Você pode vencê-lo por meio do poder de Deus, mas precisa acreditar nas coisas retas que Jesus disse que nos seriam feitas quando crêssemos (ver Mateus 8:13).

Se você continuar acreditando no que a Palavra de Deus diz, seus sentimentos finalmente acompanharão a sua fé.

Todas as mudanças que você deseja não acontecerão da noite para o dia. No entanto, se você estiver disposto a fazer um investimento de tempo, pouco a pouco se abrirá e começará a usar todos os dons que Deus lhe deu através de Jesus Cristo. Talvez não se sinta justo a princípio, mas se você continuar acreditando no que a Palavra de Deus diz, os seus sentimentos finalmente acompanharão a sua fé. A fé alcança a esfera espiritual e crê no que não pode ver e sentir, e espera que isso se manifeste na esfera natural.

Você pode passar a vida como operário ou como herdeiro; a escolha é sua.

Revista-se de justiça pela fé e veja-se vestido com ela, porque quando você fizer isso, sua alegria aumentará. Isaías disse que por estar vestido com as vestes da salvação e coberto com os vestidos da justiça, ele se alegraria (ver Isaías 61:10). Você pode fazer o mesmo, mas é necessário dar um passo de fé. Você pode continuar acreditando que ao esforçar-se o bastante para conseguir ser realmente bom, Deus o aceitará — ou pode decidir crer na Bíblia, que diz que nos tornamos aceitáveis diante de Deus por meio da fé em Jesus Cristo, e não por meio das nossas obras. Você pode passar a vida como um operário ou um herdeiro; a escolha é sua. Pode se esforçar praticamente até à morte tentando conquistar a aprovação de Deus, ou pode herdar a justiça por meio da fé — esta é uma decisão que só você pode tomar. Deus nos oferece isso, mas precisamos receber o que Ele preparou para nós!

Você pode se esforçar praticamente até à morte tentando conquistar a aprovação de Deus, ou pode herdar a justiça por meio da fé.

E se alguém lhe mandasse um presente, mas você nunca o abrisse? Ele lhe traria algum benefício ficando na caixa? É claro que não! Então, por que não começar a descobrir o que Deus lhe deu desembrulhando os Seus presentes agora? Comece com o dom da salvação e depois passe para o dom da justiça por meio da fé em Cristo. O Espírito Santo continuará revelando-lhe a verdade e você poderá abrir, um a um, os maravilhosos presentes de Deus que realmente lhe apresentarão a uma maneira totalmente nova de viver.

Por que não começar a descobrir o que Deus lhe deu desembrulhando os Seus presentes agora?

CAPÍTULO 12

Paixão para Sua Mente

A mente humana é realmente o órgão mais nobre que existe. Ela não se resume apenas ao seu cérebro, mas é muito, muito mais. Fala-se dela como sinônimo do coração. Os pensamentos do homem procedem da mente, e toda sua atitude com relação à vida também. A maneira como posicionamos nossa mente com relação a certas coisas faz a diferença entre o sucesso e o fracasso, a alegria ou a tristeza, a paz ou o caos, a paixão ou a apatia.

A Bíblia fala de "mentalidade", ou da maneira como dispomos nossa mente com relação às coisas. Ela diz, por exemplo, que devemos colocar o pensamento e mantê-lo nas coisas que estão no alto, e não nas coisas desta terra (ver Colossenses 3:2). Os pensamentos do homem recebem um lugar proeminente na Palavra de Deus — de fato, ela diz que assim como o homem pensa, assim será a sua vida (ver Provérbios 23:7). Sempre gostei do ditado: "Onde a mente vai, o homem segue". Esse é um motivo pelo qual os nossos pensamentos a respeito de nós mesmos são tão importantes. Você simplesmente não pode ir além dos seus próprios pensamentos. Eles se tornam uma espécie de tampa sobre a sua vida!

Nossas mentes precisam entrar em acordo com Deus, e isso não acontecerá por acaso. É algo que precisa ser feito voluntariamente e irredutivelmente. Deus tem um plano muito bom para cada uma de nós, mas Ele diz que nossas mentes e atitudes precisam ser transformadas (mudadas) por uma renovação total. (ver Romanos 12:2). Em outras palavras, precisamos aprender a ter pensamentos que ajudem Deus a trazer à existência o Seu plano para as nossas vidas.

Nossas mentes precisam entrar em acordo com Deus.

Muitas pessoas cometem o grave erro de pensar que as coisas boas simplesmente cairão sobre elas, mas isso não é verdade. Somos parceiros de Deus, e como tais precisamos cooperar com Ele. Existem muitas coisas que teremos de fazer voluntariamente. Se ajustarmos nossa mente, ou, como costumamos dizer, se "fizermos nossa cabeça" para fazer alguma coisa, então é provável que prossigamos e tomemos as atitudes correspondentes.

Somos parceiros de Deus, e como tais precisamos cooperar com Ele.

Onde Sua Mente Está Firmada?

A Bíblia nos ensina em Romanos 8:5-6 que se pusermos o nosso pensamento nas coisas da carne, seremos controlados pela carne e seus desejos e paixões. Entretanto, se colocarmos o nosso pensamento nas coisas do Espírito, seremos controlados pelo Espírito. Muitas pessoas não entendem que aquilo onde colocamos nossa mente é o que estamos buscando na vida. Para onde sua mente tem estado voltada ultimamente?

Você se decidiu a buscar o propósito de Deus com entusiasmo, ou está buscando o seu próprio plano e esperando que Deus o abençoe? Às vezes, a melhor coisa que podemos fazer é jogar fora os nossos próprios planos e dizer: "Deus, seja feita a Tua vontade em minha vida". Quando fazemos isso, descobrimos um novo entusiasmo, um entusiasmo que é livre e pleno e que não é impedido pelos nossos próprios desejos.

Você se decidiu a buscar o propósito de Deus com entusiasmo?

O apóstolo Paulo disse que quando era menino, ele pensava, falava e raciocinava como menino, mas que depois que se tornou homem, ele deixou de lado as coisas de menino (ver 1 Coríntios 13:11). Em que coisas as crianças pensam? Em sua maioria, elas pensam em si mesmas, no que desejam e em como conseguir isso, como a garotinha de sete anos que ganhou dois dólares por seu trabalho com a memória na Escola Dominical e anunciou orgulhosamente para a mulher do pastor que os havia colocado na caixa de ofertas da igreja naquela manhã.

"Puxa, que maravilha!", exclamou a esposa do pastor. "Tenho certeza de que Deus ficou muito satisfeito".

"Sim", respondeu a criança, "e talvez agora Deus me deixe fazer algumas coisas que quero fazer!".

Quando eu tinha quarenta anos, ainda estava fazendo isso e posso lhe garantir que Deus não estava satisfeito. Eu também não estava desfrutando o bom plano que Ele tinha para mim.

Pensar em si mesmo em primeiro lugar é imaturidade.

Paulo disse aos membros da igreja de Corinto que não fossem imaturos no seu modo de pensar. Pensar em si mesmo em primeiro lugar é imaturidade. Ter pensamentos negativos, críticos, julgadores, ciumentos, invejosos e gananciosos é imaturidade. Este não é o tipo de pensamento que Deus espera da Sua família. Você já descobriu que alguém da sua família estava pensando algo terrível e disse: "Como você pôde pensar isto?".

É realmente impressionante o que nossos próprios pensamentos podem nos fazer.

Não faz muito tempo descobri que uma funcionária de confiança e muito valorizada estava imaginando que eu estava pensando todo tipo de coisas sobre ela, e eu absolutamente não estava pensando essas coisas. Lembro-me de ter dito a ela: "Como você pôde imaginar que eu pensaria isto?". Os pensamentos dela sobre os meus pensamentos estavam roubando sua paz e alegria, e eles não se baseavam em nada além de sua imaginação. Na verdade, os meus pensamentos para com ela eram de apreciação, eram bons e positivos. É realmente impressionante o que nossos próprios pensamentos podem nos fazer. Eles passam a ser a casa onde vivemos. Minha funcionária estava pensando coisas que eram totalmente inverídicas, e essas coisas a estavam deixando infeliz. Seus pensamentos haviam se tornado a sua realidade.

Você Está Pronto para Assumir o Controle dos Seus Pensamentos?

Você simplesmente pensa sobre tudo que lhe vem à mente? Devemos sempre escolher os nossos pensamentos com cuidado, pois eles são aquilo que nos tornamos e podem determinar o rumo de nossas vidas. Não vivemos sem oposição. Nosso inimigo é o diabo, um mentiroso e enganador que tenta constantemente injetar pensamentos errados em nossas mentes, esperando que os aceitemos como verdade. Se aceitarmos o engano do diabo como verdade, permitimos que ele vença e entregaremos a ele as chaves do nosso futuro. Muitas pessoas vivem suas vidas em uma fantasia enganosa que o diabo plantou em suas mentes. Até que aprendamos a Palavra de Deus, que é a Verdade, não temos esperança de sermos capazes de reconhecer suas mentiras. Se o diabo permanecer sem ser detectado, poderá destruir nossas vidas e poderemos perder totalmente o propósito de Deus.

Muitas pessoas vivem suas vidas em uma fantasia enganosa.

Eis uma situação que poderá ajudá-lo a entender melhor o que estou dizendo.

Sara sempre foi um pouco tímida e envergonhada. Como a maioria das crianças, Sara se deparou com outras crianças que eram cruéis com ela e diziam muitas coisas que a faziam sentir-se mal consigo mesma. Além disso, os pais de Sara pareciam favorecer sua irmã, Julie, mais que a ela e tinham o mau hábito de comparar as duas. Julie era ousada e confiante e seus pais diziam coisas para Sara do tipo: "Por que você não pode ser como sua irmã?".

Tirando vantagem da situação que já estava em andamento, o diabo plantou imaginações e pensamentos errados na mente de Sara. Ele disse a Sara que ela não tinha valor algum e que algo devia estar errado com ela, já que ela parecia não conseguir fazer o que as pessoas esperavam dela. Ele disse a Sara que ninguém gostava dela, o que só aumentou sua timidez e vergonha. Ela se recolhia ainda mais e se isolava, só se misturando às pessoas quando necessário.

Sara teve uma infância e adolescência muito solitária e infeliz. Quando entrou nos anos da juventude, seus temores acerca de si mesma apenas se aprofundaram. Ela teve uma professora que tinha prazer em corrigi-la na frente dos outros alunos, o que a constrangia e fazia com que ela se sentisse terrivelmente envergonhada. Ela estava cerca de dez quilos acima do peso, e isso também fazia com que ela se sentisse mal consigo mesma. Sua mãe costumava dar indiretas dizendo que ela precisava perder peso e ser magra como sua irmã.

Até as pessoas que poderiam querer ser amigas de Sara não se aventuravam a fazer isso, pois não entendiam sua personalidade e achavam que Sara não gostava delas. É impressionante a frequência com que as pessoas que não gostam de si mesmas são rejeitadas pelos outros. Aprendi que se não gostamos de nós mesmos, nos comportamos de um jeito que faz com que as outras pessoas pensem que não gostamos delas.

Sara terminou seus estudos, conseguiu um emprego, e continuou com sua vida solitária. Ela não era feliz. Era solteira, não tinha planos, e se sentia encurralada em um emprego que detestava, mas não tinha coragem de deixar. Aos trinta e sete anos, Sara foi convidada por uma colega de trabalho para participar de um grupo de estudo bíblico. Àquela altura da vida, era tão infeliz que estava pronta a tentar qualquer coisa. O estudo bíblico era sobre meu livro *Campo de Batalha da Mente*. Os participantes estavam estudando o livro juntos e usando o guia de estudos, respondendo às perguntas e discutindo sobre o assunto.

Sara começou a perceber que era prisioneira de seus próprios pensamentos, e que embora algumas pessoas a tivessem rejeitado ao longo de sua vida, isso não significava que ela não tinha valor ou dignidade. Ela estava ouvindo a Palavra de Deus pela primeira vez em sua vida, e ficou impressionada com as coisas que estava aprendendo.

Ela recebeu Jesus Cristo como seu Salvador e continuou a estudar. Gradualmente, Sara começou a perceber mudanças em sua vida e em sua atitude, simplesmente porque a Palavra de Deus a estava ajudando a renovar sua mente. Ela estava aprendendo que tinha opções sobre sua maneira de pensar. Ela começou a reconhecer as mentiras do diabo e a resistir a elas, e quando os pensamentos errados sobre si mesma vinham à sua mente, ela os rejeitava e os substituía por algo elevado que havia aprendido com a Bíblia.

Quando Sara estava com trinta e nove anos, ela ficou noiva de um jovem maravilhoso. Ela perdoou sua mãe por ser crítica com ela e elas começaram a desenvolver um relacionamento saudável, no qual Sara era capaz de confrontar sua mãe de forma amorosa sempre que esta a criticava injustamente. Sara também encontrou coragem para deixar o emprego que detestava e buscar seu verdadeiro sonho de se tornar enfermeira.

Caso Sara não tivesse aprendido a pensar corretamente, teria continuado com seu estilo de vida miserável, embora Deus a amasse muito e tivesse um plano para ela. Entristece-me terrivelmente perceber quantas pessoas preciosas existem no mundo que foram enganadas pelo diabo e perdem a oportunidade de cumprir seu verdadeiro propósito na vida.

Escolha com determinação em que você vai pensar.

Creio que é hora de você assumir o controle dos seus pensamentos. Você precisa pensar no que quer pensar, e não apenas no que lhe vier à mente. Não receba passivamente as mentiras do diabo, mas escolha com determinação em que coisas irá pensar.

Paz de Espírito

A vontade de Deus para você é paz de espírito, porque isso faz parte da vida do Reino. Eu já era uma mulher de meia idade quando descobri o que significava ter paz de espírito. Cresci em uma atmosfera tumultuada. Todos em nossa casa estavam angustiados com alguma coisa na maior parte do tempo, de modo que a preocupação era o meu estado normal. Já que isso era tudo que eu conhecia, não percebia que havia outra maneira de se viver.

Depois que Dave e eu nos casamos em 1967, vi uma grande diferença na maneira como lidávamos com a vida diária ou com as situações desafiadoras que surgiam em nosso caminho. Dave continuava em paz; ele não se preocupava nem ficava ansioso; ele continuava sendo positivo e desfrutando sua vida. Enquanto isso, eu me preocupava e era infeliz o bastante por nós dois! Eu sempre queria que ele "fizesse alguma coisa" com relação aos nossos problemas, mas ele me dizia que já havia feito o que Deus exigia que ele fizesse. Ele me dizia que havia orado e feito o que podia, mas que não se sentia responsável por fazer o que só Deus podia fazer. Ele confiava que Deus cuidaria da situação, mas para mim isso soava como uma irresponsabilidade total porque eu estava acostumada a cuidar de mim mesma e de todos os outros. Eu nunca havia tido ninguém que realmente cuidasse de mim, e embora fosse cristã e frequentasse a igreja regularmente, não sabia nada sobre confiar em Deus ou em Dave. Eu orava e depois me preocupava! Orava e depois procurava as minhas próprias soluções! Não podia me acalmar até que achasse que havia conseguido descobrir como cuidar da situação.

Embora fosse cristã e frequentasse a igreja regularmente, eu não sabia nada sobre confiar em Deus.

Depois de muitos anos vivendo a vida em uma montanha russa, estando para cima quando as circunstâncias eram boas e para baixo quando não eram, eu finalmente estava pronta para mudar. Creio que às vezes gostaríamos de mudar, mas não desejamos isso o bastante para fazer o que precisa ser feito. Então continuamos andando em círculos em volta das mesmas montanhas, e na verdade não há nada que Deus possa fazer para nos ajudar até que estejamos prontos para receber as soluções Dele e para obedecer às Suas ordens sobre como fazer as coisas.

Não há nada que Deus possa fazer para nos ajudar até que estejamos prontos para receber as soluções Dele e para obedecer às Suas ordens.

Ele nos diz para não ficarmos ansiosos ou preocupados com nada, mas para continuarmos a levar nossos pedidos a Ele em tudo pela oração e pelas petições com ações de graças, e a paz que excede todo entendimento será nossa (ver Filipenses 4:6-7). Eu queria a paz, mas não estava disposta a abrir mão da preocupação. A verdade era que eu confiava mais em mim do que em Deus, e até que chegasse ao fim de mim mesma, Deus não poderia me ajudar. Ele só pode ajudar aqueles que estão totalmente dependentes Dele e que obedecem às Suas ordens. Eu achava que a preocupação era uma opção, mas agora entendo que é um pecado. Deus nos diz para não nos preocuparmos ou ficarmos angustiados, e qualquer coisa que Ele nos diga para fazer ou não fazer é pecado se não obedecermos a Ele. Tudo que não procede de fé é pecado (ver Romanos 14:23).

Deus nos diz para não nos preocuparmos ou ficarmos angustiados.

Jesus nos deixou com algumas palavras de despedida que certamente transmitem o Seu propósito para nós. Imediatamente antes de entrar no Seu período de sofrimento no Getsêmani e ir para a cruz para morrer pelos nossos pecados, Ele disse:

> "Deixo-lhes a paz; a minha paz lhes dou. Não a dou como o mundo a dá. Não se perturbe o seu coração, nem tenham medo".
>
> — JOÃO 14:27 (AMP)

Li este versículo muitas vezes e pensei: *Bem, se Tu me deixaste a paz, então por que não a tenho?* Eu ainda tinha a mentalidade errada de que seja qual for a vontade de Deus, ela simplesmente acontecerá, mas isso não é verdade. Precisamos fazer a nossa parte e Deus fará a parte Dele. Você pode ter a receita de caçarola mais fácil do mundo, mas se não a colocar no forno, ela jamais assará. O mesmo acontece com o nosso relacionamento com Deus; Ele não fará a nossa parte e nós não podemos fazer a parte Dele. Quando entendemos isso e decidimos ser crentes responsáveis, as coisas começam a mudar rapidamente.

Deus tornou a paz disponível a nós através de Jesus Cristo. Ele fez a parte Dele. Agora, nossa parte é parar de nos permitir ficarmos angustiados, temerosos, preocupados, ansiosos e perturbados. Você pode estar pensando o que pensei a princípio: *Não consigo impedir... eu simplesmente fico angustiada!* Mas a verdade é que podemos aprender uma maneira diferente de reagir aos desafios da vida. A verdade é que podemos controlar as nossas emoções, se optarmos por fazer isso. A verdade é que esta é uma nova maneira de viver, e é o que Deus quer para nós.

Agora, nossa parte é parar de nos permitir ficarmos angustiados, temerosos, preocupados, ansiosos e perturbados.

A Capacidade de Concentração

Vivemos na era da informação, na qual literalmente milhares de milhares de imagens chegam até nós diariamente. Somos bombardeados com uma sobrecarga de informações. Você sabia que uma única edição do *New York Times* de hoje contém mais informação do que um cidadão britânico do século XVII receberia em toda sua vida? E a tecnologia que hoje temos ao alcance da ponta dos dedos não está nos economizando tempo — na verdade está nos custando mais tempo! A quantidade de tempo de lazer desfrutado pelo cidadão norte-americano comum diminuiu 37% desde 1973. Todas essas invenções, como telefones celulares, laptops, assistentes digitais pessoais e o Blackberry, as quais temos tanto orgulho em possuir, exigem tempo para aprender e para manter. Estima-se que o cidadão comum precisa aprender a operar vinte mil equipamentos diferentes. [1] Esta manhã, passei cerca de uma hora em meu computador respondendo a emails, o que é uma conveniência boa, mas cerca de quarenta minutos desse tempo foram gastos tentando fazer o equipamento funcionar direito. Meus emails não estavam fazendo o download da forma correta, então tive de desligar tudo e reiniciar o computador. Então, tive de lidar com um aviso de vírus e com um email que não conseguia abrir por causa de um bloqueio especial.

Deus quer que mantenhamos nossa mente no que estamos fazendo.

É triste dizer, mas não é de admirar que a maioria das pessoas tenha perdido a capacidade de se concentrar em qualquer coisa por um período muito longo. Estamos fazendo malabarismo com tantas coisas, que quando temos um instante para nos concentrar, ele costuma se perder porque ainda estamos tentando nos recuperar do ritmo frenético que vínhamos mantendo. Deus quer que mantenhamos nossa mente no que estamos fazendo, porque à medida que concentramos nossos poderes em uma área, somos mais criativos e o trabalho é feito de melhor forma.

Nossas vidas são fragmentadas porque nossas mentes continuam fragmentadas.

Nossas vidas são fragmentadas porque nossas mentes continuam fragmentadas. Pegamos hábitos e pedaços de coisas e terminamos nos sentindo confusos porque temos dificuldade em nos concentrarmos. Ao longo dos anos, Deus me desafiou diversas vezes a praticar uma coisa de cada vez e a manter minha mente naquilo de forma deliberada. Quando temos uma agenda superlotada — o que acontece com a maioria das pessoas nos dias de hoje — é um desafio não pensar em todas as coisas que precisamos fazer enquanto estamos fazendo o que temos de fazer naquele instante.

Por exemplo, descobri que se eu fizer uma refeição enquanto minha mente está preocupada com assuntos de negócios, durante a metade do tempo lembro-me apenas vagamente de ter comido. Sei que comi, mas na verdade não desfrutei aquilo porque minha mente estava em muitas outras coisas.

Creio que esta poderia ser uma das razões pelas quais tantas pessoas comem demais. Se não apreciamos o ato de comer enquanto fazemos isso, ou se mal nos lembrarmos de tê-lo feito, talvez ainda estejamos procurando uma satisfação emocional que perdemos por causa das multitarefas. Estou convencida de que não é realmente possível desfrutar a vida completamente se não aprendermos a desacelerar e a nos concentrarmos no que estamos fazendo. Do contrário, a vida passa como um borrão. Sabemos que estamos ocupados, mas parecemos obter pouca satisfação com nossas atividades.

eu desafio você

Desacelere e Use Sua Mente Adequadamente

1. Esteja determinado a prestar atenção às coisas que o cercam, como as flores, as árvores, uma criança brincando, ou sua família que o ama.
2. Comprometa-se a ler algo que não se relacione a trabalho pelo menos por trinta minutos por dia.
3. Levante-se vinte minutos mais cedo do que de costume e passe esse tempo com Deus. Peça a Ele para lhe mostrar como deseja que você use o seu tempo naquele dia.

Sua Imaginação

A Bíblia diz em Gênesis que Deus confundiu a linguagem do povo porque eles chegaram ao ponto em que nada que imaginassem seria impossível para eles. O poder da concentração e da imaginação é maior do que calculamos.

Quando você está pedindo a Deus para fazer algo em sua vida, você vê no seu coração o que está pedindo, ou permite que os pensamentos e imagens de medo dominem sua mente? Não podemos controlar nossas vidas com nossos pensamentos, mas precisamos cooperar com Deus tendo mentes cheias de fé e vendo o que esperamos ter, não meramente o que sempre tivemos. Como a Bíblia diz:

> "Ora, a fé é a certeza daquilo que esperamos e a prova das coisas que não vemos".
>
> — HEBREUS 11:1

Você pode fechar os olhos e ver um desastre ou pode optar por ver vitória.

Você pode fechar os olhos e ver um desastre ou pode optar por ver vitória. A imaginação é uma coisa maravilhosa que Deus nos deu e não devemos entregá-la ao diabo para que ele a use como seu depósito de lixo.

Ouvi uma história interessante sobre um homem que gostava de jogar golfe, mas era um jogador mediano que tinha o sonho de melhorar seu modo de jogar. Uma guerra estourou e ele foi para o exército. Durante uma batalha, foi capturado e passou vários anos em um campo de prisioneiros. Sua cela parecia uma gaiola e era tão pequena que ele nem podia ficar de pé dentro dela. Durante a maior parte dos sete anos, ele não fez nenhuma atividade física e não falou com ninguém. É claro que sua mente vagava em todas as direções, e imagino que muitos de seus pensamentos fossem negativos e de medo. Ele provavelmente poderia criar imagens mentais muito ameaçadoras se pensasse em todas as coisas que poderiam ocorrer em um campo de prisioneiros.

Ele entendeu que tinha de encontrar alguma coisa para fazer com sua mente para impedi-lo de enlouquecer, então começou a jogar golfe em sua mente. Ele via o campo, via a si mesmo dando cada tacada, e, é claro, tudo que ele se via fazendo estava sendo muito bem feito. Dia após dia ele jogava dezoito partidas de golfe. Ele investia cerca de quatro horas por dia nisso, e quando saiu da prisão, embora não tivesse tocado em um taco de golfe em sete anos e seu estado físico tivesse se deteriorado, ele fez setenta e quatro pontos, que representavam vinte tacadas a menos do que havia feito anteriormente. Impressionante! O jogo de golfe dele melhorou porque ele se viu jogando bem, por vezes seguidas.

Deus quer que vejamos coisas boas acontecendo conosco.

O diabo adora que fiquemos imaginando desastre, fracasso, rejeição, doença, problemas financeiros, solidão, e todo tipo de outras coisas negativas. Seja ousado! Comece a ver o que você acredita que Deus quer que você faça e tenha. Esta é uma maneira pela qual você pode liberar sua fé em vez dos seus medos.

Seja Positivo

Deus quer que sejamos positivos. Não há nada negativo em Deus, e se quisermos andar com Ele e ter o Seu plano manifesto em nossas vidas, também temos de nos recusar a sermos negativos.

Em seu livro intitulado *Failing Forward* (Fracasso Previsto), John C. Maxwell mostra o círculo vicioso que se estabelece em nossas vidas quando cedemos ao medo do fracasso, que inclui medo, inatividade, inexperiência e incapacidade. Para quebrar esse círculo de derrota, precisamos nos comprometer com uma ação positiva. Precisamos estar dispostos a nos arriscarmos a fracassar a fim de termos êxito. [2]

Existem duas maneiras pelas quais você pode ver a vida, e sua decisão determina a qualidade dela. Você pode ser o tipo de pessoa cujo copo está sempre meio vazio, ou pode vê-lo como meio cheio e procurar com entusiasmo formas de enchê-lo completamente. Se você acha que sua vida não presta, talvez seja por causa de "pensamentos podres".

O Mundo Inteiro Cheira Mal

Sábios e filósofos ao longo das eras discordaram em muitas coisas, mas muitos estão unanimemente de acordo em um ponto: nós nos tornamos aquilo que pensamos. Ralph Waldo Emerson disse: "Um homem é o que ele pensa o dia inteiro". O imperador romano Marco Aurélio definiu desta forma: "A vida de um homem é o que seus pensamentos fazem dela". Na Bíblia, encontramos: "Assim como o homem pensa em sua mente, assim ele é".

Em uma tarde de domingo, um avô ranzinza estava visitando sua família. Quando ele se deitou para tirar um cochilo, seu neto decidiu se divertir um pouco colocando queijo provolone no bigode do avô. Logo, o vovô despertou com um ronco e saiu do quarto dizendo: "Este quarto está cheirando mal". Andou por toda a casa, e viu que todos os cômodos tinham o mesmo cheiro. Saiu desesperado, e descobriu que "o mundo inteiro cheira mal!".

O mesmo acontece quando enchemos nossa mente de negatividade. Tudo que experimentamos e todos que encontramos terão o aroma que temos em nossas mentes. [3]

Quando estivermos pensando deliberadamente de uma maneira positiva e vivendo assim, nossas vidas poderão mudar para melhor.

Quando estivermos pensando deliberadamente de uma maneira positiva e vivendo assim, nossas vidas poderão mudar para melhor. Nossa energia física aumentará e nossa atitude geral permanecerá sendo mais positiva.

Você Gostaria que as Circunstâncias Mudassem?

Você está esperando que as circunstâncias mudem, acreditando que então poderá ter paz? Você fica frustrado porque parece que a vida apresenta um desafio atrás do outro? Se sua resposta a essas duas perguntas é sim, então você é como a maioria das pessoas. Levei anos para entender que Deus queria que *eu* mudasse mais do que Ele queria mudar as minhas circunstâncias.

Se Deus tornar nossa vida perfeita e nunca tivermos de enfrentar os desafios da vida, não precisaremos ter fé.

Se Deus tornar nossa vida perfeita e nunca tivermos de enfrentar os desafios da vida, não precisaremos ter fé. Ele deseja que nos elevemos acima das tempestades da vida e aprendamos a voar com as águias, que aprendem a usar as tempestades para erguê-las a novos níveis. Jesus tinha provações, mas Ele permaneceu estável e cheio de paz. Quando Ele e Seus discípulos estavam no barco atravessando para o outro lado do lago e uma terrível tempestade da proporção de um furacão se levantou, Jesus dormia e Seus discípulos estavam agitados, preocupados e ansiosos. O apóstolo Paulo encontrou muitas provações que foram extremamente graves, mas permaneceu estável e disse que devemos nos alegrar no Senhor e nos regozijar sem cessar.

Jesus disse que durante as tribulações devemos nos animar (ver João 16:33). Isso tudo parece o contrário de tudo que aprendemos a fazer no mundo — pelo menos era assim que parecia a meu ver. Não me preocupar quando tenho um problema — que tipo de bobagem é essa? Lançar os meus cuidados? Bem, se eu fizer isso, quem vai resolver o meu problema?

Eu só queria paz, e queria que as circunstâncias mudassem para que eu pudesse ter essa paz, mas, como disse, Deus queria que eu mudasse mais do que as minhas circunstâncias. Finalmente, aceitei o desafio de permanecer calma. Sou o tipo de pessoa que gosta de desafios, então decidi que seria o meu alvo permanecer calma em todas as situações. Como isso não aconteceria naturalmente comigo como acontecia com meu marido, eu sabia que estava prestes a ter uma tremenda batalha, mas gradualmente comecei a criar novos hábitos.

Crie o Hábito da Paz

Criei um hábito muito ruim de reagir às provações ficando angustiada. Essa era a minha primeira e única reação. Se eu tinha um problema, ficava angustiada! Se tivesse uma necessidade à qual não pudesse atender, ficava preocupada! Esta era eu, era isso que eu fazia, e todos que se relacionavam comigo sabiam disso. Dave sempre sabia exatamente como eu reagiria antes mesmo que reagisse. Se ele tivesse de me dizer que precisávamos de pneus novos para o carro, sabia que eu ficaria angustiada a partir do momento em que ele falasse comigo. Por quê? Porque eu tinha outros planos para aquele dinheiro e agora teria de calcular como conseguiríamos o dinheiro para os pneus, além das outras coisas. Agora eu teria outro problema para resolver. Meu marido era um homem pacífico que aprendeu cedo na vida a confiar em Deus, e ficava muito cansado com minhas reações negativas e meu distúrbio emocional. Ele sabia que minha reação não estava mudando nada para melhor, mas minha negatividade e minhas reações angustiadas estavam roubando a alegria da nossa família, roubando a minha saúde, e impedindo que Deus trouxesse as respostas.

Tínhamos uma pequena conta bancária (muito pequena) e todas as vezes que precisávamos tirar algum dinheiro dela, eu ficava irritada. Eu queria depender daquele dinheiro no banco! Lembro-me de Dave me dizer que Deus não podia se mover em minha vida até que aquele dinheiro acabasse porque eu estava dependendo dele em vez de depender de Deus. Alguns de nós somos tão teimosos que não confiamos em Deus até que não tenhamos outra escolha. A conta bancária finalmente definhou e, com certeza, aprendi a confiar em Deus. À medida que o vi ser fiel por vezes sem fim, confiar se tornou mais fácil.

Alguns de nós somos tão teimosos que não confiamos em Deus até que não tenhamos outra escolha.

Logo comecei a criar novos hábitos, principalmente sobre como reagia às provações, tribulações e decepções. Exercitei-me para permanecer calma e às vezes tinha até mesmo de sair de uma sala e ir para outra, respirar fundo algumas vezes, orar um pouco, e depois voltar para lidar com a situação, mas eu estava decidida a não viver minha vida no caos. Comecei a buscar a paz e a não esperar que ela caísse sobre mim simplesmente.

O apóstolo Paulo disse que devemos ter o hábito de mortificar as obras malignas estimuladas pelo corpo.

> "Pois se vocês viverem de acordo com a carne, morrerão; mas, se pelo Espírito fizerem morrer os atos do corpo, viverão".
>
> — ROMANOS 8:13

Mortificar as obras malignas estimuladas pelo corpo significa simplesmente abraçar e manter o domínio próprio. Significa que dizemos sim a Deus e não à carne. A minha carne (emoções) queria ficar irritada quando as coisas não aconteciam do meu jeito, mas eu dizia não, e finalmente minhas emoções tinham de se acalmar. Eu não estava mais disposta a permitir que minha mente e minhas emoções me controlassem.

Hoje, tenho o hábito da paz. Ele foi desenvolvido ao longo dos anos, mas eu o encorajo a não se recusar a investir seu tempo para tornar sua vida melhor. Você não preferiria estar indo em uma direção positiva a continuar seguindo em uma direção negativa? Se você vai dedicar seu tempo a alguma coisa, certifique-se de que seja alguma coisa que gere progresso, e não algo que sempre o deixe no mesmo lugar onde você sempre esteve.

Eu o encorajo a não se recusar a investir seu tempo para tornar sua vida melhor.

Se eu fico angustiada alguma vez? É claro que sim. Todos nós temos emoções e há momentos em que as minhas conseguem vantagem sobre mim, como todo mundo. Recentemente, tive uma semana muito frustrante. Eu havia trabalhado muito e havia acabado de voltar de uma conferência de fim de semana onde falei muito. No dia antes de voltar, as coisas não correram do jeito que eu havia planejado. Queria aproveitar o dia descansando, mas o diabo tinha outros planos e acho que Deus achou que eu precisava passar por um teste. Eu não passei no teste, então creio que terei de passar por ele novamente algum dia.

Durante três dias seguidos, encontrei várias pessoas que não estavam satisfeitas com nada que eu estava dando a elas. Eram membros da família a quem sustento e de quem cuido, ou funcionários que escolheram aquele momento para reclamar. Em todas as situações, sentia que havia me desdobrado para melhorar a vida deles e não conseguia acreditar na maneira como estavam agindo. Fiquei irada, e quando digo que fiquei irada, quero dizer que fiquei realmente irada! Preciso ser sincera e admitir que fiquei irritada como não ficava havia muito tempo. Naquele fim de semana, falei palavras vindas de mim mesma, e creio que durante aqueles três dias em que estive irada, quebrei todas as diretrizes que havia estabelecido através de meus ensinamentos.

Quando me permiti ficar irritada, simplesmente não consegui me acalmar e em vez de melhorar, fiquei pior. Por volta do quarto dia, finalmente me acalmei e consegui perdoar a todos, e a paz foi restaurada. Mas de repente, muito cedo, outra coisa totalmente inesperada aconteceu nos mesmos termos das outras situações e comecei a ficar uma fera — mas então decidi parar e tomei uma decisão ali mesmo. *Não vou ficar irritada! Basta de tudo isso! Vou ficar calma e arrancar o poder do inimigo!*

Permanecer em paz nos momentos difíceis desarma completamente o diabo.

Permanecer em paz nos momentos difíceis desarma completamente o diabo. Ele não sabe o que fazer com alguém que se recusa a ficar irado. Bem, a má notícia é que eu não passei nos três primeiros testes, mas a boa notícia é que finalmente vi o que estava acontecendo e passei no quarto teste! *A paz é poder!*

Quando permanecemos calmos, Deus se move para nos ajudar. Manter a nossa paz mostra que confiamos em Deus, e então Ele derrota o diabo e somos libertos. Deus disse aos israelitas que a batalha não era deles, mas Sua, e creio que esta promessa também é para nós hoje. Deixe que Deus lute as suas batalhas enquanto você permanece descansando, confiando Nele.

Deixe que Deus lute as suas batalhas enquanto você permanece descansando, confiando Nele.

Crie o hábito da paz. Será uma das melhores coisas que você já fez por si mesmo!

Criando Uma Atmosfera Onde Deus Pode Trabalhar

Quando Jesus estava a caminho para curar uma menina enferma, recebeu a notícia de que ela havia morrido. Jesus disse ao pai da menina para não se deixar alarmar, mas simplesmente crer, e ela ficaria bem. Quando chegou à casa da menina morta, Jesus não permitiu que ninguém entrasse com Ele exceto Pedro, Tiago, João e os pais da menina. Quando disse aos outros para não chorarem porque ela não estava morta, mas dormindo, eles riram debochadamente Dele. Apesar da incredulidade deles, Jesus foi em frente com Sua promessa de curar a menina, mas a lição que queremos aprender aqui é por que Ele permitiu que somente determinadas pessoas entrassem no quarto com Ele. Creio que foi porque Jesus precisava estar cercado por fé, e não por dúvida, incredulidade, medo e pessoas chorando. Ele queria uma atmosfera onde pudesse trabalhar.

Pensamentos, palavras e atitudes criam uma atmosfera. Eles podem ser agitados e estressantes, ou podem ser calmos e positivos e até agradáveis. Tenha pensamentos positivos! Lembro-me de quando achava que meus pensamentos não faziam muita diferença. Afinal, eles estavam na minha cabeça e certamente não estavam afetando ninguém a não ser eu mesma. Eu estava errada — e se esta é a sua atitude, você também está.

Os pensamentos operam na esfera espiritual. Você não pode vê-los, assim como não pode ver os anjos, mas eles são reais; simplesmente funcionam em uma esfera que não é visível aos olhos. Os pensamentos se transformam em palavras, atitudes, linguagem corporal, expressões faciais, e humores — e todas estas coisas afetam a atmosfera em que habitamos.

Você não pode ver os pensamentos, assim como não pode ver os anjos, mas eles são reais.

As pessoas que permitimos entrar em nosso círculo interno também afetam nossa atmosfera. As pessoas que encontramos ocasionalmente não nos afetam tanto, mas aquelas com quem passamos muito tempo, sim. Devemos nos certificar de nos cercarmos, tanto quanto possível, de pessoas positivas e cheias de fé. Alguns de vocês poderiam mudar sua vida para melhor apenas escolhendo amigos diferentes.

Lucinda Norman, em um artigo da revista *Lookout*, descreveu uma experiência que teve quando fazia compras de Natal em um shopping movimentado. As pessoas se acotovelavam, empurravam, e cortavam seu caminho o dia inteiro. Depois que uma mulher literalmente tentou arrancar de suas mãos uma toalha de mesa de renda durante uma liquidação especial de 35% de desconto que durava dez minutos, Lucinda teve de puxá-la de volta e finalmente venceu. No entanto, ela ficou com um estado de espírito agressivo e irritado durante o resto da tarde.

Em um restaurante no shopping, ela encontrou algumas amigas e acenou para uma garçonete dizendo: "Preciso de chá quente, agora!". A mulher retrucou rispidamente: "Não sou a sua garçonete. Espere a sua vez".

Raivosamente, Lucinda respondeu: "Senhora, estou esperando a minha vez o dia inteiro, traga-me o chá!". Mas a garçonete a ignorou.

Alguns instantes depois, um jovem sorridente foi até sua mesa e disse: "Sou Rob, o seu garçom". Depois que ele anotou o pedido delas, ela percebeu que Rob parou para ajudar a garçonete grosseira com sua bandeja. Ele cumprimentou os outros clientes e a equipe.

Em meio a dúzias de compradores apressados e funcionários do restaurante, ele agiu com uma atmosfera de calma gentil e sem pressa. Quando o garçom encheu novamente sua xícara de chá, Lucinda percebeu um anel de prata em sua mão direita, feito de letras ligadas. "Você percebeu que o garçom está usando um anel escrito Jesus?".

Daquele momento em diante, a atitude dela mudou. O exemplo desse jovem fez com que ela se lembrasse da paz que Cristo veio trazer. Durante o resto do dia, ela apreciou fazer compras, abriu portas para outras pessoas, e deixou as pessoas passarem na sua frente na fila do caixa — em uma atmosfera de calma.[4]

Deus trabalha em uma atmosfera positiva e não em uma atmosfera negativa. Se temos uma situação negativa, mas uma atitude positiva, isso é um bom exemplo para os outros e abre a porta para Deus trabalhar e mudar a situação negativa transformando-a em uma situação positiva. Mas se temos uma situação negativa e uma atitude negativa para acompanhá-la, geralmente ficamos com as duas, porque Deus trabalha por meio da fé, e não da dúvida e da incredulidade.

O propósito de Deus para nós e para nossa mente é que aprendamos a viver com uma atitude positiva. Independentemente das nossas circunstâncias, nossas mentes nos pertencem e ninguém pode pensar por nós se não permitirmos. Eu o encorajo a ser apaixonado por ser positivo. Uma atitude positiva nos eleva acima das circunstâncias e permite que tenhamos paz em meio à tempestade e que tenhamos alegria onde não existem motivos visíveis para nos alegrar.

Nossas mentes nos pertencem e ninguém pode pensar por nós.

Você já deve ter ouvido o ditado, "A atitude determina a altitude", e ele realmente é verdadeiro. Uma pessoa que tem uma atitude positiva e quase nenhuma vantagem física irá mais longe do que alguém que tem muitas vantagens e uma atitude negativa. Independentemente do quanto alguém seja qualificado para um emprego, recuso-me a trabalhar com pessoas negativas. Elas matam a criatividade e colocam um amortecedor no entusiasmo.

Florescemos em uma atmosfera positiva, assim como as flores.

Florescemos em uma atmosfera positiva, assim como as flores florescem com a quantidade adequada de sol e chuva. Cresci em um lar negativo e isso me transformou em uma pessoa negativa, o que fez com que eu tivesse uma vida negativa. Uma das coisas que aprendi durante minha jornada com Deus é que não há nada de negativo Nele. Deus é sempre positivo, e se quisermos andar com Ele, teremos de ser positivos também.

Deus pode transformar erros e problemas em milagres.

Deus pode transformar erros e problemas em milagres quando temos uma atitude positiva e cremos que com Ele tudo é possível.

O Poder da Esperança

Há um antigo desenho animado do Charlie Brown que retrata Lucy e Linus sentados diante da televisão. Lucy diz a Linus: "Vá pegar um copo d'água para mim". Linus, parecendo surpreso, pergunta: "Por que eu faria alguma coisa para você? Você nunca faz nada para mim". "No seu aniversário de 75 anos", Lucy promete, "farei um bolo para você". Linus se levanta, vai até à cozinha, e diz: "A vida é mais agradável quando temos algo para esperar".

A esperança é a expectativa confiante do bem, e todos nós devemos viver com esperança. Abraão esperou contra a esperança. Ele esperou quando não havia motivos físicos para ter esperança. Olhar para as circunstâncias nem sempre lhe dará motivos para ter esperança. Você precisa olhar além delas, para a Palavra de Deus, e se lembrar do que Ele fez por você e por outros que você conheceu no passado.

De acordo com a Bíblia, a esperança nunca nos decepciona (ver Romanos 5:5). Isto permite que sejamos cheios de alegria, agora! Não temos de esperar que as circunstâncias mudem porque, desde que nossos pensamentos sejam cheios de esperança, teremos alegria em nosso coração, o que nos fortalece e nos ajuda a viver com entusiasmo.

Você tem a capacidade de tornar sua vida melhor optando por ter pensamentos melhores.

Você tem a capacidade de tornar sua vida melhor optando por ter pensamentos melhores. E independentemente do quanto sua vida seja boa, você jamais a apreciará se tiver pensamentos negativos e amargos. Algumas pessoas acham algo de errado em tudo. Tudo que é necessário para vermos uma mudança positiva é uma decisão.

Se você teve muitas decepções na vida, cuidado para não começar a esperar mais decepções. Às vezes achamos que estamos nos protegendo da decepção se não esperarmos que nada de bom aconteça. Na verdade, porém, tudo que isso faz é abrir a porta para o diabo continuar nos atormentando e fechar a porta para Deus transformar as coisas em nossas vidas.

Sua vida pode fazer a diferença. Você pode deixar um legado!

Crie uma atmosfera na qual Deus possa trabalhar. Ele quer ajudar você, Ele quer levantá-lo e tornar sua vida significativa! Deus quer curar você e usá-lo para trazer cura e restauração à vida de outras pessoas que estão sofrendo. Isso não lhe parece empolgante? Sua vida pode fazer a diferença. Você pode deixar um legado!

Promessas ou Problemas?

Você já passou algum tempo pensando sobre o que anda pensando?

Se meditar nas promessas de Deus em vez de meditar nos seus problemas, você terá uma colheita de justiça, paz e alegria. Nossas mentes são como o solo de um jardim, e as sementes que plantamos nelas produzirão uma colheita em nossas vidas. Se você não gostou da colheita, pergunte a si mesmo em que andou pensando. Você já passou algum tempo pensando sobre o que anda pensando? Se não, experimente. É algo bom de se fazer, porque você pode localizar a raiz de alguns dos seus problemas.

Todos os dias, devemos escolher a atitude com a qual enfrentaremos o dia. Podemos pensar em tudo de errado ou podemos encontrar alguma coisa certa. As coisas ruins geralmente parecem nos encontrar, mas talvez tenhamos de procurar as coisas boas. Temos o péssimo hábito de sermos críticos, e costumamos nos esquecer das coisas boas que cada dia nos traz.

Costumamos nos esquecer das coisas boas que cada dia nos traz.

Passe algum tempo à noite revendo o seu dia. Faça isso devagar e reflita sobre cada acontecimento. Você pôde andar quando saiu da cama esta manhã? Se isso aconteceu, é uma coisa positiva e provavelmente algo que você simplesmente considerou como garantido, já que fez isso por tantos anos. Você teve alguém a quem dizer bom dia? Há milhões de pessoas no mundo que não têm isso. Você teve algo para comer? A sua despensa e a sua geladeira estavam cheias com muitas opções de alimentos, e talvez você tenha ficado confuso tentando decidir o que escolher? Há milhões de pessoas no mundo que não vão comer nada hoje porque acordaram para o nada. Você ficou diante do armário e passou muito tempo tentando decidir qual das suas muitas roupas você usaria para trabalhar? À medida que rever seu dia, espero que você se lembre de algumas das partes boas dele: o sorriso de sua mãe idosa, o riso de seu filho, a pessoa que deixou você passar na frente dela no supermercado, ou o elogio que seu cônjuge lhe fez. E quanto àquela vaga na primeira fila do estacionamento que você conseguiu no shopping quando chovia?

Todas essas coisas são apenas "pequenas coisas", ou são as coisas reais das quais a vida é feita? Creio que a resposta certa é a última.

Vamos desenvolver uma atitude de gratidão.

Não devemos fazer um alarde de pequenas inconveniências ou decepções, mas devemos fazer um alarde das nossas bênçãos, principalmente nos nossos pensamentos. Vamos desenvolver uma atitude de gratidão e isto glorificará a Deus e nos dará uma qualidade de vida melhor. Descobri, juntamente com milhões de outras pessoas que decidiram ser gratas, que há muitas coisas em nossas vidas pelas quais devemos ser gratos, se apenas procurarmos por elas. Começar e terminar cada dia com ações de graças é algo bom. Ser grato de uma maneira geral é bom, mas creio que expressar a gratidão por coisas específicas é ainda melhor.

Aquilo em que meditamos é o que se torna grande para nós. Se meditarmos ou focarmos nos nossos problemas, eles parecerão maiores do que são. Mas se pusermos o foco nas coisas boas, mesmo que só consigamos pensar em poucas delas, essas são as coisas que nos parecerão grandes.

Se pusermos o foco nas coisas boas, mesmo que só consigamos pensar em poucas delas, essas são as coisas que nos parecerão grandes.

A Responsabilidade da Livre Escolha

Deus nos deu a responsabilidade da escolha. A escolha é uma liberdade, mas ela também é uma responsabilidade, e não tenho certeza se todos entendem isso. As pessoas costumam dizer que são livres para escolher, mas isso também significa que elas são responsáveis pelo resultado de suas escolhas.

Por exemplo, uma pessoa pode escolher ter um relacionamento sexual fora do casamento, mas se engravidar, não quer ter a responsabilidade de criar uma criança. Ela quer exercer o seu direito de fazer um aborto, mas então terá a responsabilidade de saber que pôs fim a uma vida humana, o que, segundo alguns dizem, irá assombrá-la pelo resto de sua vida. Isto não significa que uma pessoa não pode receber perdão, nem significa que ela nunca superará o resultado de suas más escolhas. Mas significa que devemos pensar seriamente sobre as nossas escolhas e entender que a liberdade vem com responsabilidade. Devemos pensar por muito tempo e seriamente antes de fazer algumas escolhas.

Devemos pensar por muito tempo e seriamente antes de fazer algumas escolhas.

Temos desfrutado a liberdade nos Estados Unidos, mas ela vem com responsabilidade. Muitas pessoas não abraçaram sua responsabilidade, e por isso estamos começando a perder algumas de nossas liberdades. É triste quando perdemos o direito de orar nas escolas ou de termos os Dez Mandamentos nos prédios públicos. Sim, estas são liberdades que perdemos porque não nos levantamos de forma responsável e nos manifestamos contra aqueles que agressivamente nos roubaram essas liberdades. Os Estados Unidos foram fundados como uma nação cristã e nossos antepassados nunca pretenderam que ele fosse outra coisa. Eles pagaram um alto preço para que tivéssemos as liberdades de que desfrutamos hoje; no entanto, se não formos responsáveis para orar, votar e nos manifestarmos contra a injustiça na terra, só podemos esperar perder cada vez mais. O silêncio é uma forma de acordo silencioso! Levante-se e faça a diferença!

O silêncio é uma forma de acordo silencioso! Levante-se e faça a diferença!

Do mesmo modo, devemos entender que somos livres para pensar o que quisermos pensar, porque a nossa opinião é nossa e ninguém pode nos impedir de tê-la. Entretanto, também arcaremos com a responsabilidade das escolhas que fazemos. Eu o encorajo a ter bons pensamentos. Pense em coisas que estão de acordo com o plano de Deus. Afinal, há séculos tem sido provado que os caminhos Dele são realmente os melhores!

eu desafio você

Seja Positivo!

Mantenha um diário ou uma lista atualizada das coisas que você pode olhar de um ponto de vista positivo. Comece com sua família ou seu cônjuge. Enumere as qualidades específicas que você ama. Depois passe para as circunstâncias atuais com seus amigos, vizinhos, sua casa, seu trabalho — qualquer coisa. Peça a Deus para ajudá-lo a encontrar o que há de positivo em cada dia.

As Pessoas Podem Sentir os Seus Pensamentos?

Creio que as pessoas podem sentir os pensamentos que temos sobre elas. Esta ideia se desenvolveu a partir de algo que aconteceu comigo pessoalmente. Um dia, há muitos anos, estava com minha filha adolescente, que havia tido sérios problemas de acne no rosto e naquele dia em especial também tinha problemas com o cabelo. De uma maneira geral, ela não estava no melhor dos seus dias no que se refere à aparência. Durante o dia, eu ficava pensando em como a aparência dela estava ruim, e à medida que o dia foi passando, percebi que ela parecia deprimida. Perguntei se ela estava bem. Ela olhou para mim com tristeza e disse: "Eu me sinto a pessoa mais feia do mundo!" Imediatamente, o Espírito Santo falou ao meu coração e disse: "Ela pode sentir os seus pensamentos". Uau! Que lição para se aprender. Se pensarmos coisas boas sobre as pessoas, isto pode realmente levantá-las, mas se tivermos pensamentos maus, negativos e críticos, isto pode fazer com que elas se sintam desanimadas ou deprimidas. Creio que isso é verdade especialmente se estiver relacionado com alguém com quem temos um relacionamento próximo. Eu odiaria imaginar que os pensamentos de qualquer pessoa pudessem me afetar, mas realmente acho que quando nosso coração está aberto para alguém e confiamos nessa pessoa, os pensamentos dela podem nos afetar tanto quanto os nossos podem afetá-la.

É muito difícil ter pensamentos negativos a respeito de alguém que você apresenta diante do Senhor todos os dias.

No mínimo, sei que quando tenho pensamentos negativos sobre uma pessoa, isso faz com que eu a trate de acordo com a forma como penso a seu respeito. Então, se ela não sente os meus pensamentos diretamente, ela os sente indiretamente através da maneira como a trato. Uma das melhores maneiras que conheço de corrigir meus pensamentos sobre alguém é orando por essa pessoa. É muito difícil ter pensamentos negativos a respeito de alguém que você apresenta diante do Senhor todos os dias. Você ficará impressionado com a forma como Deus transformará o seu coração em relação a essa pessoa; seus pensamentos e finalmente seus atos poderiam muito bem transformar a maneira como essa pessoa se comporta.

A Palavra de Deus diz que devemos acreditar no melhor sobre cada pessoa. Se acreditarmos no melhor e pensarmos o melhor, isso as ajudará a ser o melhor possível. Dizem que se tratarmos as pessoas como queremos que elas sejam, elas poderão crescer e realmente se transformar naquilo que cremos sobre elas. É impressionante perceber o poder dos pensamentos. Seus pensamentos podem afetar você, as pessoas que o cercam, seu futuro, suas finanças, e literalmente cada área da sua vida.

Como podemos esperar cumprir o propósito de Deus para nossas vidas sem considerar qual é o propósito Dele para as nossas mentes? Sim, Deus se importa com o que você pensa, portanto, certifique-se de escolher seus pensamentos com cuidado.

CAPÍTULO 13

Paixão para Suas Emoções

Deus nos deu emoções? É claro que sim; até o próprio Deus tem emoções. Deus se senta nos céus e ri (ver Salmo 2:4). "Jesus chorou" (João 11:35). As emoções podem gerar tanto dor quanto prazer. Como disse o escritor Gary Smalley, as emoções podem indicar mudanças das quais você precisa estar ciente. Quando elas se moverem ou surgirem, preste atenção a elas, mas não permita que elas controlem você! O entusiasmo pelo nosso propósito requer emoção, não a emoção volúvel como em uma montanha-russa, mas os sentimentos consistentes, intensos e ardentes de que precisamos para perseguirmos o nosso chamado.

Por que Deus nos daria algo que tem a capacidade de nos dar tanto prazer quanto infelicidade?

As emoções podem nos dar os maiores sentimentos de prazer que alguém pode imaginar; elas também podem envenenar nossas vidas e ser uma fonte de tormento. Por que Deus nos daria algo que tem a capacidade de nos dar tanto prazer quanto infelicidade? Mais uma vez vemos que Deus nos dá uma escolha. É a vontade Dele para nós que desfrutemos as nossas vidas, mas podemos ser infelizes se quisermos, e a escolha cabe a nós. Entretanto, Deus quer que desfrutemos as emoções que dão prazer, por isso precisamos resistir a sermos guiados por aquelas que geram infelicidade.

Deus Quer Que Sejamos Felizes?

Alguns cristãos não se sentem confortáveis com a ideia de pessoas se esforçando para serem felizes. Isso parece egoísta, e temos a ideia de que Deus só se agrada quando fazemos sacrifícios. Medimos o valor de um ato de serviço pela quantidade de sofrimento e de renúncia envolvida. É triste que tantos cristãos tenham sido ensinados a suprimirem seu desejo de felicidade e prazer. É realmente errado fazermos algo pelo simples prazer de fazê-lo? Não creio nisto. Um dos motivos pelos quais Deus nos deu emoções foi para podermos sentir prazer, felicidade e deleite. O próprio Deus disse que se nós nos deleitássemos Nele, Ele nos daria os desejos do nosso coração (ver Salmo 37:4).

Glorificamos mais a Deus quando somos felizes ao máximo Nele.

O que você diria se eu lhe dissesse que temos a obrigação de sermos tão felizes quanto possível? Creio que glorificamos mais a Deus quando somos felizes ao máximo Nele.Veja o Salmo 37:4 novamente: ele diz que devemos nos deleitar "Nele".

Durante muitos anos, esforcei-me para aprender a fazer apenas isso. De algum modo, eu tinha a ideia de que era errado me divertir, até eu entender que Jesus disse que Ele veio para que tivéssemos alegria em nossas vidas e a tivéssemos em abundância (ver João 10:10, 16:24, 17:13). Ele quer que a nossa alegria seja completa!

A crença de que santidade e felicidade divergem entre si é trágica e é a principal coisa que rouba o nosso entusiasmo. O propósito de Deus ao nos dar emoções foi para que pudéssemos sentir a vida ao máximo.

A Bíblia diz muito sobre negar a si mesmo, mas em vez de ser um fim em si, esta prática destina-se a nos levar a algum lugar. Negar a si mesmo nos capacita a seguirmos a Cristo, que sempre nos conduz a encontrarmos finalmente tudo o que desejamos. Deus promete muita satisfação e alegria se o colocarmos em primeiro lugar.

Não Permita que a Emoção Governe

Satanás ganha muito terreno na vida dos crentes por meio das emoções. Falamos constantemente sobre como nos sentimos, e infelizmente há muitas pessoas lá fora se deixam controlar pelos sentimentos. Dizem que as emoções são o inimigo número um do crente. Os sentimentos são ferramentas poderosas que podem nos ajudar ou nos impedir de cumprirmos o nosso verdadeiro propósito.

Uma coisa de que podemos ter certeza quando estamos falando sobre emoções é que não podemos depender delas. Elas são instáveis, o que significa simplesmente que são volúveis e frequentemente mudam sem avisar. É como o jovem que jogava golfe com seu pai: todas as vezes que ele dava uma boa tacada, ficava empolgado e queria aprender mais sobre golfe para poder jogar mais com seu pai, o que lhes permitia passar mais tempo juntos. Mas quando dava uma tacada ruim, ele batia com o taco no chão com raiva e dizia que o jogo era estúpido e que ele nunca mais jogaria de novo.

As emoções são instáveis! Podemos ir para a cama nos sentindo de uma maneira e acordar nos sentindo totalmente diferentes. Podemos nos sentir muito bem em fazer alguma coisa em dado momento e alguns dias depois sentir que não queremos fazer aquilo de modo algum.

Gosto de comparar as emoções com a lei da gravidade. O que sobe finalmente tem de descer! Se eu jogar um livro para o ar, ele vai descer; e se estou passando por um momento de "barato" emocional, mais cedo ou mais tarde vou descer, ou ao fundo do poço ou até o meio, mas não vou ficar naquele êxtase para sempre. Espero que aprendamos a ficar no ponto de equilíbrio e não desçamos para o fundo do poço, que é onde ficamos deprimidos.

O principal motivo de este livro ter sido escrito é encorajá-lo a viver com mais entusiasmo.

Não há nada de errado em se sentir entusiasmado. O principal motivo de este livro ter sido escrito é encorajá-lo a viver com mais entusiasmo, e isto inclui os sentimentos de empolgação. Mas também devo encorajá-lo a entender que você nem sempre se sentirá empolgado, e quando isso não acontecer, você precisa continuar fazendo o que sabe que é certo. Seus sentimentos podem mudar, mas você precisa permanecer o mesmo. O livro que é lançado ao ar sobe e desce, mas a pessoa que o lançou permanece no mesmo lugar.

Seja Um Exemplo de Estabilidade

Cresci em um lar muito instável. Todos agiam com base nas suas emoções o tempo todo, e o resultado era que eu nunca sabia o que esperar de um minuto para outro. Meu pai era alcoólatra, irado e emocionalmente instável. Minha mãe vivia com medo de meu pai e o comportamento dela era codependente do dele. Ela desenvolveu um distúrbio de ansiedade que a impedia de reagir ao estresse de forma normal. Meu único irmão era impelido por suas emoções e o resultado foi que ele tomou muitas decisões erradas na vida que o levaram para um caminho errado. Saí desta atmosfera como uma vítima de abuso com uma personalidade forte e uma atitude amarga. Como eu nunca havia visto um exemplo de estabilidade, permitia que minhas emoções se tornassem um ditador em minha vida; elas davam as ordens e eu obedecia. Se acordasse de manhã e me sentisse deprimida, eu passava o dia deprimida. Se sentisse raiva, passava o dia descontando minha raiva em quem cruzasse meu caminho. Se sentisse vontade de dizer alguma coisa, eu dizia. Se sentisse vontade de fazer alguma coisa, eu fazia.

Eu permitia que minhas emoções se tornassem um ditador em minha vida.

Não fazia ideia de que havia outra maneira de viver, até que conheci Dave e ele se tornou um exemplo de estabilidade para mim. Eu o observava permanecendo o mesmo, independentemente das circunstâncias, e depois de algum tempo comecei a acreditar que a estabilidade também estava disponível para mim.

Creio que uma das melhores coisas que podemos fazer pelas pessoas é sermos um exemplo de estabilidade para elas. Precisamos ser firmes, consistentes, e estáveis no nosso propósito. O mundo hoje é um lugar tão carregado emocionalmente que parece prestes a explodir a qualquer momento, mas esta não é a vontade de Deus para o Seu povo. Jesus disse que estamos no mundo, mas não pertencemos a ele. Em outras palavras, como crentes em Jesus Cristo vivemos no mundo, mas precisamos resistir a agirmos como ele. Não podemos reagir da maneira como o mundo reage às situações da vida. Jesus é a nossa paz; Ele é o exemplo supremo de estabilidade, e através Dele podemos desfrutar vidas estáveis.

Talvez você tenha se convencido de que é uma pessoa emocional, e que simplesmente não consegue evitar viver seus altos e baixos emocionais. Se este for o caso, devo dizer respeitosamente que você está errado. As pessoas não são "apenas emocionais"; elas escolhem ser assim, o que significa que são guiadas por suas emoções. As emoções as possuem em vez delas possuírem suas emoções. Deus lhe deu emoções para que você pudesse sentir coisas boas e más, mas Ele nunca pretendeu que nenhum desses sentimentos o governasse. Você deve governar sua mente, sua boca, e suas emoções. Deus nos deu livre arbítrio e devemos exercitá-lo para fazer escolhas que se alinhem com a vontade de Deus para nossas vidas. Quando você está em um avião com uma criança pequena, a aeromoça vem até você logo depois da decolagem para lembrar-lhe de que você deve colocar a máscara de oxigênio primeiro antes de ajudar seu filho, caso surja a necessidade. Por quê? Porque se você não conseguir respirar, não poderá ajudar seu filho a respirar. A propósito, se você for excessivamente emocional e não tiver estabilidade, você não poderá ser de nenhuma ajuda para seu filho ou para qualquer outra pessoa.

Cura Emocional

As emoções de uma pessoa podem ficar doentes assim como qualquer parte do seu ser. Uma pessoa pode ter doença física, doença mental, ou doença emocional. Creio que a doença emocional pode resultar de desequilíbrios na nossa constituição química, ou pode ser o resultado de uma vida em que permitimos que as emoções governassem.

Quando as pessoas passam por anos de altos e baixos emocionais com base nas circunstâncias, elas finalmente ficam esgotadas e simplesmente não funcionam normalmente. É como o motor do seu carro: fazê-lo funcionar pisando fundo no acelerador sem nunca passar a marcha fará com que você tenha de comprar um carro novo em breve ou então tenha de andar de ônibus.

Mas graças a Deus porque Ele é que nos cura e qualquer parte do nosso ser pode ser curada. Jesus pode nos curar em qualquer parte que esteja ferida! Eu precisava de cura emocional e a recebi através do meu relacionamento com Jesus. Aprendi novas maneiras de pensar e reagir à vida. Jesus tornou-se a Âncora da minha alma, a minha Rocha, e o meu Esconderijo em tempos de angústia. Aprendi a habitar no lugar secreto de que fala o Salmo 91, ele diz que se habitarmos no lugar secreto, permaneceremos estáveis e firmes sob a sombra do Todo-Poderoso, e contra o Seu poder nenhum inimigo pode se levantar. Aqui está a promessa da estabilidade e de uma vida solidamente firme Nele.

Durante muitos anos, as feridas emocionais de ser rejeitada durante minha infância impediram que eu reagisse adequadamente aos relacionamentos, mas Jesus me curou. Eu era incapaz de confiar e assim reagia emocionalmente a todo desafio que a vida me apresentasse, mas Jesus me curou. Ele me curou, e se você precisa de cura emocional, Ele vai curá-lo também. Ele nos dá beleza em lugar de cinzas (ver Isaías 61:3).

Anos de altos e baixos emocionais podem gerar tanto estresse no nosso organismo que acarretam desequilíbrios químicos. As glândulas adrenais ficam enfraquecidas e não são capazes de permitir a entrada dos produtos químicos certos em nosso corpo para nos ajudar a lidar com os fatores estressantes da vida. Começamos a reagir a coisas simples de maneira desequilibrada. Por exemplo, lembro-me de estar tão estressada mentalmente, fisicamente e emocionalmente, que até algo simples como precisar frear de repente no trânsito fazia com que eu sentisse falta de ar e um sentimento sufocante até meu organismo se acalmar. Eu começava a suar e meu coração batia e eu queria fugir e simplesmente escapar de tudo e de todos.

Mas Deus nunca pretendeu que precisássemos nos esconder da vida; Ele nos deu o que precisamos para viver com ousadia e plenamente. Se você sente que precisa de cura emocional, eu o encorajo a entender que Jesus pode curá-lo emocionalmente assim como espiritualmente. Ele se importa com cada parte do seu ser e pretende que você seja são e completo.

Suas Emoções Não Determinam quem Você é

As suas emoções não são quem você é — elas são a forma como você se sente.

As suas emoções não são quem você é — elas são a forma como você se sente. Você é espírito, você tem uma alma, e você vive em um corpo. Suas emoções fazem parte da sua alma; elas pertencem a você, você não pertence a elas. Aprenda a recuar e observar suas reações emocionais como algo que pertence a você e sobre o qual você tem controle. Lembro-me de todos os anos em que sentia como se estivesse fora de controle, e eu odiava aquele sentimento. Não gostava de ouvir minha boca dizer coisas estúpidas e da sensação de que eu não tinha nenhum controle sobre isso. Não gostava de explodir com raiva por pequenas coisas que realmente não eram grande coisa, mas eu fazia isso com frequência. Já estava com raiva e ficar fora de controle me deixava ainda com mais raiva. Você não detesta o sentimento de se ver fazendo e dizendo coisas que sabe que são ridículas, mas parece que você não tem poder para controlá-las? Bem, se você odeia isso o bastante, fará o que for possível para mudar. Comece acreditando que isso pode mudar e que você pode ser uma pessoa estável. Deus não faz acepção de pessoas; o que Ele faz por uma pessoa, fará por outra. Ele me curou emocionalmente e me tornei uma pessoa estável, e Ele fará o mesmo por você — se você realmente desejar.

Aprenda a Passar no Teste

A Bíblia diz que Deus prova ou testa as nossas emoções (ver Salmo 7:9). Isto significa que Ele permite que as coisas aconteçam em nossas vidas com o potencial de nos abalar emocionalmente para que pratiquemos permanecer estáveis enquanto usamos a nossa fé.

A Bíblia diz que somos abençoados quando Deus nos disciplina deste modo, e que Ele faz isso para nos dar poder a fim de nos mantermos calmos na adversidade. Observe que Ele não nos mantém calmos, mas nos dá o poder para nos mantermos calmos (ver Salmo 94:12-13). Creio que costumamos esperar que Deus faça por nós as coisas que Ele nos deu o poder para fazermos nós mesmos.

Por que Deus nos testa?

> "Amados, não se surpreendam com o fogo que surge entre vocês para os provar, como se algo estranho lhes estivesse acontecendo".
>
> — I PEDRO 4:12

Você já foi à loja de móveis e comprou uma cadeira sem se sentar nela antes? Você já comprou um carro sem dirigi-lo? É claro que não, e Deus também nos testa para revelar a qualidade da nossa fé. Independentemente do que pensamos a nosso respeito, descobrimos como realmente somos em tempos de dificuldades. Os tempos bons não produzem o pior de nós, mas os tempos maus sim. É por isso que Deus diz que esses tempos difíceis são bons para nós. Eles permitem que vejamos o que existe no nosso caráter que precisa ser transformado. Eles também nos dão a oportunidade de usarmos a nossa fé, e a fé só cresce quando a usamos. À medida que escolhemos aprender a confiar em Deus em vez de ficarmos irritados com alguma coisa, experimentamos a Sua fidelidade, que, por sua vez, aumenta a nossa fé para a próxima vez que precisarmos dela. Quanto mais usamos os nossos músculos, mais eles crescem — e o mesmo acontece com a nossa fé.

Aprenda a passar nos seus testes rapidamente para não ter de passar por eles diversas vezes. Na escola de Deus, nunca somos expulsos; apenas continuamos a repetir o ano até passarmos nas provas. Mesmo quando passamos, continuamos fazendo cursos de reciclagem para nos mantermos afiados.

Na escola de Deus, nunca somos expulsos; apenas continuamos a repetir o ano até passarmos nas provas.

A Bíblia diz que não devemos mais viver segundo os nossos apetites e desejos humanos, mas que devemos viver para o que Deus quer (ver 1 Pedro 4:2). Isso significa que não devemos viver segundo as nossas emoções. Podemos tê-las e desfrutá-las quando elas se comportarem, mas não podemos viver com base nelas e também cumprir o propósito de Deus para as nossas vidas.

O seu espírito é a parte mais profunda do seu ser. É o lugar onde o Espírito Santo habita depois que você recebe Jesus Cristo como seu Salvador. Deus está chamando a todos nós para vivermos uma vida mais profunda, e isso significa seguir o Espírito Santo, que habita nas profundezas do seu ser, e não as suas emoções que estão na superfície. Recuse-se a ser um cristão superficial, raso, que é carnal e controlado por impulsos ordinários.

eu desafio você

Escolha se Manter Calmo na Adversidade

Entusiasmo é fazer o que você faz de todo o coração, não importa como você se sinta. Emoção é fazer o é que certo apenas enquanto você se sente motivado, e depois desistir. Paixão é fazer o que você faz com excelência todo o tempo. Emoção é fazer apenas o que se tem que fazer e nada mais. O entusiasmo nunca desiste, não importa o quanto precise persistir para alcançar seu objetivo. A emoção desiste facilmente e procura sempre algo mais fácil para fazer.

Um Bufê Completo

Você já contratou um Bufê completo para sua festa? Tudo é facilitado, e só o que você precisa fazer é se sentar e dar ordens e alguém faz tudo acontecer. Tudo é muito divertido até que a conta chega e precisa ser paga. O apóstolo Paulo disse que não devemos fazer provisão para a nossa carne e para os impulsos ordinários (ver Romanos 8:8). Isto significa que não devemos ceder a cada capricho emocional que tenhamos. As nossas emoções adorariam ser o anfitrião de uma empresa de fornecimento, onde elas dessem as ordens e nós as servíssemos. O único problema com isso e que quando a conta chegar, nós teremos de pagá-la — as nossas emoções não farão isso.

Há um alto custo para as emoções baratas da vida.

Há um alto custo para as emoções baratas da vida. Seguir as nossas emoções pode nos custar um bom emprego, um relacionamento maravilhoso, a nossa saúde, o nosso amor próprio, e até o nosso futuro. Não faça provisão para a sua carne — discipline-a! Use o domínio próprio e você poderá governar suas emoções através da ajuda de Deus.

Se semearmos na carne, colheremos da carne (ver Gálatas 6:8) porque só colhemos o que plantamos e nada mais. Semear na carne (cedendo aos caprichos emocionais) parece divertido, até que finalmente percebemos que aquilo que a carne dá em troca no tempo da colheita não é o que desejamos ter. A Bíblia diz que a carne produz ruína, decadência, e destruição. É isso que você quer? Não creio que seja. Queremos vida abundante e toda a paz e alegria que ela traz. Isto não apenas está à sua disposição, como é a vontade de Deus para você.

No entanto, você precisa aprender a semear no espírito e não na carne. O apóstolo Paulo disse que quando somos meninos agimos como meninos, mas que precisamos amadurecer e agir como adultos que deixaram as coisas de meninos (ver 1 Coríntios 13:11). Você precisa crescer? Se precisa, não tenha medo de admitir isso. Você nunca poderá chegar aonde precisa se não for sincero quanto a onde você está agora. Creio que é preciso ter coragem para sermos sinceros com nós mesmos. Os covardes se escondem de tudo, inclusive da verdade acerca de si mesmos. Mas se você ousar encarar a verdade, isso abrirá a porta para uma vida totalmente nova — a vida que você tem procurado.

As crianças costumam fazer provisão para a carne, e elas geralmente não param até quando têm de começar a pagar a conta (arcar com as consequências). Esperamos que elas aprendam com as nossas palavras assim como Deus espera que nós aprendamos com as palavras Dele, mas infelizmente, poucas aprendem assim. Geralmente precisamos que haja uma mistura da Palavra tratando conosco de dentro para fora e as nossas circunstâncias tratando conosco de fora para dentro, para que de alguma forma a nossa carne finalmente seja crucificada e comecemos a nos submeter à vontade de Deus em vez de exigirmos que seja feita a nossa vontade.

Somos teimosos e queremos as coisas do nosso jeito, embora o nosso jeito geralmente signifique destruição.

Deus nos diz para obedecermos a Ele e seremos abençoados. Parece bastante fácil, então por que tantas pessoas escolhem o caminho mais longo e difícil? Porque como crianças nós somos teimosos e queremos as coisas do nosso jeito, embora o nosso jeito geralmente signifique destruição. Assim como crianças, precisamos aprender, e devemos agradecer a Deus por ser paciente. Ele fica conosco o tempo todo em meio às nossas tentativas infantis de conseguirmos as coisas do nosso jeito e acredita em nós mesmo quando temos dificuldade em acreditar em nós mesmos.

Deus tem um plano tremendo para a sua vida, e é um plano que inclui estabilidade emocional e paz de espírito. Continue aprendendo a crescendo e você finalmente desfrutará a plenitude de tudo que Deus tem para você.

Entusiasme-se

Creio que um dos motivos pelos quais Deus nos deu emoções foi para que pudéssemos nos entusiasmar com Ele e com a vida que Ele planejou para nós. Raplh Waldo Emerson disse certa vez: "Nunca se realizou nada de grande sem entusiasmo". Recentemente, vi uma definição que dizia que entusiasmo é uma convicção nas revelações especiais do Espírito Santo. Achei isso interessante simplesmente porque sou alguém que acredita firmemente que as pessoas precisam ter uma revelação de Deus em suas vidas para viver com entusiasmo. Alguém pode ficar entusiasmado com alguma coisa ou com algum acontecimento, mas essas coisas passam e o entusiasmo costuma se esvair. Entretanto, a revelação de Deus e a determinação de colocá-lo em primeiro capacita a pessoa a viver com zelo, paixão, e entusiasmo. Paixão é sinônimo de entusiasmo.

Podemos desfrutar todos os aspectos da vida simplesmente porque desfrutamos Deus.

Sentir-se entusiasmado é maravilhoso. Libera energia e a capacidade de desfrutar tudo que se faz. O mais maravilhoso sobre Deus é que Ele nos capacita a termos entusiasmo em tudo que fazemos. Não devemos apenas ter entusiasmo no que se refere à diversão, mas podemos ser realmente entusiasmados com o trabalho. Por intermédio de Deus, podemos desfrutar o que outros acham que é mundano e monótono. Podemos desfrutar todos os aspectos da vida simplesmente porque desfrutamos Deus. Podemos sentir um forte entusiasmo, aquele zelo e impulso que nunca passam, principalmente quando estamos sintonizados com os objetivos e com a direção guiados por Deus.

Paulo disse em Romanos que nunca deve nos faltar o zelo e o esforço ardente; devemos arder em chamas com o Espírito, servindo ao Senhor (ver Romanos 12:11). Somos servos de Deus e Ele quer que sirvamos a Ele com entusiasmo, paixão e zelo.

Se você tivesse um escravo, gostaria que ele demonstrasse sempre uma atitude amarga e inexpressiva? Ou gostaria de ter de providenciar coisas empolgantes o tempo todo para que ele fosse zeloso? Você não gostaria disso, e nem eu. Quando as nossas atitudes são amargas e inexpressivas, Deus também não gosta disso. Ele é tremendo e devemos estar entusiasmados com Ele e com o privilégio de servi-lo, portanto não desperdice a sua vida esperando algo para excitar as suas emoções antes de viver com entusiasmo. Em vez disso, faça tudo que faz com a consciência firme de que a vida é um dom e deve ser celebrada.

Nossas emoções estão ligadas aos nossos pensamentos e atitudes. Ser grato em todo o tempo em todas as coisas nos capacita a viver de forma entusiasmada. Descobri que murmurar, reclamar e procurar culpar outros na verdade drena a minha energia e começo a detestar tudo. Nada me deixa feliz. Por outro lado, se começo cada dia com uma atitude de gratidão e mantenho meus pensamentos corretos ao longo do dia, tenho mais energia e gosto pela vida.

Consigo fazer mais coisas e sinto-me menos cansada.

Quando você sentir que seu humor está mudando, tire um instante e pergunte a si mesmo em que está pensando. Você descobrirá que pode realmente "considerar-se abençoado". Na Bíblia, Paulo disse: "Considero-me abençoado" (Atos 26:2, KJV), e se funcionou para ele, também pode funcionar para nós.

O entusiasmo é contagiante e o seu entusiasmo contagiará outras pessoas. Estou certa de que você percebeu o quanto as pessoas entusiasmadas parecem entusiasmar outras pessoas. Anime-se para poder animar outros também. Uma centelha pode dar início a uma enorme labareda. O mundo precisa conhecer Deus e entusiasmar-se em servi-lo. Você vai ousar ser um fogo em um mundo que adoraria extinguir sua chama, principalmente se estiver ardendo em fogo por Deus?

Você vai ousar ser um fogo em um mundo que adoraria extinguir sua chama?

Use as suas emoções com a finalidade que Deus deu a elas, e não permita que o diabo as use para os propósitos dele. Abrace a vida com entusiasmo e use suas emoções com sabedoria. Deus quer usá-las para ajudar você a desfrutar sua vida, mas o diabo quer usá-las para impedir que você desfrute a vida. A boa notícia é que a escolha é sua.

CAPÍTULO 14

Paixão para Suas Finanças

Certa vez conheci uma mulher que estava trabalhando em uma loja de departamentos enquanto eu fazia compras na área pela qual ela era responsável. Começamos a conversar e descobri que ela havia sido cristã por anos. À medida que seguimos conversando, perguntei se os empregados que trabalhavam na área de vendas recebiam salário ou se eram pagos por comissão. Ela me disse que embora eles recebessem salário, tinham de bater cotas a fim de manter seus empregos, e ela admitiu que estava preocupada porque não havia batido as suas.

"Você alguma vez ora e pede a Deus para lhe dar o favor Dele junto às pessoas para que elas venham até você para fechar a venda?" perguntei.

Timidamente, ela olhou para mim com as sobrancelhas erguidas: "Não tem nenhum problema se eu orar a Deus por questões de dinheiro?".

Garanti a ela que Deus se importa com tudo que diz respeito a ela e que Ele queria que ela fosse ousada o suficiente para pedir qualquer coisa que precisasse.

Aquela era uma mulher que precisava fechar mais vendas ou perderia seu emprego, o qual ela precisava muito manter. Ela precisava orar com ousadia para que Deus lhe enviasse clientes que quisessem fazer compras, mas não fazia ideia de que poderia fazer isso. Embora tivesse sido cristã durante a maior parte de sua vida, ela estava vivendo com muito pouco, porque tinha uma ideia errônea de que falar com Deus sobre dinheiro ou necessidades materiais não era algo apropriado. É triste quando as pessoas pensam que Deus só se importa com as áreas espirituais de suas vidas. Ele quer estar envolvido na nossa vida comum, diária, e quer estar envolvido o tempo todo, e não apenas por uma hora no domingo pela manhã. Deus é Deus para tudo na vida, e não apenas para a igreja! Costumo dizer que devemos deixar Deus sair da caixa do domingo de manhã onde tentamos mantê-lo e permitir que Ele invada a nossa segunda-feira, terça-feira, quarta-feira, quinta-feira, sexta-feira, sábado e domingo também.

Devemos deixar Deus sair da caixa do domingo de manhã onde tentamos mantê-lo.

O favor de Deus é algo maravilhoso que está disponível para nós. A Bíblia diz em Tiago 4:2 que não temos porque não pedimos. Há muita ajuda disponível para nós da parte de Deus que nunca recebemos, simplesmente porque não pedimos. O dinheiro não é algo sujo ou pecaminoso sobre o qual não podemos falar com Deus. Precisamos dele para fazer as coisas que precisamos fazer na vida, como pagar pela moradia, alimentação, roupas, e todas as outras coisas necessárias para manter um estilo de vida de qualidade. O dinheiro não é mau; é o amor ao dinheiro que é mau. Deus não é contra você possuir dinheiro desde que o dinheiro não possua você.

O nosso entusiasmo pelo propósito que Deus tem para nós pode, infelizmente, ser grandemente afetado pelo dinheiro — podemos sentir que somos chamados a iniciar algum tipo de ministério, mas nos preocuparmos que a segurança da nossa família seja colocada em perigo. Há uma tensão aqui, e até que entendamos o dinheiro e o papel que Deus projetou para ele em nossas vidas, teremos dificuldade em seguirmos a nossa paixão e o nosso propósito. Se tivermos um relacionamento errado com o dinheiro, isso certamente nos causará problemas. Se seguirmos a direção do Espírito Santo ao usarmos e distribuirmos o nosso dinheiro, não apenas teremos todas as nossas necessidades atendidas, como também poderemos ser uma tremenda benção para outras pessoas necessitadas.

Dinheiro!

O que você acha que o dinheiro diria se pudesse falar? Que tal: "Estou deprimido e triste porque estou cansado das pessoas abusarem de mim, usando-me com o propósito errado, brigando por minha causa, roubando e mentindo, enganando e cometendo crimes para conseguir me ter. Estou cansado de lutar contra a ganância o tempo todo. Sou acumulado e sou gasto. As pessoas acham que eu sou a segurança delas, e não sou. Elas agem como se eu fosse Deus, e certamente não sou. Apenas gostaria que as pessoas soubessem quanto bem elas poderiam fazer comigo se me tratassem corretamente e o quanto a vida delas poderia ser abençoada".

Ter ou não ter dinheiro — essa é uma das questões mais importantes com as quais nos debatemos. Pelo menos parece ser uma grande questão para alguns cristãos. Há setores do Cristianismo que acreditam que Deus quer que todos sejam ricos, e há aqueles que acreditam que a pobreza é uma virtude e basicamente a única maneira de podermos servir a Deus com um coração puro. E, por alguma estranha razão, as pessoas que não são cristãs sempre parecem achar que qualquer pessoa que sirva a Deus em um ministério de tempo integral não deve ter muito dinheiro ou um estilo de vida próspero. Quase todas as vezes que dou uma entrevista para um jornal, uma estação de TV, uma estação de rádio ou uma revista secular, eles me fazem aquilo que chamo de "a pergunta sobre dinheiro".

Recentemente, a revista *Time* me perguntou se eu acreditava que Deus queria que as pessoas fossem ricas. Eu disse ao entrevistador que não podia responder a essa pergunta com um sim direto nem com um não direto, porque acredito que podemos ser ricos de muitas maneiras. O dinheiro não é a única forma de riqueza. Ter boa saúde e ser amado torna uma pessoa rica. Trabalhar em um emprego que amamos e apreciamos é outro tipo de riqueza.

Creio que Deus requer que sejamos bons mordomos do nosso dinheiro. Precisamos tomar cuidado para não deixar que o dinheiro empurre Deus para fora da nossa vida. Precisamos manter Deus em primeiro lugar em todo o tempo. Creio que Deus vê a maneira como lidamos com o nosso dinheiro. Certa vez, Jesus estava de pé no templo observando o que as pessoas colocavam na caixa de ofertas. Ele observou que algumas pessoas ricas só davam um pouco, mas uma viúva deu tudo o que tinha (ver Marcos 12:41-43). O que ela ofereceu foi mencionado como um "tostão". Valia menos do que o nosso centavo hoje, mas para Deus ela deu com muita generosidade. Somos generosos? Ajudamos prontamente aqueles que estão necessitados e que são menos afortunados do que nós? Existem muitos, muitos fatores que determinam o grau do sucesso financeiro que uma pessoa tem.

A Bíblia diz em 3 João que Deus quer que o Seu povo prospere e tenha saúde acima de qualquer coisa, assim como a sua alma prospera. O que isso significa? Para mim, significa simplesmente que Deus quer que tenhamos o suficiente para atender às nossas necessidades e muito para ajudar outras pessoas também. Ele também quer que tenhamos o que somos espiritualmente maduros para lidar. O dinheiro nas mãos de uma pessoa generosa pode ser uma grande benção, mas nas mãos de uma pessoa gananciosa pode trazer ruína.

Agora, naturalmente, todos nós certamente estamos entre os espiritualmente maduros, mas cheguei à conclusão de que Deus sabe mais sobre mim do que eu sei sobre mim mesma, e que Ele me dá o que sabe que posso aguentar no tempo presente.

Estou certa de que algumas pessoas que estão lendo este livro dirão imediatamente: "Sou espiritualmente maduro e não tenho o suficiente para atender às minhas necessidades básicas". Pode haver uma série de coisas que estejam causando isso e discutiremos muitas delas, mas uma coisa a se ter em mente é que a mão do diligente prospera (ver Provérbios 10:4). Vivemos em uma sociedade em ritmo acelerado onde as pessoas querem gratificação instantânea. As pessoas na faixa dos seus vinte anos estão entrando na força de trabalho hoje sem nenhuma experiência prévia, esperando receber a mesma quantia que alguém que trabalhou no seu ramo por mais de vinte e cinco anos recebe. O emprego não é a única área onde os jovens querem acelerar — quando um jovem casal compra a sua primeira casa, eles geralmente esperam que ela seja semelhante à casa que os seus pais têm atualmente, tanto no tamanho quanto no preço, sem entender que levou trinta anos para que os pais deles chegassem àquele ponto. Esta atitude certamente não é a de pessoas diligentes. Muitas pessoas hoje em dia acham que *têm direito* às coisas. Elas não acham que precisam esperar por elas e conquistá-las, elas esperam tê-las; de fato, a geração deles às vezes é chamada a "Geração do Meu Direito". A verdade é que Deus quer que eles comecem do princípio: que trabalhem duro, sejam diligentes, sejam pacientes, e *gradualmente* vejam o crescimento em suas vidas. Este é o jeito de Deus e creio que é a melhor maneira das pessoas terem a verdadeira prosperidade e a maturidade necessária para acompanhá-la.

Gosto de colocar as coisas assim: se uma árvore tem mais frutos que raízes, ela virará na primeira tempestade que encontrar. Creio que a natureza humana é muito semelhante. Se tivermos muitas coisas materiais e nenhuma profundidade de relacionamento com Deus, podemos ser facilmente destruídos. O dinheiro tem muito poder e pode arrastar as pessoas para a direção errada. Isso não significa que temos de ter medo de ter dinheiro, como algumas denominações religiosas ensinam, mas significa que devemos nos esforçar para nunca termos a atitude errada nem deixar o dinheiro nos controlar.

Não use as pessoas para conseguir dinheiro e coisas, mas comprometa-se a usar o dinheiro e os bens materiais para abençoar pessoas. As pessoas ricas podem fazer muito bem pela sociedade se estiverem dispostas.

Comprometa-se a usar o dinheiro e os bens materiais para abençoar pessoas.

A Lei do Gradualismo

Normalmente o jeito de Deus é que as pessoas cresçam, pouco a pouco, à medida que seguirem os princípios da Sua Palavra. Gosto de chamar isso de "a lei do gradualismo". Sempre existem uns poucos que herdam dinheiro ou ganham na loteria, mas a maioria das pessoas tem de trabalhar, economizar, e aprender a administrar todos os seus recursos adequadamente. Isto não acontece da noite para o dia, mas costuma levar muitos anos. Continuar a ser diligente em fazer o que é certo durante esses anos é muito importante. É aí que o entusiasmo com propósito pode realmente ajudar.

Em 1976, tive um encontro com Deus que mudou minha vida para sempre. Eu era cristã há muitos anos antes disso, mas não era uma cristã muito séria. De repente, Deus se tornou a pessoa mais importante da minha vida. Eu queria saber o que Ele queria que eu fizesse e estudei a Sua Palavra incessantemente para poder aprender. Uma das coisas que descobri foi a lei de plantar e colher, que a Bíblia ensina claramente.

> "Enquanto durar a terra, plantio e colheita, frio e calor, verão e inverno, dia e noite jamais cessarão".
>
> — GÊNESIS 8:22 (NKJV)

> "Quem semeia para a sua carne, da carne colherá destruição".
>
> — GÁLATAS 6:8

> "Dêem, e lhes será dado: uma boa medida, calcada, sacudida e transbordante será dada a vocês. Pois a medida que usarem, também será usada para medir vocês".
>
> — LUCAS 6:38

Queríamos obedecer a Deus, por isso começamos a dar cada vez mais, e por algum tempo parecia que tínhamos cada vez menos. Deus costuma nos testar para ver se estamos obedecendo a Ele apenas para conseguir algo Dele, ou se fazemos isso porque o amamos e somos comprometidos em fazer o que é certo apenas porque amamos a justiça.

Eu estava vivendo um momento único na vida e no ministério. Vinha ensinando em um pequeno grupo de estudo bíblico em casa, que teve início pouco depois do meu encontro com Deus, e rapidamente percebi que eu não estava tendo tempo de me preparar para o ministério para o qual eu acreditava que Deus havia me chamado. Eu tinha um emprego em tempo integral, três filhos, um marido, uma casa para cuidar, e estava intensamente envolvida com a minha igreja local.

Deus começou a tratar comigo para que eu me levantasse pela fé e deixasse meu emprego, para que eu tivesse tempo para me preparar para o que Ele tinha para mim no futuro. Isto era assustador para mim, e a princípio não obedeci. Em vez disso, fiz as coisas do meu jeito, convencendo-me de que eu podia ser obediente deixando meu emprego de tempo integral e conseguindo um emprego de meio-expediente. Aprendi bem depressa que obediência em meio-expediente não é obediência nenhuma. Finalmente terminei em casa tentando aprender a confiar em Deus para cuidar das minhas finanças e da minha provisão.

Você já obedeceu a Deus esperando ser abençoado e, no entanto, parece que andou para trás e não para frente?

Durante seis anos precisamos de milagres financeiros quase todos os meses apenas para podermos pagar as nossas contas. Roupas novas, conserto dos carros, diversão, e outras coisas eram extras que só tínhamos quando Deus supria de forma sobrenatural. Fico feliz em dizer que Ele sempre provia, mas eu não me consideraria uma pessoa próspera naquela época. Nunca tínhamos nada além das nossas necessidades básicas, e devo admitir que isso me deixava confusa porque eu achava que estávamos dando mais do que nunca e no entanto as nossas finanças não eram tão abundantes quanto antes de eu obedecer a Deus e deixar meu emprego. Você já obedeceu a Deus esperando ser abençoado e, no entanto, parece que andou para trás e não para frente? Aqueles dias foram dias de teste, com certeza.

Entretanto, à medida que continuamos sendo diligentes e crescemos na nossa caminhada com Deus, *pouco a pouco* a situação foi melhorando. Quero encorajar firmemente meus leitores a não decidirem o que a Palavra de Deus significa com base na experiência deles. Às vezes, quando as pessoas não estão vivenciando alguma coisa que esperavam, elas decidem que Deus deveria estar querendo dizer outra coisa qualquer. Elas colocam a sua própria interpretação das Escrituras para fazer com que ela se encaixe na experiência que estão vivendo, mas isso pode ser um erro grave, fechando a porta por onde iriam receber o melhor que Deus tem para elas.

Embora eu não tivesse prosperidade nas minhas finanças por muitos anos, ainda acreditava que podia ter, devia ter e teria porque eu via isso na Palavra de Deus. Sim, eu tive de esperar por mais tempo do que achava que era justo, mas também olho para trás agora e percebo o quanto aqueles anos foram valiosos para mim. Eles me treinaram para crer em Deus com relação às finanças, que agora precisamos ter em abundância para dirigir o nosso ministério mundial. Aqueles anos de total dependência de Deus me levaram para mais perto Dele e permitiram que eu visse o Seu poder que opera milagres ser demonstrado vez após vez nos suprindo além dos recursos ordinários.

Deus Quer Que as Pessoas Prosperem?

O que significa prosperar? Quando penso em ser próspero, penso em sucesso e não em fracasso. As pessoas que prosperam são pessoas que são ajudadas ao longo do caminho ou que podem ver as circunstâncias sob diferentes graus de prosperidade e sucesso, semana após semana. Pequenos sucessos se somam a grandes sucessos.

A palavra "prosperar" também pode significar *ser completo*. Em outras palavras, uma pessoa realmente próspera é alguém que prospera em todas as áreas de sua vida. Seu espírito é próspero, o que significa que ele conhece a Palavra de Deus e tem um relacionamento maravilhoso com Ele. Sua mente está em paz, e ele tem alegria independentemente das circunstâncias. Ele tem boa saúde, bons relacionamentos, e tem êxito de um modo geral em todas as áreas da vida.

Creio que Deus quer que o Seu povo prospere. Ele é bom, e para quem Ele preferiria ser bom se não para os Seus próprios filhos? Ele é Pai, e assim como a maioria dos pais terrenos, Ele tem prazer em suprir aqueles que dependem Dele. Deus disse a Josué que se ele obedecesse às Suas ordens e seguisse em frente com ousadia, ele prosperaria e teria bom êxito (ver Josué 1:8).

O Salmo 1 diz que se tivermos prazer na lei do Senhor, tudo que fizermos prosperará e chegará a um bom termo. No Salmo 118:25, o salmista orou com ousadia e pediu a Deus que enviasse a prosperidade "agora". Parece-me que ele precisava de uma reviravolta urgente em sua vida! Você já fez uma oração assim? No Salmo 35:27, a Bíblia diz que Deus tem prazer na prosperidade do Seu povo.

Deus disse a Abrão que Ele o abençoaria com um aumento abundante de favor, que faria o seu nome famoso, e que faria com que ele fosse uma benção para os outros se ele lhe obedecesse. Abrão obedeceu e a Bíblia relata que ele (que mais tarde passou a se chamar Abraão) foi extremamente rico em gado, em prata e em ouro (ver Gênesis 12:2; 13:2).

A Bíblia está cheia de exemplos de pessoas a quem Deus prosperou de formas impressionantes — José, Rute, Ester, Davi, e Salomão, e a lista continua. No Novo Testamento, os primeiros apóstolos não pareciam ter muitos bens materiais, mas foram eles que ensinaram o povo a dar para que pudessem ter uma colheita abundante. Paulo escreveu em sua carta aos Efésios que Deus podia fazer abundantemente mais e além de tudo que eles pudessem esperar, pedir ou pensar. Isso certamente não soa como se Ele quisesse que o povo simplesmente conseguisse sobreviver! Deus nos diz para sermos ousados ao pedir, e Ele não disse que só podíamos pedir coisas espirituais.

Mateus escreveu que se buscarmos em primeiro lugar o Reino de Deus, todas as demais coisas nos serão acrescentadas (ver Mateus 6:33). Creio que temos evidências suficientes apenas nas poucas Escrituras que mencionei para dizermos com segurança que Deus quer que o Seu povo prospere, pois certamente não creio que Deus deseja que os pecadores prosperem enquanto os justos vivem na pobreza.

Deus quer que o Seu povo prospere.

As pessoas costumam dizer: "Conheço muitas pessoas de Deus maravilhosas que são pobres. Como você acha que esta mensagem sobre prosperidade faz com que elas se sintam?". Creio, de fato, que ela lhes dá esperança para o futuro. As pessoas pobres certamente podem ser pessoas de Deus, mas isso não significa que a pobreza seja algo de Deus. Quem não gostaria de melhorar a sua situação se soubesse que existe uma maneira de fazer isso? Eu diria que qualquer pessoa pobre ficaria tremendamente entusiasmada em aprender qualquer coisa que pudesse melhorar a sua situação.

Tenha Uma Atitude Positiva Enquanto Espera

Assim como um bom fazendeiro, você deve plantar a sua semente, liberar a sua fé, e ser paciente enquanto espera pela colheita. Assim como eu fiz, você poderá passar por alguns tempos de testes, e certamente passará, mas creio que se você for diligente para fazer o que Deus lhe instrui a fazer, verá o crescimento em sua vida.

Se você for diligente para fazer o que Deus lhe instrui a fazer, verá o crescimento em sua vida.

Conta-se uma história sobre F. B. Meyer, um dos ministros batistas mais proeminentes do seu tempo durante fins do século XIX e início do século XX. Certa vez ele pregou em Londres, Inglaterra, enquanto outros pregadores muito famosos, Charles Spurgeon e G. Campbell, também estavam pregando ali. Todos os três homens eram pregadores maravilhosos, mas a igreja de Spurgeon e a igreja de Morgan eram maiores do que a igreja de Meyer. E ele admitiu ter um pouco de inveja deles.

Então ele orou, pedindo a Deus que lhe dissesse o que fazer, porque estava com ciúmes deles, e não queria se sentir assim. Deus o instruiu a orar por Spurgeon e Morgan, para que a igreja deles prosperasse, e para que cada vez mais pessoas entrassem para a igreja deles.

Esta com certeza não era a resposta que F. B. Meyer estava esperando.

"Não quero fazer isso, Senhor!", protestou. Mas, depois de pensar no assunto, ele achou que era melhor obedecer ao Senhor. Então orou com diligência para que a igreja de Spurgeon e a igreja de Morgan crescessem cada vez mais. Ao recontar sua história, ele disse: "As igrejas deles cresceram tanto em resposta às minhas orações que elas superlotaram. E o excedente veio para a minha igreja".[1]

F. B. Meyer poderia ter ficado aborrecido. Ele poderia ter choramingado e reclamado e feito tudo que podia para que sua igreja crescesse, mas nada teria acontecido. Em vez disso, ele manteve uma atitude positiva e esperou em Deus, e o que é mais importante, ele fez o que Deus lhe pediu. E a sua igreja prosperou.

Geralmente é muito mais fácil ser obediente e ter uma atitude positiva quando as coisas vão bem, mas geralmente é preciso dar um pouco mais de nós quando Deus nos pede para fazermos algo difícil e as coisas não estão indo tão bem.

Eis uma lista de coisas que eu recomendaria evitar se você quer ser realmente próspero:

1. Nunca seja ganancioso nem tenha a sua mente focada excessivamente no dinheiro ou nas coisas materiais (1 Timóteo 3:8).
2. Não ame o mundo ou as coisas deste mundo (1 João 2:15).
3. Nunca devemos ganhar dinheiro ou bens materiais por meios duvidosos, mas devemos trabalhar e aprender a administrar bem o que temos (1 Timóteo 3:3).
4. Respeite o dinheiro e nunca o desperdice (João 6:12).
5. Seja grato pelo que tem enquanto está esperando pelo que deseja ter (Filipenses 4:6).
6. Confie em Deus e não fique confuso se as coisas não acontecerem quando você quer que elas aconteçam (Provérbios 3:5).
7. Nunca, nunca tenha inveja ou ciúmes do que outra pessoa possui (Provérbios 14:30).

Manter uma atitude positiva e piedosa enquanto espera mostra que você está pronto para receber uma promoção.

Como Devemos Encarar o Dinheiro

O dinheiro deve ser visto como uma ferramenta ou um equipamento para sermos uma benção para os outros. Deus disse a Abraão que Ele o abençoaria e faria dele uma benção, e o plano de Deus para cada um de nós é o mesmo. Não devemos encarar o dinheiro como a nossa segurança porque as riquezas não dão a verdadeira segurança (ver Provérbios 11:4). Elas podem ser abundantes em um dia e desaparecerem no dia seguinte. A nossa segurança está em Deus. Até quando as riquezas aumentam, não é sábio colocar o seu coração nelas (ver Salmo 62:10).

Creio que precisamos encarar o dinheiro como um possível problema caso não lidemos com ele da forma correta. O dinheiro tem a capacidade de enganar as pessoas. Podemos facilmente começar a pensar que seremos mais felizes se tivermos mais dinheiro, mas o dinheiro não tem poder para nos dar a verdadeira felicidade a não ser que Deus esteja sendo servido através dele. O mundo está cheio de pessoas ricas e infelizes. O dinheiro também pode fazer com que as pessoas comecem a fazer concessões e a agirem contra a sua consciência. Ele pode realmente afastar as pessoas do seu relacionamento com Deus. Elas ficam tão ocupadas cuidando de todas as suas posses, que Deus é empurrado para fora de suas vidas.

O dinheiro não tem poder para nos dar a verdadeira felicidade a não ser que Deus esteja sendo servido através dele.

O dinheiro também pode fazer muito bem e ser usado para gerar conforto, aliviar a dor, colocar sorrisos em rostos, aliviar a pressão, ajudar pessoas a terem uma vida melhor, e gerar gratidão a Deus. Por exemplo, nosso ministério teve a oportunidade de fundar um hospital na Índia que atende a 100 mil pessoas em aldeias que possuem pouco ou nenhum atendimento médico. Depois de irmos ao hospital e de vermos o quanto ele tornou melhor a vida dos aldeões, Dave e eu quisemos fazer pessoalmente a nossa parte para ajudar a fundar outro hospital no Camboja. Fico muito alegre por ajudar a aliviar a dor de outras pessoas.

Paulo disse aos Efésios que eles deviam trabalhar com as suas mãos para que tivessem recursos para dar aos outros (ver Efésios 4:28). Ora, esta ideia com certeza seria uma fantasia — trabalhar para poder dar a outros! Só recentemente, Warren Buffet, que é o segundo homem mais rico do mundo, dono de uma fortuna de aproximadamente 46 bilhões de dólares, decidiu fazer exatamente isso quando anunciou que começaria a dar aproximadamente 85 por cento da sua riqueza a outros, principalmente para a Fundação Bill e Melinda Gates. Em uma entrevista à revista Fortune, ele contou que ele e sua falecida esposa, Suzie, sempre concordaram com Andrew Carnegie, que disse "que as grandes fortunas que fluem em grande parte da sociedade devem em grande parte ser devolvidas à sociedade". [2] Trabalhamos para podermos devolver.

Enquanto você está pedindo a Deus que o ajude a prosperar, certifique-se de também aprender a ser alguém que contribui, dando com determinação.

De acordo com a Bíblia, mais abençoado é dar do que receber, portanto, enquanto você está pedindo a Deus que o ajude a prosperar, certifique-se de também aprender a ser alguém que contribui, dando com determinação.

Qual é a Atitude de Deus Para Com as Pessoas que Estão Endividadas?

Não creio que estar endividado seja um pecado que faça com que alguém perca a sua salvação, mas não é a maneira mais sábia de se viver. A dívida gera pressão e costuma ser a causa do divórcio. Aproximadamente setenta e um por cento dos norte-americanos dizem que as dívidas estão tornando sua vida no lar infeliz. Eles vivem de salário em salário, e a dívida deles rouba a sua liberdade e finalmente a sua verdadeira alegria. Em 1980 houve meio milhão de falências, e em 2005, dois milhões.[3] A maioria dessas pessoas era de classe média, filhos da geração que sobreviveu à Segunda Guerra Mundial, com educação superior e com grandes dívidas de cartão de crédito.

As pessoas devem se disciplinar para viverem com trinta por cento abaixo das suas posses caso pretendam ter segurança financeira, mas a maioria das pessoas vive muito além das suas posses. A maioria das pessoas atualmente gasta com regularidade mais dinheiro do que recebe e os cartões de crédito tornaram isso possível. No entanto, estas pessoas que estão vivendo com base em um cartão de plástico estão vivendo uma ilusão. Os especialistas dizem que leva cerca de cinco anos antes que as coisas entrem em crise, mas mais cedo ou mais tarde a realidade explode com violência. Todas as vezes que você pede emprestado, está gastando hoje a prosperidade de amanhã — mas o que vai acontecer quando o amanhã chegar?

Todas as vezes que você pede emprestado, está gastando hoje a prosperidade de amanhã — mas o que vai acontecer quando o amanhã chegar?

É melhor não usar cartões de crédito, a não ser que você crie o hábito de pagá-los integralmente no fim de cada mês. Considerando que mais de sessenta por cento dos norte-americanos e brasileiros têm contas de cartões de crédito que não foram pagas [4], você deveria pensar muito e com seriedade sobre como vai lidar com um deles antes de pegar um. Uma escolha melhor seria o cartão de débito, que acessa a sua conta bancária. É tão fácil passar o mês inteiro dizendo "vou pagar com cartão", mas quando a conta chega, o choque de perceber o quanto foi gasto durante esses trinta dias é avassalador. Não se deixe convencer pela sedução das milhas de voos ou das devoluções em dinheiro ou outros benefícios que as companhias de cartões de crédito oferecem atualmente. Na maioria das vezes, elas não valem a pena.

A única maneira de usar cartões de crédito e não se meter em encrencas é usá-los com responsabilidade. Isto exige que você não compre coisas pelas quais não pode pagar.

O povo perece porque lhe falta conhecimento (ver Oséias 4:6). Você conhece o estado das suas finanças? Você pode dizer quanto tem em economias? Quanto está gastando com contas todo mês comparado às despesas extras? Você sabe que contas espera receber nos próximos trinta dias, ou ficará chocado quando elas chegarem porque se esqueceu delas? Você sabia que quando alguma coisa é anunciada para pagamento em noventa dias pelo mesmo preço de à vista, geralmente os juros estão embutidos no preço da compra? As pessoas assinam contratos o tempo todo sem entenderem o que estão assinando.

A maioria dos alunos de escolas secundárias se forma com muitas informações que jamais utilizará, mas muito poucos têm alguma ideia de como administrar o dinheiro. Eles partem para a universidade, onde lhes oferecerão cartões de crédito regularmente. Uma das maiores companhias de cartões de crédito gasta dez milhões de dólares por ano anunciando cartões de crédito para alunos de escola secundária e universitários. Algumas universidades até são pagas para permitir que as companhias de cartões de crédito anunciem no campus universitário. Obviamente isto está funcionando — em 2004, setenta e seis por cento dos alunos universitários não graduados tinham pelo menos um cartão de crédito em seu nome com uma média de saldo a pagar de $2.169; trinta e dois por cento dos alunos tinham quatro ou mais cartões de crédito e o aluno graduado comum tinha seis cartões de crédito; e um entre sete deve mais de 15 mil dólares.

Todo mundo é alvo das companhias de cartões de crédito, e os idosos não são exceção. Minha mãe tem oitenta e três anos. Regularmente temos de complementar a renda dela porque ela não tem dinheiro suficiente para viver mensalmente, no entanto, ela recebe cartas e ligações o tempo todo lhe oferecendo cartões de crédito. Ela chega a receber cartões de crédito pelo correio que ela pode começar a usar imediatamente. Por que qualquer sociedade sã ofereceria um cartão de crédito a alguém que já não consegue pagar suas contas? Eles fazem isso porque não se importam, são gananciosos, e se puderem ganhar um pouco mais de dinheiro, isto é tudo que importa para eles.

Precisamos desenvolver a paciência de esperar pelas coisas, e assim as apreciaremos ainda mais.

A ganância é a causa de muitas dívidas. Precisamos desenvolver a paciência de esperar pelas coisas, e assim as apreciaremos ainda mais. Recentemente, eu disse à minha mãe que lhe daria uma quantia em dinheiro todos os meses, e quando ela quisesse comprar coisas especiais, elas precisariam sair dessa quantia. Eu disse a ela que supriria todas as suas necessidades, e lhe compraria presentes de tempos em tempos, mas quando ela simplesmente "quisesse" alguma coisa, ela teria de economizar para comprá-la com o dinheiro que eu tinha dado. A princípio ela não gostou, porque estava acostumada a gastar o que quisesse. No entanto, o sistema dela não estava funcionando para mim, e, na verdade, eu sabia que não era bom para ela. É sempre fácil gastar o dinheiro de outra pessoa!

Assim, depois de cerca de duas semanas, ela me contou o quanto estava gostando do novo sistema e disse que estava entusiasmada em economizar para comprar o que queria. Ela até disse: "Se eu tiver de economizar para ter as coisas, elas terão mais significado para mim". Os cartões de crédito permitem que as pessoas tenham gratificação instantânea, mas não creio que as pessoas apreciem o que têm tanto quanto apreciariam se tivesse de esperar um pouco e economizar para tê-las.

Também creio que a disponibilidade de cartões de crédito nos impulsiona a comprar coisas que não compraríamos se esperássemos ao menos um dia. As emoções ficam desenfreadas quando estamos no shopping com um cartão de crédito. Descobri que quando estou com as emoções à flor da pele, as coisas parecem muito melhores do que parecem depois que minhas emoções se acalmam e estou em casa. Não faz mal comprar coisas, na verdade isso geralmente faz a gente se sentir bem; mas será que ainda nos sentiremos bem quando tivermos de pagar a conta?

Deus não quer que você viva com a pressão das dívidas. Estar endividado não é prosperidade. Segundo a Palavra de Deus, aquele que pede emprestado é servo do que empresta (ver Provérbios 22:7). A dívida pode drenar o seu entusiasmo e bloquear o seu propósito. Nunca se esqueça de que Jesus morreu para que você pudesse desfrutar a liberdade, e não a escravidão.

Trabalhe, Dê, Economize e Gaste

É importante aprender a trabalhar, a dar, a economizar e a gastar, tudo dentro dos seus limites atuais. Quando você fizer isso, Deus ampliará os seus limites (capacidade financeira) e você ganhará mais dinheiro, poderá dar mais, economizar mais e gastar mais.

Se você gastar todo o seu dinheiro, não terá economizado nada quando tiver uma emergência. Minha filha recentemente teve um acidente de carro que foi culpa dela, então ela e seu marido tiveram de pagar os mil dólares de franquia para poderem usar o seguro. Ela disse: "Estou tão feliz por termos esse fundo de emergência, porque agora não nos sentimos pressionados a termos de tentar levantar esses mil dólares". Eu os tenho observado ao longo dos anos vivendo dentro de um orçamento e economizando para terem as coisas que querem. Eu os tenho visto dizer não a coisas que desejavam fazer, mas sabiam que não podiam, para estarem adequadamente preparados para o futuro. Um pouco de disciplina agora lhe poupará muita pressão e ansiedade mais tarde.

Um pouco de disciplina agora lhe poupará muita pressão e ansiedade mais tarde.

Deus quer que você prospere e seja abençoado, mas Ele não quer que você contraia dívidas por causa de coisas que poderia esperar para ter. Você pode perguntar o que deve fazer quanto a comprar uma casa ou um carro. Está tudo bem em fazermos um empréstimo para coisas como essas? A maioria das pessoas terá de fazer empréstimos para coisas deste tipo, mas o seu objetivo deve ser chegar ao ponto em que essas dívidas estejam pagas e você possa viver livre delas. Isso parece impossível? Mas não é! Fazer pagamentos extras de empréstimos em vez de comprar outra coisa que você poderia esperar para ter ajudará a pagar suas dívidas realmente mais rápido. Você pode ficar livre das dívidas se realmente quiser! Comece orando a respeito, acreditando que isso vai acontecer, declarando em voz alta, e vendo isso no seu coração. Lembre-se, Deus é poderoso para fazer infinitamente mais e além do que tudo que você ouse esperar, pedir ou pensar (ver Efésios 3:20). Seja ousado ao pedir e apaixonado ao dar.

Seis Razões para a Falta

Entendo que quando decidimos acreditar que Deus quer nos prosperar, às vezes temos de lidar com os motivos pelos quais algumas pessoas não prosperam. Como já mencionei, existem muitas razões para a falta, ou para se passar sem algumas coisas, na vida de muitas pessoas. Mencionei que às vezes estamos sendo testados e apenas precisamos ser pacientes e diligentes, mas existem outras coisas que valem a pena considerar e que devemos observar.

1. Ter uma Mentalidade de Pobreza - Muitas vezes o nosso entusiasmo pelo que Deus quer fazer conosco é amortecido pelo sentimento de que podemos pedir demais de Deus. Baixamos as nossas expectativas a tal ponto que quando Deus está pronto para nos usar, perdemos a oportunidade porque ainda estamos achando que nunca poderemos ter o que realmente desejamos. Não pedimos o melhor e nos contentamos com muito menos do que Deus quer nos dar. É como quando uma vidente leu a mão de um jovem e lhe disse: "Você será pobre e muito infeliz até os trinta e sete anos". O jovem perguntou: "Bem, e depois disso, o que acontecerá? Serei rico e feliz?" A vidente respondeu: "Não, você ainda será pobre, mas a essa altura já terá se acostumado com isso". É claro que não acreditamos em videntes nem as recomendamos, mas este exemplo prova um bom ponto de vista. Podemos nos acostumar a viver de uma determinada maneira e aceitar isso como a maneira como as coisas são sem nunca procurar descobrir se existe um jeito melhor.

Deus não costuma lhe dar aquilo que você não consegue se ver possuindo. Ele disse a Abraão que lhe daria tudo que ele pudesse ver (ver Gênesis 13:14-17). Algumas pessoas tiveram uma vida de pobreza que lhes foi passada de outras gerações, mas elas não deviam se recusar a crer que podem ser prósperas só porque ainda não tiveram essa oportunidade. Lembre-se, Deus tem prazer na prosperidade dos Seus servos (ver Salmo 35:27).

Algumas denominações religiosas na verdade se opõem a qualquer tipo de ensinamento que diga que Deus quer que o Seu povo tenha prosperidade. As pessoas que ensinam sobre prosperidade geralmente são chamadas de "pregadores da prosperidade". Frequentemente me perguntam em entrevistas se sou uma pregadora da prosperidade, ao que respondo: "Bem, eu não estou pedindo a Deus que me dê pobreza!" Não encorajo as pessoas a serem pobres! Quero desfrutar minha vida e ajudar outras pessoas a partir de todo o meu estudo da Palavra de Deus, e creio que esta é a vontade Dele também. Quero dar as pessoas esperança de que todas as áreas de suas vidas podem melhorar.

Meus pais nunca tiveram muitas coisas quando eu estava crescendo. Não éramos pobres, mas saí de casa aos dezoito anos com a atitude de "Não posso me dar ao luxo". Eu ouvira isso a vida inteira, portanto, era nisso que acreditava. A maioria das pessoas provavelmente diz isso milhares de vezes durante a vida, "Não posso me dar ao luxo de ter isso". Finalmente, aprendi a dizer, "Não seria sábio comprar isso agora, mas em breve poderei fazê-lo".

Por causa da minha mentalidade, eu sempre comprava o mais barato de tudo. Não comprava nada a não ser que estivesse em liquidação, até que finalmente entendi que estava gastando mais dinheiro em gasolina procurando alguma coisa em liquidação do que teria gasto se tivesse comprado pelo preço normal. Eu me sentia privada de coisas, mas mesmo quando tinha dinheiro, não estava disposta a ter coisas melhores. Deus teve realmente de tratar comigo quanto à minha atitude. Ele realmente me disse que eu tinha uma atitude barata e foram necessários alguns passos ousados de fé para que eu mudasse.

Eu queria coisas melhores, mas tinha sempre medo de gastar o dinheiro. Eu não comprava o que realmente gostava, mas comprava o que custava menos. Meu marido era o extremo oposto. Se tivéssemos o dinheiro, ele comprava o que realmente queria e me encorajava a fazer o mesmo.

Se você suspeita que tem o que chamo de "mentalidade de pobreza", eu o encorajo a mudar o seu modo de pensar, a mudar as suas palavras, e a começar a acreditar que o dia virá em que você poderá ter o melhor que a vida tem a oferecer. A Bíblia diz que você é cabeça e não cauda, que está por cima e não por baixo, e que você pode emprestar a muitas nações, mas nunca ter de pedir emprestado (ver Deuteronômio 28:12-13).

O nosso ensino bíblico deve se basear no medo apenas porque algumas pessoas fazem escolhas erradas?

Algumas pessoas que acham errado os cristãos terem muito têm medo de que as pessoas se tornem egoístas e fiquem desequilibradas. Sempre haverá pessoas que lidam da maneira errada com o dinheiro, mas será que o nosso ensino bíblico deve se basear no medo apenas porque algumas pessoas fazem escolhas erradas?

Não acredito que seja possível fazer um estudo completo sobre o assunto dinheiro na Bíblia e dizer que Deus não quer que o Seu povo o possua. Jesus falou mais sobre dinheiro do que sobre céu e inferno. Quinze por cento dos Seus sermões incluem ensinamentos sobre dinheiro. Cerca de metade das parábolas mencionam o assunto, e há aproximadamente dois mil versículos na Bíblia que falam sobre dinheiro. Eu diria que o dinheiro era um tópico bastante importante para Ele!

É muito interessante notar que ninguém parecia ter qualquer problema com o fato das pessoas serem ricas no Antigo Testamento. Eles viviam sob a Velha Aliança, que incluía claramente bênçãos materiais para aqueles que seguiam os mandamentos de Deus. Foi dito que a Nova Aliança é melhor em todos os aspectos e, no entanto, quando entramos no Novo Testamento, começamos a ver que as pessoas acusavam até os apóstolos de serem ávidos por dinheiro porque recebiam ofertas. Sempre fiquei pensando sobre o porquê disso, até que Deus me mostrou que foi somente no Novo Testamento que Jesus disse: "Ide por todo o mundo e pregai o Evangelho a toda criatura" (Marcos 16:15). "Ide" *custa caro!* Os pecadores não vão financiar a pregação do evangelho, portanto, se os cristãos não tiverem o que precisam para sobreviver, e menos ainda sobrando para dar, quem fará isso? Isto explica por que o diabo luta para impedir que as pessoas tenham o suficiente.

É Deus quem nos dá o poder para obter riquezas para que Ele possa estabelecer a Sua aliança (ver Deuteronômio 8:17-18). Deus certamente não quer que o mundo (que Ele está tentando atrair para Si) pense que Ele não pode ou não quer cuidar bem daqueles que pertencem a Ele. Deus não é sovina ou tem mente estreita; Ele é generoso e é mais do que suficiente para tudo o que precisamos.

Deus não apenas dá riquezas às pessoas. Ele lhes dá *poder* para conseguir essas riquezas. Há princípios divinos que temos de aplicar antes que Deus possa nos multiplicar. Sermos capazes de *ver* a nós mesmos prósperos é um deles.

2. Ter uma Boca de Pobreza – Aquilo que sai da sua boca é o que está no seu coração. Se você não consegue se ver tendo abundância e prosperidade, dirá coisas que impedirão Deus de abençoar você e ajudarão Satanás a mantê-lo pobre.

Aquilo que sai da sua boca é o que está no seu coração.

Se Jesus estivesse andando na terra hoje, não creio que o ouviríamos dizer, "Não posso me dar ao luxo de ter coisas boas", ou "Nunca vou dirigir um carro novo nem poderei comprar a minha casa própria". Você crê? Tenho certeza de que Jesus falaria positivamente e com confiança e que toda a Sua atitude seria a de esperar que o Seu Pai no céu cuidaria bem Dele. Não podemos esperar *vida* (coisas boas) se falamos *morte* (coisas negativas).

Deus dá vida aos mortos e chama as coisas que não são como se já existissem (ver Romanos 4:17). Devemos imitar o nosso Pai celestial em todas as coisas (ver Efésios 5:1). Portanto, devemos falar como Deus fala. Em outras palavras, devemos declarar o que a Palavra de Deus diz. Não diga coisas do tipo "Não posso me dar ao luxo de ter isto". "Eu jamais poderia viver em uma casa bonita assim". "Eu jamais poderia comprar naquela loja". "Provavelmente nunca terei um carro zero". "Acho que nunca tirarei umas férias decentes". "Este emprego não paga nada e provavelmente nunca poderei conseguir outro". "Gostaria de um filé, mas vou comer hambúrguer a vida inteira". "Toda vez que consigo algum dinheiro, acontece algum tipo de desastre e ele é roubado".

Não fale com base nas suas emoções. Quando você estiver irritado, seja prudente e contenha seus lábios (ver Provérbios 10:19). Comece a dizer o que Deus diz que você pode ter, e não o que você tem neste instante.

3. Ciúmes e Inveja – Há uma velha história sobre dois lojistas que eram rivais em extremo. Suas lojas ficavam diretamente do outro lado da rua uma de frente para a outra, e eles passavam o dia controlando os negócios um do outro.

Se um conseguisse um cliente, sorria triunfante para o seu rival. Dia e noite, eles provocavam um ao outro à medida que cada um se esforçava para superar o outro. Logo a coisa passou a ser mais que um jogo; passou a ser uma competição de raiva e ódio movidos por ciúmes. Certa noite, um anjo apareceu para um dos lojistas em um sonho, e disse: "Eu lhe darei qualquer coisa que você pedir, mas seja o que for que você receba, o seu competidor receberá o dobro. Você quer ser rico? Você será muito rico, mas ele será rico em dobro. Você quer ter uma vida longa e saudável? Você pode ter, mas a vida dele será mais longa e mais saudável. Qual é o seu desejo?" O homem franziu a testa, pensou por um instante, e depois disse: "Eis o meu pedido: que eu fique cego de um olho!".

Não tenha inveja das pessoas que são mais prósperas que você.

Não tenha inveja das pessoas que são mais prósperas que você. Até sermos totalmente felizes pelos outros quando eles forem abençoados, viveremos sempre em necessidade. A Bíblia diz que a inveja é uma perda de tempo (ver Tito 3:3). Não faça comentários invejosos do tipo: "Você viu o anel que ela está usando? Eu nunca usaria algo tão gritante. De qualquer forma, ela não pode realmente pagar por um anel como aquele. Deve ter custado muito dinheiro". "Eu nunca compraria minhas roupas ali. O preço que eles cobram é ridículo. Não consigo acreditar em como as pessoas desperdiçam dinheiro". "Não há motivo para alguém dirigir um carro tão caro". "Não importa quanto dinheiro eu tivesse, eu jamais pagaria tão caro por uma refeição". "Você ouviu dizer que eles estão saindo de férias *outra vez?*".

"Eu nunca faria isso" é uma das afirmações mais ridículas que as pessoas podem fazer, porque elas geralmente terminam fazendo o que disseram que nunca fariam.

Quando você vir ou ouvir falar sobre as bênçãos de alguém, preste atenção à forma como você reage em seu coração e com a sua atitude. Você pode localizar a razão para a falta em sua própria vida. Em vez de ficar com inveja, ore para que as pessoas sejam abençoadas ainda mais do que são. Simplesmente olhe para elas e diga: "Estou nessa fila!".

Se você conhece uma pessoa que é de Deus e é próspera, observe como ela vive, fala, oferta, trata as pessoas, e lida com o dinheiro. Permita que ela seja uma escola universitária para você sobre "como prosperar". A inveja gera contendas. Deveríamos pedir a Deus o que queremos e confiar Nele para nos dar isso no tempo certo. Se nossos motivos para pedir forem errados, não receberemos o que pedimos. Sentir inveja não é um motivo que procede de Deus (ver Tiago 4:1-3).

4. Não Dar Tudo que Deus lhe Diz para Dar – Deus disse que devemos trazer todos os dízimos à casa do tesouro (ver Malaquias 3:8-12). O dízimo corresponde aos primeiros dez por cento de toda a sua renda. Em vez de dizer, "Estou dizimando sobre o meu contracheque, então realmente tenho de dizimar sobre aquele bônus, ou sobre o lucro da venda da minha casa, ou sobre aquela herança", deveríamos ficar entusiasmados em dar *tudo* que Deus pede. Ele nunca tenta tirar nada de nós, mas está nos colocando na posição na qual ele possa nos abençoar mais.

Jesus pediu a um jovem governante rico um sacrifício especial, e ele não foi capaz de dar. A Bíblia diz que o jovem foi embora triste porque era muito rico (ver Marcos 10:21-30). Creio que se aquele jovem tivesse dado o seu tudo, como Jesus lhe pediu, mais tarde ele teria recebido ainda mais do que deu.

Ananias e Safira só deram parte do que tinham se comprometido e caíram mortos. Sim, isso é muito grave, mas talvez Deus esteja tentando nos dizer o quanto a obediência é importante através do exemplo deles (ver Atos 5:1-10). Abel deu uma oferta aceitável, mas Caim não. Caim deu qualquer coisa, mas não foi o que Deus havia pedido. Deus ficou satisfeito com Abel, mas não ficou satisfeito com Caim. O resultado foi que Caim ficou com ciúmes e matou Abel, e terminou vivendo com uma maldição por toda a vida. Tudo porque ele não estava disposto a dar o seu melhor a Deus (ver Gênesis 4:3-8).

Exatamente ao contrário, os macedônios pediram a oportunidade de dar, embora eles já tivessem seus próprios problemas (ver 2 Coríntios 8:1-4). De qual atitude você acha que Deus gostou mais? Quem você acha que se colocou na posição de receber uma promoção? Não é difícil calcular, então eu o encorajo firmemente a dar *tudo* o que Deus pede, e você nunca lamentará. A sua carne pode não gostar disso a princípio, mas você colherá ricas recompensas mais tarde.

Dê tudo o que Deus pede, e você nunca lamentará.

---

5. Conflitos (Bate-boca, Discussões, Amargura, Ressentimento e Falta de perdão) em Sua Vida – A Bíblia diz no Salmo 133 que onde há unidade, Deus ordena a benção. Uau! Isso me diz que eu serei uma pacificadora e uma mantenedora da paz e que serei abençoada. Creio que existem muitas pessoas que estão esperando que Deus as capacite a prosperar, e elas podem até estar ofertando, mas na maior parte do tempo estão iradas e ofendidas. Deus não pode abençoar este tipo de atitude.

Você está orando e crendo em Deus para ter prosperidade em sua vida? Se estiver, precisa se lembrar de que a fé opera através do amor (ver Gálatas 5:6). Podemos orar com fé por abundância e prosperidade, mas se não estivermos andando em amor, a nossa fé não tem nenhuma energia por trás dela. Quando você orar, se você tiver alguma coisa contra alguém, deve abrir mão disso, abandonar e desistir disso. Você precisa perdoar completamente para que as suas orações sejam respondidas (ver Marcos 11:25-26). Você está orando por uma promoção e um aumento no trabalho, mas está com raiva do chefe que terá de aprová-la?

Jane era uma mãe solteira que trabalhava havia cinco anos na companhia de eletricidade local, e realmente precisava de um grande aumento para ajudá-la a sustentar sua família adequadamente. Jane ainda estava sentindo amargura com relação a seu ex-marido, que a havia enganado e raramente pagava a pensão alimentícia. Ela também havia estado com raiva de seu chefe por dois anos porque outra colega de trabalho recebeu a colocação que Jane queria. Em toda oportunidade que Jane tinha, ela falava de forma nada gentil sobre seu marido e seu chefe. Isso era tão forte que suas amigas estavam começando a ter pavor de estar perto dela. Até seus filhos perceberam o quanto ela havia se tornado negativa e amarga.

Jane estava orando e, de acordo com a sua terminologia, "estava realmente crendo em Deus" para lhe dar aquele aumento, mas mesmo assim ele não veio. Então, certa semana, sua igreja convidou um palestrante que revelou como a contenda impede as pessoas de serem abençoadas, e ela percebeu que havia mordido a isca de Satanás e havia caído bem no fundo da armadilha dele. Ela reconheceu o seu pecado, pediu a Deus que a perdoasse, e começou a orar para que seu ex-marido e seu chefe fossem abençoados. Ela ficou impressionada quando depois de apenas três semanas, ela foi chamada ao escritório do seu chefe e ele lhe ofereceu uma posição que lhe daria um aumento de oito mil dólares por ano e uma semana extra de férias. Jane orou por algo e bloqueou a resposta à sua própria oração permitindo que seu coração ficasse cheio de sentimentos de disputa. Imagino quantas outras centenas de milhares de pessoas estejam fazendo a mesma coisa e se sentindo confusas quanto ao motivo pelo qual não prosperam na vida.

A sabedoria nos leva às riquezas, à honra e à promoção (ver Provérbios 4:8; 8:18). Mas a verdadeira sabedoria é pacífica (ver Tiago 3:17). Se não formos pacíficos, não estamos andando em sabedoria e, portanto, não desfrutaremos das riquezas, da honra e da promoção.

6. Não Economizar Dinheiro – Deus ordena a benção sobre os celeiros (ver Deuteronômio 28:8). Você tem um celeiro? Você tem um cofre de porquinho, uma conta de poupança, uma meia onde esconde dinheiro, ou qualquer coisa que possa chamar de celeiro? Quando meu marido Dave era adolescente, ele tinha uma meia na gaveta de sua cômoda onde economizava dinheiro. Ele economizou dinheiro suficiente em sua meia para pagar mil dólares à vista pelo seu primeiro carro, e isso era muito dinheiro. A família de Dave não tinha muito dinheiro, mas ele decidiu que trabalharia duro e economizaria. Ele acreditava que se fizesse isso, Deus o abençoaria, e isso aconteceu.

Inicie um celeiro para honrar os princípios de Deus e veja-o abençoá-lo.

Experimente — comece a economizar para alguma coisa que você quer comprar em vez de debitá-la em um cartão de crédito. Inicie um celeiro para honrar os princípios de Deus e veja-o abençoá-lo. Deus pode lhe dar todo tipo de formas de ganhar dinheiro extra. Dave trabalhou fazendo muitas horas extras no seu emprego durante o período em que ele estava economizando o dinheiro para o seu carro. Quem sabe, talvez se ele nunca tivesse começado a economizar ele nunca teria tido a oportunidade de fazer horas extras?

Se as pessoas não aprenderem a economizar e a ter um celeiro, elas nunca viverão além do seu próximo contracheque. Elas sempre estarão a um contracheque da pobreza. Se você acha que não consegue economizar, então está enganado. Comece a dar uma olhada honesta nas coisas em que você desperdiça dinheiro e comece a economizar esse dinheiro. É provável que você fique impressionado com o valor que economizará depois de algum tempo.

Não creio que Deus queira que estejamos sempre em falta. Afinal, Ele é o Deus do "mais que suficiente", e não do "mal dá para sobreviver", ou do "passar sem". Siga os princípios de Deus estabelecidos na Sua Palavra, e se você for paciente, creio que prosperará em tudo onde puser a sua mão. Não estou sugerindo que todos serão multimilionários, mas realmente acredito que todos podem ter as suas necessidades atendidas e ter uma provisão extra para poder auxiliar aos que estão necessitados.

eu desafio você

Mantenha um Relacionamento Correto com o Dinheiro

Não há problema em se ter dinheiro, mas não queremos amar o dinheiro, assim como nunca queremos maltratar ninguém para ter dinheiro nem ser desonestos na nossa busca por ele. Nunca deseje ter dinheiro por motivos egoístas. É claro que é natural querer ser abençoado, mas podemos realmente aprender a ter prazer em abençoar outros ainda mais do que temos em ser abençoados.

Eis um teste bíblico que todos nós podemos fazer com frequência para ver se estamos mantendo um relacionamento correto com o dinheiro. Se tivermos o dinheiro ou os bens para sustentar nossa vida, e virmos o nosso irmão passando necessidade e ainda assim fecharmos o nosso coração sem termos compaixão dele, então não teremos um relacionamento correto com o dinheiro. Não é errado ter dinheiro, desde que não permitamos que o dinheiro nos possua! A Bíblia diz que o amor de Deus não pode viver e permanecer em nós se virmos os nossos irmãos passarem necessidade e nos recusarmos a ajudá-los de alguma forma (ver João 3:17).

CAPÍTULO 15

Mexa-se!

Este livro é sobre ousar viver com propósito e paixão, e ter um corpo forte e saudável é parte do que nos capacita a fazer isso. Todos nós sabemos que quando nos sentimos mal fisicamente tudo se torna mais difícil. Quando estamos cansados, exauridos, e nos privamos de exercício e de refeições boas e nutritivas, os problemas podem parecer três vezes piores. É mais difícil se concentrar e dedicar a atenção necessária ao que precisamos fazer. Estou aqui para lhe dizer, porém, que Deus pode nos capacitar a fazer qualquer coisa e que Ele costuma dar às pessoas uma força sobrenatural para realizar coisas impressionantes, mesmo quando estão enfermas. Não é o desejo de Deus que tenhamos problemas constantes de saúde.

Jesus era e é Aquele que sara. Como eu disse anteriormente, Jesus pode nos curar onde quer que estejamos sofrendo. A nossa cura foi comprada e paga na expiação, assim como os nossos pecados. Expiação significa reconciliação, e significa plenitude. Gosto de refletir sobre isso. Jesus morreu em prol da nossa perfeição — corpo, alma e espírito, mente, vontade e emoções. Ele derramou o Seu sangue para que os nossos pecados e todos os efeitos deles pudessem ser perdoados e vencidos.

> "Certamente ele tomou sobre si as nossas enfermidades e sobre si levou as nossas doenças; contudo nós o consideramos castigado por

> Deus, por Deus atingido e afligido. Mas ele foi transpassado por causa das nossas transgressões, foi esmagado por causa de nossas iniquidades; o castigo que nos trouxe paz estava sobre ele, e pelas suas feridas fomos curados".
>
> — ISAÍAS 53:4-5

Esta bela passagem bíblica descreve profeticamente ou prediz a maravilha que Jesus fez por nós quando morreu e derramou Seu sangue na cruz do Calvário.

Creio que muitas pessoas acreditam erroneamente que Jesus morreu apenas para resolver os seus problemas espirituais. Elas acreditam que Ele perdoa os pecados, mas não acreditam necessariamente que Ele faça nada quanto aos resultados do pecado. Elas reconhecem o dom da vida eterna, mas como uma mulher afirmou recentemente, elas também acreditam que devemos tolerar uma travessia turbulenta até chegarmos ao céu. Em outras palavras, o céu é maravilhoso, mas a vida é algo que precisamos suportar e lutar para atravessar. O céu é a recompensa, mas a vida é o teste. Em outras palavras, o céu é o nosso brinquedo favorito no parque de diversões, e a vida é a fila para entrar nele.

O pecado ainda existe no mundo, mas Deus preparou um caminho através de Jesus Cristo para que os nossos pecados fossem perdoados continuamente. A doença existe no mundo, mas podemos pedir e crer na cura de Deus.

A Cura Física é da Vontade de Deus?

Algumas pessoas acreditam que Deus quer que elas fiquem doentes. Se este é o caso, eu me pergunto por que elas vão ao médico e tentam ser curadas. Se Deus quer que as pessoas fiquem doentes, por que Jesus curava as pessoas? É importante conhecermos a vontade de Deus; de outro modo, não podemos liberar a nossa fé para recebê-la.

Em Mateus 5, 8 e 9, Jesus curou um leproso, curou o servo do centurião, curou a sogra de Pedro, curou um paralítico, e curou uma mulher que tinha uma hemorragia há doze anos. Ele expulsou demônios de um homem que era possesso e ressuscitou uma menina dos mortos. Ele abriu os olhos de dois cegos e deu a um mudo a capacidade de falar.

> "Jesus ia passando por todas as cidades e povoados, ensinando nas sinagogas, pregando as boas novas do Reino e curando todas as enfermidades e doenças".
>
> — MATEUS 9:35

Se vamos acreditar na Palavra de Deus, precisamos crer que a natureza de Deus é a de curar e tornar são. Mencionei no capítulo anterior a passagem de 3 João 2 que diz: "Amado, oro para que você tenha boa saúde e tudo lhe corra bem, assim como vai bem a sua alma". Ao que parece, é importante para Deus que tenhamos uma vida próspera em todas as áreas, inclusive uma boa saúde.

Como Podemos Receber a Cura de Deus?

Tiago disse que não temos porque não pedimos. Talvez haja milhares de pessoas lendo isto que nunca pediram a Deus para curá-las fisicamente, simplesmente porque não sabiam que esta era a vontade Dele. Se este é o seu caso, você precisa pedir.

Peça com fé sem duvidar, hesitar ou vacilar (Tiago 1:6) e esteja seguro quanto ao que está pedindo que Deus faça por você. Não deixe que as circunstâncias o façam duvidar. Creia que o poder curador de Deus está operando em você, ainda que você não sinta ou veja nenhuma mudança ainda. Não é isso que fazemos quando tomamos remédio? Vamos ao médico, pegamos uma receita, e começamos a cumprir o dever de tomar o remédio. Às vezes tomamos um vidro inteiro e passamos para o segundo porque ainda estamos com problemas, mas continuamos a tomá-lo porque acreditamos no nosso médico quando ele diz que o remédio funciona.

A Palavra de Deus é como um remédio — ela tem um poder inerente que cura.

A Palavra de Deus é como um remédio — ela tem um poder inerente que cura. A Palavra afirma que devemos estar atentos às palavras de Deus, pois elas são vida para aqueles que as encontram, cura e saúde para todo o seu ser (ver Provérbios 4:20-22).

A palavra hebraica para "saúde" é "remédio". Em Êxodo 15:26, a tradução de Isaac Leiser diz: "Eu sou o Senhor Teu Médico". Juntando-se Provérbios 4:20-22 e Êxodo 15:26, poderíamos traduzir desta forma: "Eu Sou o Senhor Teu Médico, e o remédio que prescrevo é a Minha Palavra". É poderoso!

Sempre encorajo as pessoas a confessarem a Palavra de Deus em voz alta e a meditarem nela com frequência para ajudá-las em todo tipo de situação. O Salmo 107:20 diz: "Ele enviou a sua palavra e os curou". Quando as pessoas ligam para o nosso escritório pedindo oração quando estão enfermas, costumamos enviar para elas uma lista de escrituras de cura que recomendamos que elas confessem em voz alta. Dizemos a elas para fazerem isso com a maior diligência possível como se estivessem tomando um remédio, e já recebemos relatos fabulosos de pessoas que receberam a cura.

Para receber a cura de Deus, precisamos ser pacientes e firmes. Muitos milagres ocorrem instantaneamente, mas a cura costuma ser um processo que requer tempo.

Muitos milagres ocorrem instantaneamente, mas a cura costuma ser um processo que requer tempo.

Uma grande amiga minha chamada Pennie sofreu durante vinte anos com um problema nas costas que a fazia sentir muita dor. Ela fez tudo que podia ser feito, menos cirurgia, que seu médico não recomendava. Finalmente ela chegou ao ponto em que precisava de um milagre! Considero Pennie uma mulher de Deus e ela é definitivamente uma mulher de oração. Ela costumava orar ao longo dos anos sem ver a situação mudar, mas continuava buscando a Deus para receber a cura. Embora Deus não tenha retirado sua dor imediatamente, Ele a fortaleceu e a capacitou a criar seus filhos e a executar todas as suas obrigações como esposa de um pastor.

Um dia, quando Pennie estava orando sobre a sua situação, que parecia estar se agravando, Deus imprimiu estas palavras em seu coração: "Corra para o seu milagre". Ela não tinha certeza do que Ele queria dizer, mas a primeira coisa que veio à sua mente foi correr uma maratona, o que, naturalmente, era impossível para ela no seu estado. Ela foi ao médico, que olhou para ela e disse: "É impossível". Pennie disse: "Bem, então Deus terá de fazê-lo".

Ela começou a treinar para correr a maratona, e quando começou só conseguia suportar correr cerca de metade da quadra. Pennie continuou treinando por seis meses, e finalmente chegou a hora de correr a maratona de quarenta quilômetros. Alguns dias antes da corrida, seu joelho começou a doer, e doía tanto que ela chegou a mancar. Cada pensamento em sua mente lhe dizia que ela jamais poderia correr aquela corrida, mas a sua fé era tão forte que ela disse a seu marido: "Vou correr esta maratona ainda que você tenha de me carregar até à linha de partida".

No dia da corrida, ela mancou até à linha de partida, e enquanto estava ali, suas costas pararam de doer e nunca mais doeram por um só dia desde então, o que, enquanto escrevo este livro, já faz três anos. Deus ainda cura e faz milagres hoje!

Deus ainda cura e faz milagres hoje!

Então, por que ela teve de esperar tanto? Por que Deus teve de fazê-la correr para o seu milagre? Não temos as respostas para estas perguntas, mas somos ensinados a sermos pacientes, obedientes, diligentes, determinados, firmes e cheios de fé. A fé vê o que ainda não tem, mas acredita que pode ter, com base na Palavra de Deus.

Recebemos as promessas de Deus por meio da fé e da paciência (ver Hebreus 10:35-36). Portanto, se você precisa de cura, eu o encorajo a orar e não desistir.

Devo Tomar Remédios?

Costumam surgir perguntas sobre tomar remédios. Algumas pessoas disseram que se estamos crendo em Deus para a cura, devemos confiar somente Nele e não tomar remédios. Deus pode dizer isso a alguém em uma situação específica, mas para mim, não creio que seja um requisito que precisemos atender a fim de recebermos a cura sobrenatural. Na verdade, acho que pode haver momentos em que seria uma tolice completa não tomar remédios. Gosto de Provérbios 18:9: "Aquele que não usa os seus meios para se curar é irmão daquele que comete suicídio" (AMP).

Alguns remédios provavelmente devem ser evitados, porque os efeitos colaterais são piores do que a doença original, mas estas são áreas a respeito das quais precisamos orar e receber direção de Deus.

Muitas pessoas hoje estão optando por usar métodos de cura alternativos, que incluem nutrição e outros tratamentos de saúde feitos sem medicamentos nocivos. Creio que toda vez que pudermos ajudar a nós mesmos naturalmente, é muito melhor do que introduzir um elemento químico em nossos corpos. Eu realmente tomo remédios, mas não se puder evitar. A melhor política é buscar a Deus quanto ao que fazer antes de fazer qualquer coisa. Seguir a direção Dele sempre vai funcionar muito melhor do que qualquer outra coisa.

Por que As Pessoas Adoecem?

Antes que o pecado entrasse no mundo, não havia doença. O homem era tão saudável e forte que Adão viveu 930 anos antes de morrer. Hoje a expectativa de vida nos Estados Unidos é de 77,6 anos e mundialmente é de 64,2. A enfermidade pode ser causada pelo pecado individual, mas nem sempre é causada por ele. Ela geralmente é o resultado do princípio do pecado e da decadência que o pecado gera, que está em operação no mundo atualmente. Estamos no mundo, a enfermidade está no mundo, e às vezes um colide com o outro.

A Bíblia costuma associar o pecado à doença. Deus perdoa todas as suas iniquidades e cura todas as suas enfermidades (ver Salmo 103:3). "E a oração feita com fé curará o doente; o Senhor o levantará. E *se* houver cometido pecados, ele será perdoado" (Tiago 5:15, ênfase da autora). Jesus perdoou os pecados do paralítico antes de curá-lo (ver Mateus 9:2).

Na Bíblia lemos sobre um homem que nasceu cego, e quando os fariseus questionaram Jesus sobre a cegueira, perguntando se era resultado dos seus próprios pecados ou dos pecados de seus pais, Jesus respondeu que não era uma coisa nem outra: Ele disse que ele havia nascido cego para que o poder de Deus pudesse ser demonstrado através dele.

Provavelmente há mais enfermidade e doença no mundo hoje do que em qualquer outro tempo. A nossa comida costuma estar desprovida de vitaminas e minerais; a nossa água e o nosso ar podem estar poluídos; os níveis de estresse são elevados demais na maioria das pessoas, e algumas delas não dormem nem se exercitam o suficiente. De uma maneira geral, creio que é seguro dizer que a maioria das pessoas não cuida de si mesma como deveria. O corpo delas está debilitado, e quando os germes o invadem, é muito fácil pegar qualquer doença que eles representem.

Cuide Melhor de Si Mesmo

Você está sendo egoísta se gasta tempo e dinheiro cuidando de si mesmo? Absolutamente não! Na verdade, creio que você está sendo egoísta se não cuida de si mesmo. O nosso corpo é o templo do Espírito Santo (ver 1 Coríntios 6:19). Deus vive em você. Ele um dia habitou no tabernáculo ou no templo, mas agora habita naqueles que creem Nele e que aceitaram Jesus como seu Salvador.

Você está sendo egoísta se não cuida de si mesmo.

Na verdade, a Bíblia diz que Deus faz a Sua habitação naqueles que recebem Jesus como seu Salvador pessoal (ver 1 João 4:15). Isto é um privilégio, mas também é uma responsabilidade. Precisamos cuidar da casa de Deus! Ele investiu a Si mesmo em nós e devemos investir também. Dedique tempo para cuidar de si mesmo. Se você desgastar o corpo que tem agora, não poderá ir ao shopping e comprar outro.

Dedique tempo para aprender sobre boa nutrição e para fazer escolhas relativas a uma alimentação e um estilo de vida saudáveis. Algumas pessoas estão doentes o tempo todo simplesmente porque não se respeitam o suficiente para cuidarem de si mesmas. Em meu livro *Pareça Maravilhosa, Sinta-se Maravilhosa*, escrevi que acredito que as pessoas nos

Estados Unidos estão passando por uma crise de autoestima. O que eu quis dizer é que muitas pessoas se sentem mal consigo mesmas porque foram desvalorizadas pelos outros, e a opinião delas próprias acerca de si mesmas as fere mais do que qualquer outra coisa.

As pessoas precisam amar a si mesmas de uma forma equilibrada, ou precisarão se preparar para uma vida inteira de infelicidade.

As pessoas precisam amar a si mesmas de uma forma equilibrada ou podem se preparar para uma vida inteira de infelicidade. Você nunca escapa de si mesmo nem por um só instante, portanto aprenda a se amar e a se apreciar, porque Deus o ama e o aprecia. Ele ama você com amor eterno e, sabe, Ele até gosta de você. Nós ficamos totalmente inconformados por causa dos nossos dedos engraçados ou por causa das nossas sardas, mas Deus acha esses detalhes bonitinhos. Ele nos acha maravilhosos. Você pode ter achado que nesta vida você foi escolhido para fazerem piada com você, mas a boa notícia é que Deus o escolheu para tomá-lo nos braços. Ele vai tomá-lo nos colo e vai tornar a sua vida significativa.

Se você precisa de cura ou não quer ficar doente, assuma o compromisso de cuidar melhor de si mesmo. Se você fizer o que pode fazer, Deus fará o que você não pode fazer. Seria melhor receber uma cura ou viver com saúde divina? É claro que saúde divina seria melhor. Se isso é o que você deseja, você terá de aprender alguma coisa sobre medicina preventiva, e isso significa cuidar de si mesmo antes de ficar doente. Apenas eliminando o excesso de estresse em sua vida você pode prevenir as doenças, então, por que não começar hoje fazendo escolhas melhores? O apóstolo Paulo tinha um colega de trabalho que ficou doente por trabalhar demais no ministério a ponto de quase morrer. Nenhum de nós pode quebrar as leis de Deus relativas à saúde consistentemente e sair ileso. A hora é agora! Seja proativo em vez de reativo. Seja apaixonado (tenha um forte desejo) por cuidar do seu corpo e depois siga em frente escolhendo um estilo de vida que o ajude a atingir o seu objetivo. Aprenda sobre saúde e sobre os benefícios do exercício e da boa nutrição.

Evite Obstruir o Seu Corpo com Estresse e Sentimentos Negativos

Geralmente quando ficamos doentes, a culpa na verdade pode ser da raiva e da falta de perdão. A Bíblia diz que essas duas emoções negativas abrem a porta para o diabo nos fazer mal (ver Efésios 4:26-27; 1 Coríntios 1:10-11). "Uma mente e um coração calmo e despreocupado são a vida e a saúde do corpo, mas a inveja, o ciúme e a ira são como podridão para os ossos" (Provérbios 14:30). Cuidado com tudo que é negativo e lembre-se que quando os sentimentos negativos são enterrados vivos eles simplesmente nunca morrem. Eles permanecem em nós, corroendo como um câncer a nossa saúde espiritual, mental e física.

Quando os sentimentos negativos são enterrados vivos eles simplesmente nunca morrem.

O apóstolo Paulo disse que uma grande porta de oportunidade se abriu para ele, e com muitos adversários. Às vezes o diabo nos ataca com enfermidades simplesmente porque estamos fazendo o bem e ele quer nos distrair.

Tive muitos desafios na área da saúde em minha vida, e sei por experiência própria que é muito mais difícil ser gentil, ter vontade de orar, e servir aos outros quando estamos concentrados na dor ou na fraqueza que acomete o nosso corpo.

Um dia antes de partir para uma viagem missionária a Ruanda, fiquei doente. Não tão doente a ponto de não poder ir, ou de não poder estar de pé, mas o suficiente para tornar as coisas difíceis. Infelizmente, fiquei ainda mais doente depois que parti e me dirigi à antiga União Soviética para ministrar ali. Um mosquito me picou ao lado do olho e ele inchou a ponto de fechar, o que nunca havia me acontecido com uma picada de mosquito. Tive problemas de estômago, aftas na língua, uma infecção nos seios nasais, e muita dor de garganta — o que dificultou muito pregar, mas Deus me capacitou para fazer tudo que eu precisava fazer.

Durante esses momentos em que as coisas são claramente difíceis, tento ficar firme e continuar fazendo o que acredito que Deus está me chamando para fazer. Também tento pensar em como fiquei tão doente e depois tento aprender como posso cuidar melhor de mim mesma no futuro.

Não aceite a doença nem a assuma como sua. Costumo ouvir as pessoas dizerem coisas do tipo "Minhas alergias" ou "A minha úlcera". O mínimo que podemos fazer é não receber a doença como um membro da família e nos referirmos a ela da mesma maneira que nos referimos a um parente! Ela pode estar de visita, mas devemos estar decididos a não deixar que ela fixe residência permanente.

Jesus é Aquele que o sara e Ele quer que você se sinta cheio de energia, forte e saudável. Não se contente com nada menos do que isso. Faça tudo que puder para cooperar com o Espírito Santo enquanto Ele trabalha para levá-lo a um estado de saúde divina.

eu desafio você

Diga Não ao Estresse!

Uma das coisas que podem roubar a sua saúde e a sua felicidade mais depressa é o estresse. Ele começa quando ficamos tão ocupados que não temos tempo para nos exercitar, e depois quando não temos tempo para um almoço saudável, e comemos qualquer coisa como um salgadinho (se é que comemos alguma coisa). Se começarmos a tomar bebidas cheias de cafeína para nos dar energia e ignorar o clamor do nosso corpo por água, e a ter tantos compromissos a ponto de não descansar ou dormir o suficiente, em breve o nosso corpo estará debilitado por falta de boa nutrição e hidratação, seguindo em frente a todo vapor sem tempo para descansar. O nosso desempenho, tanto no trabalho quanto nos compromissos do dia a dia começa a decair, e então a nossa ansiedade e preocupação aumentam. É um ciclo brutal, mas ele pode ser interrompido antes de chegar a esse ponto. Eis algumas dicas rápidas:

1. *Priorize.* Seja sempre intencional em priorizar o que é mais importante. Reserve tempo para planejar o que você quer e precisa fazer a cada dia. Tirando dez a quinze minutos do seu

dia para planejar, você poupará a si mesmo muito desperdício de tempo e de energia mais tarde.

2. *Mantenha o equilíbrio.* Queremos buscar o nosso propósito com entusiasmo, mas não devemos buscar os nossos sonhos em detrimento da nossa família, do nosso relacionamento com Deus, e de outras áreas da nossa vida. Peça a Deus para ajudá-lo a manter as coisas certas no lugar certo.
3. *Tire um tempo de folga.* Você pode se sentir pressionado a cuidar das necessidades de tudo e de todos, menos das suas. Entenda que você não é o Coelhinho Duracell — separe tempo para desacelerar. Leia, tome um banho de espuma, vá dar uma corrida, jogue uma partida de vôlei. Faça alguma coisa que permita que a sua mente se recarregue e que o seu espírito se renove.

Um Espírito Independente

Às vezes Deus usa a doença como um cajado para conduzir uma pessoa em direção à Sua vontade. Watchman Nee, F. F. Bosworth, e outros, concordam neste ponto. Watchmann Nee disse: "Deixe-me falar claro: muitos estão doentes simplesmente porque amam demais a si mesmos". A não ser que esse egocentrismo desequilibrado seja retirado do coração deles, Deus não poderá usá-los. Mencionei que devemos amar a nós mesmos, mas não quero dizer que devemos viver apaixonados por nós mesmos, fazendo de nós e dos nossos desejos o centro das nossas vidas. Deus e a Sua vontade devem vir sempre em primeiro lugar.

Não creio que Deus faça as pessoas ficarem doentes, mas realmente acredito que Ele use a doença algumas vezes para castigar uma pessoa desobediente, principalmente se ela se recusa a ouvir de qualquer outra maneira. Ele também pode usar a doença para nos desacelerar a fim de chamar a nossa atenção, se nos recusarmos a desacelerar por nós mesmos. Deus adoraria que ouvíssemos a Sua Palavra e obedecêssemos a Ele, mas geralmente não nos submetemos tão facilmente. Costumamos ser teimosos e independentes, e essas duas coisas precisam ser extirpadas de nós.

Deus também pode usar a doença para nos desacelerar a fim de chamar a nossa atenção.

Um pastor me disse que Deus havia tratado com ele por muito tempo para tirar o estresse de sua vida, a fim de que ele tivesse um estilo de vida mais equilibrado. Ele havia ignorado as advertências de Deus e finalmente ficou muito doente. Enquanto estava se recuperando, foi dar um passeio no parque e acabou por deitar na grama para pensar e orar. O Espírito Santo o fez lembrar-se do Salmo 23:2: "Em verdes pastagens me faz repousar". O pastor disse que já que havia se recusado a deitar e descansar por si só, Deus *fez* com que ele se deitasse. Em outras palavras, ele ficou doente e não teve outra escolha senão descansar.

Quando Jesus estava tendo o que costumamos chamar de A Última Ceia com os Seus Discípulos, a Bíblia diz que Ele *partiu* o pão, *abençoou-o*, e o *deu* a eles. Deus precisa nos quebrar, Ele nos abençoa, e depois Ele nos dá ao mundo para ajudá-lo. Uma pessoa independente e autoconfiante não é alguém que está quebrado. Quando estamos quebrantados, somos dependentes de Deus, a nossa confiança está Nele, e somos flexíveis e moldáveis em Suas mãos.

A história do filho pródigo na Bíblia começa com ele dizendo a seu pai: "Dá-*me* a minha herança". Mas depois de perder tudo e de terminar comendo com os porcos, ele voltou para seu pai e disse: "Trata-*me* como um dos teus empregados" (ver Lucas 15:11-24). Precisamos passar do "Dá-me" para o "Trata-me" antes que Deus possa fazer muita coisa conosco. Ele quer que estejamos totalmente comprometidos com Ele para que possa fazer o que precisa fazer a fim de realizar o Seu propósito.

Peça a Deus que Ele o quebre, o abençoe e o dê ao mundo como uma bênção. Peça a Deus para quebrantar o seu coração com as coisas que quebrantam o coração Dele.

Sonhe Grande e Nunca Desista

Sean Swarner é o primeiro e único sobrevivente de câncer a subir ao cume da maior montanha do mundo — o Monte Everest. Aos treze anos, ele foi diagnosticado com a doença de Hodgkin e lhe deram três meses de vida. Dois anos depois, aos quinze anos, Sean foi diagnosticado com o sarcoma de Askin. O prognóstico era muito pior que o anterior e os médicos lhe deram apenas duas semanas de vida. Mas, assim como da primeira vez, Sean sobreviveu.

Sendo a única pessoa no mundo que já teve estes dois tipos de câncer — e viveu para contar — Sean começou a compartilhar sua história para motivar outros e influenciar vidas. Em 16 de maio de 2002, às 9:32 da manhã, ele se tornou o primeiro sobrevivente de câncer a ficar de pé no topo do Monte Everest.

Desde então, ele atingiu o topo de três dos picos mais altos do mundo e falou por todo o mundo sobre a sua vida e suas aventuras para inúmeras pessoas e organizações. No topo do Everest, e basicamente do mundo, ele deixou uma bandeira adornada com os nomes de pessoas afetadas com câncer, comemorando para sempre a luta dos pacientes de câncer em todo o mundo.

Sean fez o mesmo nos pontos mais altos da África, da Europa, e recentemente em sua subida ao Aconcágua, na América do Sul, de vinte e três mil pés de altura. Ele diz que seu objetivo final é subir a montanha mais alta de cada continente e viajar para o Polo Norte e o Polo Sul. A sua paixão é "cobrir o globo com inspiração". Ele quer realizar essas expedições de alpinismo não apenas para si mesmo, mas para inspirar as pessoas afetadas com câncer, e qualquer outra pessoa, a sonhar alto e nunca desistir. [1]

Se Sean pôde fazer o que fez, certamente podemos ser um pouco mais ousados, aventureiros e entusiasmados pela vida. Nem todos nós temos de subir uma montanha (pelo menos sei que eu não tenho), mas todos nós devemos ter grandes sonhos e nunca desistir!

Quando pensamos no nosso bem-estar físico, precisamos ter em mente que a forma como nos sentimos fisicamente afeta a maneira como nos sentimos emocionalmente. O nosso entusiasmo e impulso por seguirmos adiante com o plano de Deus para as nossas vidas só pode crescer quando mantemos um estilo de vida saudável, mas ele certamente pode enfraquecer e diminuir se não fizermos o esforço para cuidar de nós mesmos. Seja deliberado na sua busca por um corpo saudável, e creio que você verá uma diferença positiva que o ajudará a ter uma qualidade de vida melhor.

CAPÍTULO 16

Nunca Desista

Lembro-me de ouvir uma história sobre um garotinho que ficava se levantando na igreja, embora sua mãe não parasse de lhe dizer para se sentar. Depois de uma advertência séria de sua mãe sobre o que aconteceria com ele se não se sentasse, o garotinho finalmente obedeceu. Depois de alguns minutos sentado no banco da igreja, ele olhou para sua mãe e disse: "Eu posso estar sentado, mas por dentro estou de pé".

Nem sempre podemos controlar todas as circunstâncias que nos cercam, mas podemos controlar a atitude do nosso coração.

Todos nós deveríamos fazer o mesmo se quisermos ver o nosso destino se cumprir. Todos nós temos decepções na vida e passamos por muitas coisas que tentam transmitir a mensagem de que não vamos conseguir ou não vamos obter o que esperávamos. Nem sempre podemos controlar todas as circunstâncias que nos cercam, mas podemos controlar a atitude do nosso coração. Uma pessoa que se recusa a desistir terá êxito! As circunstâncias podem fazer com que ele "se sente" por algum tempo, mas se continuar se levantando por dentro, ele superará as circunstâncias e finalmente verá os seus sonhos se realizarem.

A nossa atitude deve ser: *Jamais irei desistir!*

Superando Seu Passado

Todos nós temos um passado de algum tipo que tenta nos manter aprisionados. Os nossos erros e decepções passados gritam em alta voz que a nossa vida nunca irá mudar, mas isso absolutamente não é verdade. Nosso passado só tem o poder que nós dermos a ele e nada mais. A Palavra de Deus é clara sobre o que fazer quanto ao passado — *deixá-lo para trás!* Isto significa que devemos acreditar que ele não tem poder para nos fazer mal ou afetar o nosso futuro. Este é um novo dia e Deus tem um plano para todos aqueles que estão dispostos a deixar o passado para trás e seguir em frente. Você está pronto?

Pare de pensar no que você perdeu e comece a ver o que lhe restou. Mesmo que não pareça muito para você, Deus pode usar isso para fazer grandes coisas. O seu futuro não se baseia no que você tem, mas em quem Deus é e nas promessas Dele para você.

O seu futuro não se baseia no que você tem, mas em quem Deus é e nas promessas Dele para você.

Por quanto tempo você irá lamentar o que não deu certo em sua vida? Quando irá deixar para trás o que perdeu? Quando irá seguir em frente e deixar o que foi roubado de você, os seus pecados passados, os seus relacionamentos fracassados? Você está pronto para soltar tudo que tem a ver com o seu passado e ter um novo começo? Deus está pronto, mas se você não está, Ele terá de esperar até que você tenha a atitude correta. Ele terá de esperar até que você tenha uma atitude de fé, que significa viver o agora e deixar o passado nas mãos de Deus, acreditando que Ele é grande o bastante para tirar algo de bom dele. A fé sempre trabalha no agora. Ela acredita agora que Deus é poderoso para cuidar do passado e do futuro. A fé diz, "O hoje é o presente de Deus para mim e vou vivê-lo completamente".

A fé sempre trabalha no agora.

O passado o impedirá de entrar no futuro que Deus planejou para você. Se você continuar segurando o que já passou, nunca experimentará nada além de sofrimento e dor por algo que você não pode fazer nada a respeito. Não fique preso a algo velho só porque é familiar. Ouse dar um passo de fé e dizer: "Vou tentar de novo!".

Chuck Colson é um grande exemplo de alguém que superou o passado. Aqui está um homem que, um dia, foi um dos homens mais temidos da cidade de Washington. Como consultor legal e auxiliar de Richard Nixon, ele foi mandado para a cadeia pela sua participação em Watergate, mas o resultado de sua experiência como criminoso condenado foi o início da *Prison Fellowship*, atualmente o maior Ministério Cristão de apoio a prisioneiros e suas famílias com mais de cinquenta mil voluntários que trabalham em centenas de prisões em dúzias e dúzias de países em todo o mundo. Este ministério, que agora abençoa milhões de pessoas, começou há mais de trinta anos, e tudo porque Chuck pegou o seu passado e o transformou em algo bom, algo frutífero, e algo eterno. Os propósitos eternos de Deus para aquele homem se cumpriram apesar do pecado que o enviou para a prisão. Isso era parte do plano de Deus desde o começo.

O seu passado pode ter acontecido há dez anos, ou há dez minutos. De uma forma ou outra, é passado e precisa ser deixado com Deus, que é capaz de criar algo bom com ele. Não se contente com algo medíocre que não seja realizador e satisfatório. Siga em frente até o próximo nível e esteja determinado a nunca desistir.

Creio que ter determinação e recusar-se a desistir são os ingredientes-chave para o sucesso em qualquer área da vida. Qualquer pessoa que hoje esteja desfrutando de realização e contentamento já tomou a decisão, possivelmente milhares de vezes, de não desistir. Eu não sou capaz de dizer quantas vezes, em minha própria vida, tive de tomar essa decisão. Acredite-me, houve muitas vezes em que tive vontade de deixar tudo para lá. Muitas vezes achei que nunca superaria os resultados do meu passado de abusos. Parecia que tudo em minha vida era afetado por ele e muitas vezes eu me sentia oprimida. Sentia que tinha um caminho tão longo a percorrer que parecia que nunca chegaria ao meu destino. Você já se sentiu assim, ou talvez se sinta assim agora? Se for este o seu caso, posso lhe garantir que nada no seu passado é maior do que Deus, e que se você se recusar a desistir, terá uma vitória completa. Tremo só em pensar no que eu teria perdido se tivesse desistido anos atrás, quando tudo em minha vida parecia tão difícil.

Posso lhe garantir que nada no seu passado é maior do que Deus.

Decida agora mesmo que você não irá perder o melhor que Deus tem para sua vida. Faça a sua parte tendo uma atitude determinada e dizendo: "Não vou desistir — estou decidido".

Não olhe para trás — você já esteve lá, não há nada de novo que você precise ver no passado. Em vez disso, olhe à frente, para as aventuras novas, empolgantes e desafiadoras que Deus tem reservado para você — amanhã, no próximo mês, e nos anos que estão por vir. Talvez você esteja pensando que não quer outro desafio, mas a verdade é que você foi chamado para isso. É semelhante à maneira como as linhas aéreas treinam os seus pilotos. Primeiro, elas os colocam em um simulador programado para testar os pilotos com uma série de problemas possíveis para garantir que eles possam lidar com uma emergência. Eles iniciam com desafios simples, que finalmente levam a situações desastrosas em meio às quais os pilotos precisam pilotar. É interessante notar que os pilotos só recebem os problemas mais difíceis depois que conseguem dominar os mais fáceis e menos graves. O resultado é que quando os pilotos completam esses cursos, eles estão prontos para lidar com qualquer problema que encontrarem.

Talvez você esteja pensando que não quer outro desafio,
mas a verdade é que você foi chamado para isso.

Deus trabalha conosco através de um método semelhante. Ele nos ensina a lidar com os problemas da vida, mas nunca nos dá mais do que podemos suportar. Ele nos ensina através de cada situação, para podermos ser pessoas totalmente preparadas e maduras, prontas para lidar com qualquer desafio na vida. [1] Afinal, se Deus retirasse todas as coisas desafiadoras de nossas vidas, não nos desenvolveríamos da forma adequada. Precisamos lutar para sobreviver.

Certa vez, ouvi uma história sobre uma abelha que foi levada em uma viagem ao espaço. Não havia gravidade na atmosfera da espaçonave, então a abelha flutuava sem nenhum esforço. Quando a tripulação retornou à Terra e apresentou o relatório sobre como a ausência de gravidade afetou a abelha, o relatório dizia o seguinte: "A abelha gostou do passeio, mas morreu!". Fico preocupada pensando se talvez seja isso que acontece com muitas pessoas. Elas procuram algo que não lhes custe muito esforço, evitam os desafios e as dificuldades, mas no processo, elas morrem por dentro, porque Deus não nos criou para vivermos esse tipo de vida apática. Ele nos criou para aguardarmos com expectativa e vivermos a paixão e o entusiasmo a cada dia.

Superar o passado e avançar em direção ao futuro pode exigir um esforço, mas você tem o que é preciso! Nunca se deixe convencer de nada além disso. Enquanto você acreditar que pode, você pode. Assim que você começar a acreditar que não pode, você não poderá, e será ainda mais difícil se convencer de que pode.

Levante-se!

A palavra "levante-se" significa simplesmente levantar-se e seguir em frente. Esta pode ser a resposta que você estava procurando. Às vezes transformamos o fato de superarmos as nossas dificuldades um problema maior do que o necessário. Você pode estar perguntando a Deus: "O que o Senhor quer que eu faça?" "Como posso sobreviver, como posso superar?" A resposta de Deus para você pode muito bem ser a mesma que foi dada a muitas pessoas na Bíblia que se decepcionaram com a vida: Levante-se!

Durante quarenta anos, Moisés conduziu os israelitas pelo deserto. Aquelas pessoas eram muito dependentes dele. Durante quatro décadas, eles esperaram que Moisés os levasse para a Terra Prometida, mas ele morreu antes de chegar lá. As pessoas estavam de luto, estavam confusas, e estavam inseguras quanto ao que fazer em seguida. Então Deus falou com Josué, que seria o novo líder, e disse: "Moisés está morto. Levante-se e leve este povo a atravessar o Jordão e entrar na Terra Prometida".

Josué e o povo já sabiam que Moisés estava morto, então porque Deus disse "Moisés está morto"? Creio que foi uma afirmação enfática destinada a despertá-los para o fato de que eles só tinham duas escolhas: ficar sentados ali e morrer, ou se levantar e seguir em frente!

Quando Jesus encontrou um homem aleijado no Tanque de Betesda que estava esperando por um milagre, Ele perguntou ao homem há quanto tempo estava naquela situação. O homem respondeu: "Há trinta e oito anos". Jesus disse: "OK, bem, continue esperando e talvez algo de bom aconteça"? Não! Ele disse: "Levante-se!"

Lemos em Miquéias 7:8: "Embora eu tenha caído, eu me levantarei". Levantar-se, colocar-se de pé, é uma decisão que temos de tomar deliberadamente, e não algo que acontece automaticamente. Precisamos optar por nos levantarmos e não ficarmos aprisionados no passado.

Há dias em que me sinto desanimada, como se não pudesse prosseguir. Quando esses sentimentos vêm, leio este versículo bíblico:

> "Dispõe-te, resplandece, porque vem a tua luz, e a glória do Senhor nasce sobre ti".
>
> — ISAÍAS 60:1 (ARA)

Todas as promessas contidas nesse versículo têm base na instrução para se levantar. Se nos recusarmos a fazer isso, Deus também não fará a Sua parte. Precisamos ter fé suficiente para nos levantarmos e seguirmos em frente.

Decida-se hoje: você vai desistir ou vai se levantar? É fácil desistir, mas aqueles que são fortes no Senhor sempre se levantarão!

O Seu Riacho Secou?

O profeta Elias foi um grande homem de Deus, mas assim como o resto de nós, ele passou por tempos difíceis em sua vida. Um desses desafios foi durante um período de fome quando não caiu chuva sobre a terra por muitos anos. Deus instruiu Elias a ir para o riacho de Querite e morar ali porque havia suprimento de água. Ele também o alimentou diariamente fazendo com que corvos lhe levassem comida. Tudo estava indo bem quando de repente o riacho secou (ver 1 Reis 17:1-9). Todos nós enfrentamos tempos como esse em que tudo está bem e de repente, sem aviso, algo que não esperávamos acontece e tudo desmorona. Durante esses momentos, devemos nos lembrar de que Deus tem outro plano. Quando uma porta se fecha, outra sempre se abre. Podemos estar angustiados demais para ver isso, mas Deus sempre faz um caminho para o Seu povo.

Quando o riacho secou, Deus disse a Elias para se *levantar* e ir para Sarepta, onde Ele já havia ordenado a uma viúva para que lhe desse provisão. Deus tinha um plano, mas Elias tinha de se levantar. Precisamos nos levantar no nosso coração antes mesmo de nos levantarmos fisicamente.

Precisamos nos levantar no nosso coração antes mesmo de nos levantarmos fisicamente.

eu desafio você

Vá Em Frente

Estou desafiando você a ir em frente. Estou lhe pedindo para continuar avançando. Você vai se levantar e seguir em frente? Você vai progredir ainda que todos que você conhece estejam desanimando-o e dizendo-lhe para desistir e encarar a realidade? Podemos encarar a realidade, mas isso não significa que temos de desistir. A realidade são os fatos, mas as promessas de Deus são a verdade. Os fatos não são definitivos, eles podem ser alterados, mas a Palavra de Deus continua firme e segura, e é inabalável e imutável. A Palavra de Deus é a Rocha sobre a qual somos encorajados a edificar nossas vidas.

Há certos momentos na vida em que somos mais tentados a desistir do que em outros. Saber como reconhecê-los antes do tempo pode nos ajudar a superá-los. Deixe-me compartilhar com você o que acredito que esses momentos são e talvez você possa acrescentá-los à lista das suas próprias experiências de vida.

Se você está desanimado e deprimido, provavelmente nem verá a nova provisão de Deus. A fé vê o que nem sequer é visível a olho nu, mas a dúvida e a incredulidade são cegas à provisão de Deus. Seja como o garotinho na igreja, e quando as circunstâncias fizerem você se sentar por fora, recuse-se a se sentar por dentro. Tenha uma atitude determinada e recuse-se a ser derrotado quando o seu riacho secar.

Quando Você Esperou por Mais Tempo do que Pensou que Teria de Esperar

As coisas quase sempre demoram mais tempo do que achávamos que elas demorariam. Gostamos da gratificação instantânea e não ficamos felizes quando não a temos. Receber as promessas de Deus requer fé e paciência, portanto, precisamos ser determinados a não desistir se as coisas demorarem mais do que esperávamos.

Deus disse a Abraão que Sara, que era estéril e havia passado da idade de ter filhos, ficaria grávida e lhe daria um herdeiro do seu próprio sangue. Esta era a paixão de Abraão, era o sonho dele, e ele se alegrou quando soube que o seu sonho se tornaria real. Isaque era o filho da promessa, mas ele não nasceu antes que vinte anos se passassem. Não consigo nem imaginar tudo que Abraão pensou durante aqueles anos, mas tenho certeza de que houve milhares de vezes em que ele sentiu vontade de desistir ou pensou: *De que adiante acreditar? Isto nunca vai acontecer!* Afinal, ele era um homem velho, Sara era uma mulher velha, e ambos estavam envelhecendo a cada dia. Tive a seguinte conversa com Deus. "Deus, o Senhor se lembra da minha idade? Não estou ficando mais nova, Tu sabes. Se o Senhor vai fazer o que disse que vai fazer, não acha que seria melhor começar antes que eu esteja velha demais para fazer isso?" É claro que esta é uma conversa tola, porque a minha idade não significa nada para Deus. Nunca somos velhos demais ou jovens demais para sermos usados por Deus. Se Deus precisa fazer um milagre de qualquer forma, porque não fazer um bem grande?

Quando Lázaro estava enfermo, Jesus foi chamado para ajudá-lo, mas a Bíblia diz que Ele esperou por mais dois dias até que Lázaro morresse, e então foi ajudá-lo. Jesus queria fazer um milagre, mas Ele teve de esperar até que Lázaro tivesse um problema grande o bastante para precisar de um. Jesus ressuscitou Lázaro dos mortos e Deus recebeu a glória (ver João 11).

Às vezes Deus espera para que a nossa vitória seja ainda mais impressionante.

Quando estamos esperando por mais tempo do que faz sentido para nós, devemos lembrar que às vezes Deus espera para que a nossa vitória seja ainda mais impressionante e ninguém possa ficar com a glória além Dele. Combater o bom combate da fé, que inclui recusar-se a desistir, é uma das coisas que torna a vitória mais doce. Abraão ganhou força à medida que deu louvor e glória a Deus. Durante tempos de espera, certifique-se de manter uma atitude positiva, de passar tempo com pessoas positivas, e recuse-se a desistir. Cada dia que você espera é mais um dia que ficou para trás, menos um dia que você terá de esperar.

Quando Todo Mundo que Você Conhece Parece Estar Contra Você

Sei o quanto é difícil não desistir quando você é a única pessoa que está disposta a seguir em frente, mas é possível que isso aconteça, e a maioria de nós achará até mesmo necessário a certa altura da vida. Jesus foi deixado só durante o Seu momento mais difícil, ali no Jardim do Getsêmani, e Ele teve de tomar a decisão de não desistir.

O apóstolo Paulo foi deixado só no seu primeiro julgamento. Ele disse que ninguém agiu em sua defesa. Todos o abandonaram, mas o Senhor permaneceu ao lado dele e o fortaleceu (ver 2 Timóteo 4:16-17).

Quando atendi ao chamado para pregar o evangelho, minhas amigas e meus parentes se voltaram contra mim. Lembro-me de ter me sentido tão sozinha que achei que ia morrer.

Estou certa de que você teve momentos de solidão, momentos em que sentiu que ninguém acreditava em você, e que todos o haviam abandonado.Você pode não entender isso, mas esses momentos na verdade foram muito bons para você porque eles tinham a finalidade de ensiná-lo a não depender excessivamente do homem, porque se fizer isso você sempre ficará arrasado. Não podemos colocar a nossa confiança na carne humana, mas somente em Cristo.Andrew Murray disse em *God's Best Secrets* (Os Melhores Segredos de Deus):"Porque a única coisa que nos machuca é a expectativa de algo quando devemos apenas esperar esse algo de Deus".

Isto não significa que devemos desconfiar das pessoas e esperar que elas nos decepcionem, mas significa que devemos entender que tudo que precisamos para ter êxito é de Deus! Deus nunca desistirá de nós e devemos manter os nossos olhos Nele, e também decidir que jamais desistiremos.

Tudo que precisamos para ter êxito é de Deus!

Ter pessoas que nos encorajam é importante, mas não devemos permitir que isso seja mais importante do que deveria. Qualquer coisa que precisemos ter para seguir em frente além de Deus é algo que o diabo pode usar contra nós. Por exemplo, se eu tiver de receber elogios das pessoas para não ficar deprimida e desistir, o diabo garantirá que eu não receba nenhum. Mas se eu me recusar a desistir e confiar em Deus para tudo que preciso na vida, então o diabo não tem poder sobre mim.

Gosto de receber incentivo das pessoas, e quando preciso, sempre peço isso a Deus. Mas determino que não vou desistir nesse meio tempo. Recusar-se a desistir é uma das decisões mais poderosas que você pode tomar na vida.

Quando Você Está Cansado

O humor e a atitude das pessoas podem mudar drasticamente quando elas estão cansadas. Quanto mais cansadas estão, mais o nível de comprometimento delas vacila. É muito fácil dizer o que faremos quando todas as circunstâncias ao redor são boas, nossos sentimentos estão nos dando suporte, nossos amigos estão do nosso lado, e não estamos esperando há muito tempo. No entanto, o cansaço físico, emocional ou mental pode rapidamente fazer com que desejemos desistir. Dizemos coisas do tipo: "Isto é difícil demais", "Isto é demais para mim", "Quanto se espera que uma pessoa suporte?" ou "Talvez eu não tenha ouvido a voz de Deus afinal".

Levei muitos anos para aprender que era muito importante para mim viver de tal maneira que eu não fique tão cansada a ponto de não conseguir pensar corretamente. Quando nos sentimos desesperados, às vezes fazemos coisas desesperadas que mais tarde lamentamos, quando nos sentimos melhor.

Todo mundo fica cansado. Talvez às vezes você se sinta como o homem de negócios que se arrasta para casa, mal conseguindo chegar até o sofá antes de desabar, exausto. Sua esposa doce e simpática está bem ali com uma bebida gelada e uma palavra de conforto.

"Puxa, você parece cansado", diz ela. "Você deve ter tido um dia difícil. O que aconteceu que o deixou tão exausto?".

"Foi terrível", diz o marido. "O computador quebrou e todos nós tivemos de pensar sozinhos".

Embora as coisas possam não chegar a este ponto, certamente vamos ter momentos em que teremos de ir além dos limites confortáveis para nós. Há um trabalho a ser feito e nós temos de fazê-lo.

Quando as coisas não vão bem e demoram mais do que pensamos que demorariam, temos de nos apressar para concluí-las, o que acrescenta mais pressão. Não podemos evitar ficar cansados, mas podemos tentar evitar a exaustão, e podemos entender que o que pensamos ou sentimentos quando estamos cansados não é o que vamos pensar ou sentir quando estivermos descansados. Quando você estiver cansado, não tente tomar decisões importantes, porque você pode não tomar a decisão certa.

Não podemos evitar ficar cansados, mas podemos tentar evitar a exaustão.

Quando visito países do Terceiro Mundo e tenho a oportunidade de ministrar a pessoas que são tão desesperadamente necessitadas, isso sempre me impressiona. Em 2006, fizemos uma conferência na Índia onde 1,3 milhões de pessoas compareceram em quatro dias. Mais de 250 mil pessoas entregaram suas vidas a Cristo. Alimentamos os famintos, construímos casas para viúvas e órfãos, demos brinquedos a crianças que nunca haviam possuído um — foi tremendo! Sempre estou pronta para me comprometer a fazer mais dessas viagens quando me sinto tão entusiasmada. Porém, depois que viajo cinquenta horas de avião, vejo comida que não tenho certeza se quero comer, e sofro os efeitos da mudança de fuso horário, costumo dizer: "Isto é difícil demais para mim. Não sei se consigo fazer isso de novo!".

Nosso filho David, que é o CEO das nossas missões mundiais e é responsável por planejar e administrar qualquer viagem que faço para fora do país, apenas ri de mim e diz: "Lá vamos nós de novo, pessoal. Ela está empolgada, então quer ir o tempo todo, mas dentro de alguns dias ela vai estar cansada e nunca mais vai querer sair de casa". Ele não acrescenta nem cancela nada até que eu descanse e conversemos de novo. Nesse momento, estou equilibrada e posso tomar decisões sábias em vez de decisões emocionais.

Portanto, lembre-se de tomar cuidado para não seguir os seus sentimentos, principalmente quando você estiver realmente cansado. Você pode desistir de algo que lamentará mais tarde na vida.

Quando Você Está Passando por Uma Série de Provações

O apóstolo Paulo disse que passamos por uma série de provações e tribulações (ver Atos 14:22). Se estivermos passando por apenas uma coisa podemos lidar com ela, mas quando acontece uma coisa após outra, fica um pouco mais difícil. Quando temos de nos concentrar nos nossos problemas em vez de nos concentrar no nosso propósito, os nossos sonhos pelos quais um dia fomos tão entusiasmados parecem desaparecer em meio ao caos, e às vezes parecem tão obscuros que simplesmente desistimos deles.

Theresa tinha grandes sonhos e planos aos dezoito anos. Ela sentia um chamado para missões mundiais e queria fazer tudo que pudesse para propagar o evangelho de Jesus Cristo. Então ela conheceu Jack, que também sentia um chamado para o campo missionário. Eles se apaixonaram, casaram-se, e Theresa ficou grávida imediatamente aos dezenove anos. Eles se amavam, mas nenhum deles estava preparado para um compromisso sério, como casamento e uma família. Eles passaram por problemas financeiros, discutiam muito, Theresa engravidou novamente e teve outro bebê, e começou a ter alguns problemas relacionados ao estresse. Jack teve de trabalhar em dois empregos para sustentar a família, então ele e Theresa passavam pouco tempo juntos. Theresa se ressentia por ser deixada só por tanto tempo e Jack se ressentia por ela reclamar disso, uma vez que ele achava que estava fazendo tudo que podia para fazê-la feliz e sustentar sua família.

Dez anos se passaram e poderíamos dizer que Theresa e Jack meramente existiam, e o objetivo deles era simplesmente sobreviver a cada dia. Um dia, uma amiga de Theresa perguntou-lhe o que ela queria fazer com sua vida. Ela tinha alguma aspiração além de estar casada e criar seus filhos? Ela havia pensado no que queria fazer quando seus filhos saíssem de casa? E quanto a Jack? Ele queria administrar a lanchonete onde trabalhava a vida inteira, ou havia outras coisas em seu coração?

As perguntas chocaram Theresa e ela percebeu que um dia teve sonhos, mas todas as provações e tribulações da vida os haviam expulsado. Ela e Jack nunca falavam sobre missões; na verdade, eles não falavam sobre isso há anos, embora frequentassem a igreja. Às vezes eles sentiam uma dorzinha no coração quando se mencionava o tema *missões* em um culto, mas isso era o mais longe que iam. Theresa presumiu que o que sentia quando jovem era apenas a fantasia de uma jovem, e, de qualquer forma, ela havia cometido erros demais para ser usada por Deus algum dia. Ela nunca perguntava a Jack sobre os sonhos dele porque estava ocupada demais com o ressentimento que sentia por ele.

Infelizmente, esta história se repete sucessivamente na sociedade. Os nomes podem não ser Theresa e Jack; você pode substituir os nomes pelo seu, ou pelos nomes das pessoas que você conhece, mas a história é a mesma. Os cuidados deste mundo, as ansiedades desta era invadem nossa vida, e a Palavra de Deus é sufocada e não dá frutos (ver Marcos 4:19). As pessoas perdem o foco; elas se distraem, e se esquecem de que Deus tem um propósito para elas e deseja que vivam com entusiasmo. Deus tem muito mais para nós do que a mera existência, mas temos de estar determinados a possuir tudo isso. Precisamos nos levantar e dizer: "Não vou desistir!".

Não podemos evitar as provações, mas se mantivermos os nossos sonhos vivos, as provações serão mais suportáveis. Em vez de desistir durante as provações e tribulações, fale sobre os seus sonhos e sobre as coisas que você acredita que Deus tem no plano Dele para você. Tenha a atitude sobre a qual Tiago fala na Bíblia: *Meus irmãos, considerem motivo de grande alegria o fato de passarem por diversas provações, pois vocês sabem que a prova da sua fé produz perseverança. E a perseverança deve ter ação completa, a fim de que vocês sejam maduros e íntegros, sem lhes faltar coisa alguma* (ver Tiago 1:2-4).

Se mantivermos os nossos sonhos vivos, as provações serão mais suportáveis.

Na verdade, as provações pelas quais você passa estão lhe preparando para a realização dos seus sonhos, portanto, não as despreze porque isso só faz com que elas pareçam piores. Tenha uma atitude positiva e continue dizendo: "Jamais vou desistir!".

Ser Excessivamente Enfático Quanto às Suas Falhas

Todos nós temos falhas e fraquezas e todos nós cometemos erros. Sim, eu disse que *todos* nós cometemos erros. Se isso não acontecesse, não precisaríamos de um Salvador. Devemos desejar mudar; devemos orar para mudar e encarar a verdade sobre nós mesmos para que Deus possa nos transformar à Sua imagem, mas não devemos ser excessivamente enfáticos quanto às nossas falhas. Se formos, então a atitude de culpa, condenação e vergonha que carregamos nos pressionará e fará com que queiramos desistir.

A culpa é como uma esteira de exercícios — você corre sem parar e nunca chega a lugar nenhum. Às vezes quando você sobe na esteira da culpa, é difícil sair dela assim como quando você está se exercitando em uma esteira que está acelerada demais.

Você não verá as mudanças positivas se a sua autocrítica for excessiva ou se você for introspectivo demais com relação às suas falhas.

Como eu disse antes, não olhe somente para a distância que você ainda precisa percorrer, olhe para o quanto já caminhou. Você pode não estar onde gostaria, mas tenho certeza de que existem algumas mudanças positivas que você já experimentou através do seu relacionamento com Cristo. Entretanto, você não verá as mudanças positivas se a sua autocrítica for excessiva ou se você for introspectivo demais com relação às suas falhas. Você precisa ter uma atitude saudável para consigo mesmo, ou os seus sentimentos negativos o esgotarão e farão com que você queira desistir. Você já ouviu isto: "Você nunca vai mudar mesmo, então é melhor parar de tentar"? Lembre-se, o diabo é um mentiroso, e se você acreditar nele em vez de acreditar na Palavra de Deus, você sempre será derrotado. Nunca pare de tentar, nunca pare de avançar. Nunca desista.

CAPÍTULO 17

Seja Determinado

Ao longo deste livro, falamos sobre várias maneiras de usar o entusiasmo em todas as áreas da vida, que coexistem juntamente com o seu propósito. Você só pode ser entusiasmado na medida da sua determinação. Determinação significa essencialmente o mesmo que a noção de recusar-se a desistir. Ambas são atitudes vitoriosas que todos os vencedores possuem — pessoas que têm sonhos e superam obstáculos a fim de ver o cumprimento dos seus sonhos. Esses indivíduos não são apenas sortudos nem nasceram com uma estrela na testa; eles fizeram o que precisavam fazer a fim de desfrutar aquilo que estão desfrutando.

Você só pode ser entusiasmado na medida da sua determinação.

As pessoas de vontade fraca que carregam a apatia e a indiferença como um peso em volta do pescoço não chegarão muito longe na vida. Deus nos deu os frutos do domínio próprio e do livre arbítrio, mas precisamos usá-los. Quanto menos as pessoas usam a sua vontade para tomar decisões que sabem que são certas, mais fraca a vontade delas se torna. Ser determinado é a decisão de fazer o que for preciso a fim de ter o que você diz que quer ter.

O Poder da Diligência

Fazer o que é certo uma ou duas vezes ou até mesmo algumas vezes nem sempre trará vitória. Porém, fazer com diligência — fazer consistentemente — o que você sabe que precisa fazer repetidamente, às vezes por anos, é a chave. Benjamin Franklin disse: "A diligência é a mãe da boa sorte". Mas é mais do que sorte, não é mesmo? Trata-se de ter uma atitude determinada que diz: "Farei isto para sempre se for preciso. Não vou desistir, não vou abrir mão, estou determinado!".

Os verdadeiros vencedores não colocam limites de tempo nos seus compromissos. Eles são comprometidos sem condições, e quando começam, tomaram a decisão de ir até o fim, como o corredor de maratona que está mais preocupado com a sua resistência e em chegar ao final do que com a velocidade com que pode correr.

A Bíblia diz que o homem *diligente* dominará e será rico (ver Provérbios 10:4; 12:24). Deus disse ao povo que eles precisavam guardar os Seus mandamentos *diligentemente* (ver Josué 22:5).

A determinação é uma mentalidade e a diligência é o trabalho que a acompanha.

Diligência é a recusa em desistir e a decisão de continuar fazendo o que é certo, até ter o resultado desejado, e depois continuar a fazer o que é certo a fim de manter o que você ganhou. Uma pessoa não pode ser diligente sem ser determinada, assim como uma pessoa não pode ser determinada sem ser entusiasmada. A determinação é uma mentalidade e a diligência é o trabalho que a acompanha. É como as marchas de uma bicicleta — você pode ter a última geração em termos de mecânica, mas sem os pés que pisa naqueles pedais, o sistema de marchas nunca se moverá. Há muitas pessoas que decidem fazer alguma coisa, mas a decisão delas não é uma decisão de qualidade. Elas podem fazer algo por algum tempo, mas quando aparece o primeiro sinal de problema, elas caem e ficam na beira da estrada (ver Marcos 4:17). É mais fácil pensar que faremos o que é certo do que realmente fazer o que é certo. Falamos anteriormente sobre como administrar nossa vida financeira de forma correta e diligente produz bons resultados. O mesmo princípio opera em qualquer área da vida. Se fizermos a nossa parte, Deus nunca falhará em fazer a parte Dele. Ele nos diz o que fazer a fim de ter uma boa vida e nos dá o poder do Seu Espírito que nos capacita a fazê-lo. Entretanto, a decisão é nossa e ninguém pode tomá-la por nós. Cada um de nós terá de enfrentar as horas escuras da vida, quando sentimos que simplesmente não conseguimos continuar. Algumas pessoas desistem e outras buscam dentro de si mesmas e encontram uma determinação santa que acredito que Deus colocou em todos nós. Se quisermos a vitória, precisamos viver mais profundamente do que os nossos sentimentos, ou do que pensamos, ou do que as outras pessoas dizem. Precisamos ser determinados!

A Alma do Diligente Será Farta

De acordo com Provérbios 13:4, a alma do homem diligente será farta. O quê? A palavra "farta" lembra gordura? Você deve detestar tanto a palavra "gordura" que nunca refletiu sobre o que esta passagem significa. O que significa ter uma alma farta, ou seja, gorda?

Creio que significa que teremos uma satisfação e um contentamento intensos em nossas almas. Nossa mente, nossa vontade e nossas emoções ficarão descansadas e seremos realizados e nos sentiremos completos. Você tem uma alma magra ou gorda?

Você tem uma alma magra ou gorda?

Creio que muitas pessoas comem demais porque não estão satisfeitas em outras áreas da vida. Se mais pessoas tivessem a alma gorda, talvez menos pessoas estariam acima do peso e sem saúde. Elas não sentiriam um vazio que precisa ser preenchido. Buscar o seu propósito com diligência e fervor é o caminho para a realização. Qualquer outra coisa deixará você com uma sensação de vazio e terminará sendo a raiz de muitos problemas em sua vida.

eu desafio você

Seja Determinado!

1. Encare seus problemas como desafios e peça a ajuda de Deus para enfrentá-los.
2. Substitua seu medo por fé e sua zona de conforto por um desejo de aventura.
3. Não fixe residência no passado, mas olhe em direção ao futuro. Veja as possibilidades, não as impossibilidades.

Não Desmaie!

Há muitos anos, um homem contratou um guia experiente para guiá-lo em uma caminhada pelos Alpes Suíços. Depois de muitas horas, eles chegaram a um alto e remoto caminho na montanha, uma passagem através da cadeia de montanhas. Para consternação do homem, ele viu que o caminho havia praticamente sido apagado. O que ele podia fazer? À esquerda havia um penhasco escarpado; à direita, uma rachadura que descia por aproximadamente três quilômetros. Olhando para baixo, ele sentiu sua cabeça enfraquecendo e seus joelhos começando a entortar. Naquele instante, seu guia gritou: "Não olhe para baixo ou você será um homem morto. Mantenha os olhos em mim, e onde eu colocar os pés, coloque os seus também".

O homem fez conforme foi instruído e logo passou do perigo à segurança.

A Bíblia diz que não devemos desmaiar durante o castigo ou a dificuldade (ver Hebreus 12:5, ARA). "Desmaiar" significa desistir ou parar de fazer o que você sabe que deve fazer. Aquele homem poderia facilmente ter deixado a compreensão do perigo que estava enfrentando consumi-lo e cair para a morte. Em vez disso, ele manteve os olhos no guia para conduzi-lo para fora do perigo e de volta ao caminho que ele estava buscando.

Deus tem um plano para você, mas Ele precisa prepará-lo para o plano.

Todos nós precisamos estar dispostos a crescer espiritualmente, mas também devemos estar determinados a não desistir durante o processo de amadurecimento. Este assunto está bem abordado em Hebreus 12. Ali diz que quando somos castigados (ensinados e corrigidos) por Deus devemos manter uma atitude positiva e não desistir (desmaiar). Deus tem um plano para você, mas Ele precisa prepará-lo para o plano, e Ele o guiará desde que você mantenha os olhos Nele.

Lembro-me bem de ter passado por momentos em minha caminhada com Deus em que senti que nenhum outro ser humano na terra poderia ter tantas falhas quanto eu, porque parecia que Deus estava me mostrando continuamente mais uma coisa que precisava ser mudada. Levou algum tempo, mas finalmente aprendi a agradecer a Deus por tratar comigo em vez de desejar que Ele me deixasse em paz. Percebi que só a verdade me libertaria. A Palavra de Deus é a verdade, mas precisamos aceitá-la por nós mesmos se quisermos que ela nos faça algum bem. Encarar a verdade costuma ser doloroso, mas é uma dor que finalmente trará prazer. É como ter um bebê. Você passa pela dor, mas quando o bebê nasce, você está disposto a passar por tudo de novo, e às vezes outra e mais outra vez.

Não desmaie ao fazer o que é certo; seja diligente na sua paixão e propósito e você colherá as recompensas da sua diligência.

Sonhos Destruídos

A maioria de nós está determinada até que algo acontece e destrói o nosso sonho. Neste ponto da vida, o que fazemos e como reagimos fará toda a diferença. O mundo ocidental costuma reagir tentando eliminar a dor por meio da "autoindulgência". As pessoas fazem festas, bebem excessivamente, ou usam drogas. Elas esperam que as pílulas as façam esquecer suas dores. Um jovem na Bíblia chamado José tinha um sonho que achou que havia sido destruído, mas finalmente descobriu que as circunstâncias que ele achou que estavam roubando esse sonho foram exatamente aquelas que o estavam conduzindo a ele.

É importante permanecer positivo e não adotar um espírito selvagem e começar a contra-atacar com a falta de moderação. Algumas pessoas comem em excesso, outras gastam em excesso, e outras param de cuidar de si mesmas e do que lhes pertence. Elas se afundam em um estado passivo onde "desejam" que as coisas mudem e se ressentem pelo fato de que isso não acontece. Um estilo de vida no qual você faz tudo o que quer não vai eliminar a sua dor. A única coisa que vai eliminá-la é estar determinado a ter a vontade de Deus na sua vida e nada mais.

Larry Crabb, em seu livro *Shattered Dreams* (Sonhos Destruídos), diz que os sonhos destruídos nunca são aleatórios:

> Sempre existe uma peça em um quebra-cabeça maior, um capítulo em uma história maior. Mas nunca é somente uma tragédia. Para o cristão é sempre um quilômetro necessária na longa jornada para a alegria. Não devemos pensar no sofrimento causado pelos sonhos destruídos como algo para remediar se for possível ou para suportar se for preciso. Ele é uma oportunidade para ser abraçada, uma chance para descobrir o nosso desejo pela maior benção que Deus quer nos dar, um encontro com Ele próprio.[1]

Se Deus realmente lhe deu um sonho de algo melhor para a sua vida e para os seus entes queridos, ele não pode ser destruído. Ele pode parecer ter sido quebrado devido às circunstâncias que o cercam, mas Deus geralmente nos guia pelo caminho longo e difícil por estradas que não escolheríamos por nós mesmos. Embora não entendamos o propósito, podemos ter certeza de que Deus tem um. Ele nunca deixa de ter um propósito!

Embora não entendamos o propósito, podemos ter certeza de que Deus tem um. Ele nunca deixa de ter um propósito!

Outra maneira das pessoas lidarem com a dor e a decepção é por meio do isolamento. Se elas se ferem em um relacionamento, decidem não entrar em outro. Se elas se magoam na igreja, decidem deixar de frequentá-la. Elas passam a ser introvertidas; abandonam tudo e se fecham em casa para cuidar das suas feridas. Constroem um muro e mantêm o mundo de fora, mas não percebem que estão se isolando em uma existência solitária que finalmente cobrará o seu preço. Embora no momento elas estejam pensando que estão apenas se protegendo de se ferirem, na verdade, estão tornando o problema ainda pior. Qualquer coisa da qual nos escondemos tem poder sobre nós. Deus quer que confrontemos a vida, e não que nos isolemos dela.

Qualquer coisa da qual nos escondemos tem poder sobre nós.

Realmente há momentos em que as pessoas se isolam e se recusam a encarar a realidade a tal ponto que ficam loucas.

A Negação e o Isolamento São o Caminho para a Loucura

Podemos arruinar completamente nossas vidas e, como eu disse, até perder a nossa sanidade quando nos recusamos a lidar com a realidade. Se você foi ferido, aprenda o que puder com isso, perdoe, e siga em frente. Não se esconda nem fuja! Esta é uma das coisas mais inúteis que você pode fazer. Não nos livramos de nada nos escondendo ou fugindo, porque os problemas ainda estarão lá nos perseguindo e nunca irão embora até que os enfrentemos.

O verdadeiro cristão precisa ser um idealista e um realista.

José teve um sonho dado por Deus, mas seus irmãos tiveram ciúmes e o odiaram tanto que o venderam como escravo. Não creio que ele tenha ficado sentado no carro de escravos pensando: *Não estou realmente em uma caravana de escravos e meus irmãos na verdade não fizeram isto. Isto não está acontecendo!* O verdadeiro cristão precisa ser um idealista e um realista. Precisamos ter sonhos e visões de coisas melhores no futuro, porque é isso que a fé exige. Entretanto, ao mesmo tempo, não podemos ignorar a realidade do que está acontecendo agora. A chave é não deixar o que você vê agora roubar o que você acredita que virá no futuro!

José guardou seu sonho, embora eu tenha certeza de que ele não imaginava como aquele sonho poderia se realizar. Ele sonhou que viu seus irmãos e seu pai se prostrando diante dele, e agora eles não estavam mais nem mesmo em sua vida.

Mas José não se afundou no fatalismo ou se conformou em ser um escravo. Ele decidiu ser um escravo diligente e Deus lhe concedeu favor diante do seu senhor e ele foi promovido. As coisas estavam melhorando quando ele de repente foi acusado de algo que não fez e foi para a prisão. Mais uma vez ele não mudou a sua maneira de encarar a vida. Ele simplesmente encontrou uma maneira de servir a Deus na prisão. José pediu às pessoas que se lembrassem dele quando saíssem, e finalmente alguém se lembrou. Um ex-prisioneiro sabia que José tinha o dom de interpretar sonhos e quando o Faraó precisou ter o seu sonho interpretado, eles lhe falaram sobre José.

José passou da cova ao palácio aplicando os mesmos princípios que estou ensinando neste livro. Ele se tornou o assistente do Faraó, e durante uma fome severa, pôde prover alimento para seu pai e seus irmãos que foram até ele, prostrando-se e pedindo ajuda e perdão. O que ele viu aconteceu, mas Deus o levou pelo caminho longo e difícil. Ele era jovem, tinha muito a aprender, e não aprenderia se tudo na vida lhe fosse facilitado. Deus nos ama o suficiente para aplicar o seu amor duro se for preciso. Podemos olhar o exemplo de José e perceber que durante os bons e maus momentos, precisamos perseverar, sendo diligentes e entusiasmados com o que Deus nos trouxer. Se Ele nos conduzir a uma situação, precisamos nos lembrar de que nos fará atravessá-la também.

Se Ele nos conduzir a uma situação, precisamos nos lembrar de que nos fará atravessá-la também.

Abalados!

Parece que algumas pessoas estão sempre abaladas com alguma coisa. Elas nunca permanecem estáveis nas tempestades da vida e se permitem ser levadas de lá para cá, como a Bíblia diz, por muitas coisas (ver Tiago 1:6).

Precisamos viver segundo a Palavra de Deus, e não de acordo com a maneira como nos sentimos ou com a forma como as coisas parecem aos nossos olhos. Para fazer isto, precisamos estar dispostos a viver uma vida "mais profunda". Estou falando sobre uma vida onde somos tão impulsionados pelo nosso propósito e tão apaixonados pela vontade de Deus, que nos recusamos a permitir que as circunstâncias nos governem. Negamos ao diabo a chance de nos trapacear, e avançamos com intensidade para seguir a rota que o nosso Criador colocou diante de nós!

O apóstolo Paulo passou por muitas provações, mas não o imagino como um homem que ficava abalado toda vez que tinha um desafio que não estava esperando. Jesus certamente permaneceu o mesmo, independentemente daquilo com o que se deparasse. Voltando ao exemplo de José, vemos que ele estava determinado a permanecer estável diante da situação que enfrentou, a qual era claramente instável na maior parte do tempo, e há muitos outros na Bíblia cujas vidas poderíamos olhar e tirar lições sobre estabilidade. Estabilidade requer determinação porque você precisa permanecer nos trilhos e concentrado na vontade de Deus, independentemente do que esteja se passando. Isto não significa que não tenhamos a tendência de ficar confusos ou emotivos em uma emergência ou em situações inesperadas, mas significa que não permitimos que esses sentimentos nos controlem.

Estabilidade requer determinação porque você precisa permanecer nos trilhos e concentrado na vontade de Deus, independentemente do que esteja se passando.

Você às vezes fica cansado de passar todo o seu tempo apagando os incêndios que o diabo inicia? Sim, eu disse o diabo. As pessoas não gostam de falar do diabo, mas ele é real e ignorá-lo não fará com que ele vá embora. É como fingir que o mofo na sua geladeira não está ali; por fim, você terá de lidar com ele antes que ele envenene tudo que você come e bebe! Quando passamos por provações, o propósito de Satanás é usá-las para nos destruir, mas a intenção de Deus é usá-las para nos amadurecer e nos tornar mais fortes do que éramos anteriormente.

O diabo é seu inimigo e ele não apenas mente para você. Ele fará tudo que puder para mantê-lo emocionalmente distraído. Ele quer que você esteja emocionalmente desequilibrado, com um daqueles tampos giratórios de mesa que ameaçam desabar. Ele quer que você fique abalado, fazendo escolhas erradas e abrindo mão das promessas de Deus. Esteja determinado a não permitir que o diabo vença!

Quando passamos por provações, o propósito de Satanás é usá-las para nos destruir, mas a intenção de Deus é usá-las para nos amadurecer.

Tome a decisão de que, com a ajuda de Deus, você vencerá o diabo. Ele pode se levantar contra você por um caminho, mas a Palavra de Deus diz que ele fugirá de você por sete caminhos (ver Deuteronômio 28:7). Continue firme e veja-o correr!

Estabilidade Requer Sofrimento

Permanecer estável em tempos difíceis, quando tudo em você quer gritar e correr, é difícil. Alguns de vocês se encolheram quando leram a palavra "sofrimento" no subtítulo acima. Não é divertido sofrer, eu sei! Mas para ser estável, e motivado, e impulsionado em direção às coisas de Deus, haverá momentos em que você vai precisar sofrer na carne para fazer isso. No entanto, eu lhe prometo que cada dor que você sentir estará ajudando-o a seguir em direção ao seu objetivo. Não é diferente de começar um programa de exercícios ou de passar um programa já existente para outro nível. Agora mesmo, enquanto escrevo este capítulo, estou bastante doída por ter trabalhado com meu *personal trainer* na academia esta semana (algo que nunca pensei que iria fazer). Ele me levou a um maior nível de pesos e me deu alguns exercícios mais difíceis e isso dói, mas na verdade passei a gostar dessa sensação porque significa que estou ficando mais forte. Sempre digo: "Novo nível, novo desafio!". É a minha maneira de dizer que você terá de ser determinado se quiser progredir em qualquer área da vida, porque Satanás sempre fará oposição.

Cada dor que você sentir estará ajudando-o a seguir em direção ao seu objetivo.

Mais uma vez, quero lembrar-lhe que você tem o que é preciso. Você pode fazer o que precisar fazer através de Cristo, que o fortalece. Permaneça forte e não desmaie na sua mente, e esteja disposto e pronto para experimentar o poder Deus que o capacita. Continue acreditando e você verá a glória de Deus (ver João 11:40).

À medida que você criar novos músculos de estabilidade, sentirá um certo desconforto, mas a dor será o seu lucro e você terá uma vitória que ninguém jamais poderá tirar. A Bíblia nos diz em Romanos 8:17-18 que se quisermos compartilhar a glória de Deus, também devemos compartilhar os Seus sofrimentos. Não temos de ir para a cruz literalmente como Ele foi, mas temos de viver uma vida crucificada na qual decidimos que abriremos mão da vida inferior a fim de termos a vida em um plano mais elevado. Teremos a vontade de Deus e nada menos do que isso!

Abra mão da vida inferior a fim de ter a vida em um plano mais elevado.

Sinto que muitos de vocês precisam apenas de uma boa dose de determinação, uma centelha de paixão que acenda uma corrente firme de esperança, entusiasmo e compromisso para seguirem em frente. Esta é a única coisa que está entre você e a verdadeira vitória. Decida-se com relação ao que você acredita, tenha as palavras de Deus para dar suporte, e nunca volte atrás. Diga diariamente: "Estou determinado a ser tudo que Deus quer que eu seja, a fazer tudo que Ele quer que eu faça, e a ter tudo que Ele quer que eu tenha".

Pessoas Instáveis em Tempos Instáveis

A Bíblia nos ensina que Deus continuará abalando tudo que pode ser abalado até que tudo que permaneça sejam as coisas que não podem ser abaladas (ver Hebreus 12:26-29). Deus abala as coisas até que não sejamos mais abalados pelas coisas que estão sendo abaladas. Não estamos falando sobre um tributo a Elvis aqui, estamos falando sobre mudanças radicais e incríveis que impulsionarão nossas mentes e nossos corações para frente!

Através de circunstâncias muito difíceis, Deus me mostrou que eu não podia me dar ao luxo de estar intimamente ligada a pessoas no ministério que deixassem o medo governar suas vidas. Ele me garantiu que tinha algumas coisas que queria fazer, mas que os medrosos não podiam ter parte nelas.

Quando Deus chamou Gideão, disse o mesmo a ele. Deus disse a ele para se livrar de todos os soldados que fossem medrosos antes de ir para a batalha (ver Juízes 7:3). Por que Deus faria isso? Quando você pensa no assunto, faz sentido — as pessoas medrosas, excessivamente tímidas e covardes sempre perdem o autocontrole quando o inesperado ou o difícil acontece. Elas tremem com o que quer que esteja tremendo! As pessoas medrosas usam o medo como uma desculpa para os problemas que causam por meio da sua falta de estabilidade. Descobri que todo mundo sente medo, mas nem todos deixam o medo governá-los. É importante esclarecer que esta é uma área pela qual todos nós precisamos passar muitas vezes, mas não uma área que deve perpetuar por toda a vida. Tive de aprender a sentir medo e fazer o que era certo assim mesmo. É isto que é coragem. Não é a ausência de medo, mas seguir em frente mesmo quando o medo está presente.

Todo mundo sente medo, mas nem todos deixam o medo governá-los.

Se eu tiver funcionários que trabalham muito ligados a mim e que são medrosos e inseguros, eles podem estar alimentando sentimentos de mágoa quando na verdade preciso que eles sejam fortes por mim. Finalmente tive de entender que embora eu seja uma ministra, Deus não me chamou para estar cercada de funcionários que precisam ser ministrados. Preciso de pessoas que sejam capazes e estáveis. Pessoas que possam permanecer firmes, ser determinadas, e não se concentrem em como se *sentem* quanto a tudo que acontece. Preciso de pessoas que confiem em mim e não façam críticas a tudo que digo imaginando se existe algum significado oculto. Sou respeitosa, mas também sou uma pessoa direta e preciso estar cercada por pessoas que sejam assim também. Não tenho tempo nem paciência para fingimentos, joguinhos ou ofensas.

Tento dizer o que quero dizer e vice-versa. Como muitos de nós, às vezes digo coisas com base no meu conhecimento atual e descubro mais tarde que não posso fazer o que disse porque eu realmente não sabia o que estava falando, mas tento ser sincera e honesta no meu tratamento com as pessoas. Não gosto nem estou disposta a trabalhar com pessoas que fingem uma coisa enquanto outra totalmente diferente está no seu coração. As pessoas medrosas costumam fazer isso. Elas dizem o que acham que todos querem que elas digam em vez de serem sinceras.

Sei que provavelmente existem pessoas lendo isto agora mesmo que têm muito medo em suas vidas, e não quero parecer insensível ou dura. No entanto, às vezes temos de ser confrontados para simplesmente enfrentarmos o problema. Tenho uma funcionária que tinha medo de tudo. Nós a amávamos e queríamos usar as suas habilidades, mas ela passava mais tempo chorando e tremendo do que avançando. Finalmente, chamei-a ao meu escritório e disse: "Não podemos continuar mais com isto. Ou você toma a decisão de superar isto ou teremos de deixá-la ir". Mais tarde, ela me disse que foi para casa e ficou muito magoada e zangada comigo por ter sido tão antipática, mas depois de algumas horas ela se acalmou e sentiu Deus imprimir em seu espírito o seguinte: "Joyce está certa, você tem de encarar os seus medos". Aquela mulher é uma das nossas principais administradoras atualmente, e posso lhe dizer com certeza que eu não teria feito um favor a ela dando-lhe um tapinha na cabeça e dizendo a ela que eu sabia como ela se sentia e que estava tudo bem. Eu a amava, mas odiava o espírito de medo que operava através dela. Quando Pedro tentou fazer com que Jesus não fosse para Jerusalém, Ele repreendeu Pedro e disse: "Para trás de mim, Satanás". Jesus percebeu que o diabo estava usando a fraqueza de Pedro para chegar a Ele, e não iria permitir aquilo.

Você terá de aprender a ser um cordeiro com coração de leão se quiser derrotar o diabo e desfrutar o melhor de Deus para a sua vida. Não sou cruel com as pessoas, mas estou aprendendo que não posso permitir que as fraquezas delas controlem o meu destino. Não posso permitir que a apatia delas afete o meu entusiasmo pela vida. Tenho um destino ordenado por Deus e vou cumpri-lo. Estou determinada e estou pedindo que você se junte a mim sendo determinado para viver com propósito e paixão, sem nunca desistir, mas sendo determinado a fazer tudo que Deus o chamou para fazer.

Lembre-se de fazer tudo que Ele chamou *você* para fazer, e não o que Ele chamou *outra pessoa* para fazer. Se você fizer o que você deve fazer, estará fazendo algo que o céu chama de impressionante e grande.

Martin Luther King Jr. certa vez disse que "se um homem é chamado para ser um varredor de rua, ele deve varrer as ruas tão bem quanto Michelangelo pintava, ou Beethoven compunha música, ou Shakespeare escrevia poesia. Ele deve varrer as ruas tão bem que todo o exercito do céu e da terra irá parar para dizer: aqui viveu um grande varredor de rua que fez bem o seu trabalho".

Esteja Determinado a Conhecer Deus

O apóstolo Paulo disse que estava determinado a conhecer Jesus (ver Filipenses 3:10). Nunca se satisfaça em saber sobre Deus, mas passe a conhecê-lo. Desenvolva um relacionamento profundo e íntimo com Ele por si mesmo e não através de outra pessoa. Muitas pessoas nos séculos passados só conheceram Deus através do seu sacerdote, do seu conselheiro espiritual, do seu pastor, da sua mãe, do seu pai, ou de seus amigos. Você precisa conhecê-lo por si mesmo, e você pode.

Conhecer Deus deveria ser a nossa primeira e principal determinação, pois Ele é a nossa vida. Nele vivemos e nos movemos e existimos (ver Atos 17:28). Ele é a nossa justiça, a nossa paz e a nossa alegria (ver Romanos 14:17). Na verdade, Ele é tudo e não somos nada sem Ele. Se você não estiver *determinado* a conhecer Deus, isso nunca acontecerá. Há muitas coisas no mundo que expulsarão Deus de nossas vidas, a não ser que façamos da atitude de conhecê-lo a nossa prioridade número um.

Não se contente com um relacionamento de segunda mão com Deus.

Se existe alguma coisa que quero que você entenda no fim deste livro, é isto: Não se contente com um relacionamento de segunda mão com Deus. Esta não é a vida de paixão para a qual ele está chamando você. Conhecer a Deus o manterá estável nos tempos difíceis. Tornará você seguro e o capacitará a superar o medo. Fará com que você saiba que Ele está sempre ao seu lado, quer você sinta a Sua Presença ou não. Você conhecerá o Seu perdão e misericórdia, a Sua restauração e o Seu favor; conhecer realmente a Deus alimentará o seu entusiasmo pela vida. Quando virmos o quanto Ele realmente é lindo e maravilhoso, e entendermos o que fez por nós em amor, como poderemos deixar de buscá-lo e de buscar a Sua vontade com entusiasmo?

Todo sucesso requer determinação, e o mesmo acontece com o processo de conhecer a Deus. Paulo disse que estava determinado a conhecê-lo. Você também terá essa determinação? Será determinado a conhecer a Deus intimamente, a conhecer a Sua vontade, a fazer o seu melhor, a ser excelente, a cumprir o seu propósito e a viver com entusiasmo? Estará determinado a ser uma luz em um mundo em trevas? Você irá ousar ser um daqueles indivíduos raros que são entusiasmados, apaixonados, e completamente cheios de gás por Deus e por servi-lo? Ousará ser tudo o que pode ser, e ser o melhor que puder ser? Você ousará ser ousado pelo resto de sua vida, e nunca viver um dia mais sem zelo, paixão e entusiasmo? Eu desafio você a assumir este compromisso e oro para que você sinta a Presença de Deus se agitando em seu interior à medida que procura alcançar uma vida que vale a pena viver!

NOTAS

Capítulo 1

1. "The *Apollo 8* Christmas Eve Broadcast," Dr. David R. Williams, NASA Goddard Space Flight Center. Greenbelt, MD. www.spds.nasa.gov/planetary/ lunar/apollo8_xmas.html

Capítulo 2

1. James Emory White, *Rethinking the Church* (Baker Books, Grand Rapids, MI, 1997), pg 27-28.

Capítulo 3

1. John C. Maxwell, *The Success Journey,* p. 17.
2. "Out of the Red: Holiday cheer without financial fear," por Amy Baldwin. *The News-Sentinel,* 11/21/06. www.fortwayne.com

Capítulo 4

1. "Kids find a purpose, with Gavin's help," por Joe Depriest, *The Charlotte Observer,* 11/26/06.www.charlotte.com/mld/observer/news/local/states/north_carolina/counties/gaston/16100399.htm
2. National Center for Injury Prevention and Control, *Suicide: Fact Sheet,* 9/07/06. http://www.cdc.gov/ncipc/factsheets/suifacts.htm
3. Barna Research Online, 10/08/01.
4. Bly, Nellie. (2006). In Encyclopædia Britannica. Recuperado em 2 de dezembro de 2006, de Encyclopedia Britannica Online: http://www.britannica.com/eb/article-9015794.
5. Carver, George Washington. (2006). In Encyclopedia Britannica. Recuperado Em 2 de dezembro de 2006, de Encyclopedia Britannica Online: www.britannica.com/eb/article-9020575.
6. Barton, Clara. (2006). In Encyclopedia Britannica. Recuperado em 2 de dezembro de 2006, de Encyclopedia Britannica Online: http://www.britannica.com/eb/article-9013546
7. http://www.drdino.com/articles.php?spec=32-15K, último acesso 5/15/07.

Capítulo 6

1. De acordo com os dados mais recentes do Bureau of Labor Statistics. Resumo de notícias do Gallup Poll. "Empty Seats: Fewer Families Eat Together." 20 de Janeiro de 2004. http://www.galluppoll.com/content/?ci=10336&pg=1
2. "Empty Seats: Fewer Families Eat Together," por Heather Mason Kiefer. Gallup Poll. 20 de janeiro de 2004. http://www.galluppoll.com/content/?ci=10336&pg=1
3. Extraído de www.sermoncentral.com
4. Autor e fonte desconhecidos. Extraído de www.inspirationalstories.com
5. Malcolm Gladwell, *The Tipping Point.* (Little, Brown and Company; New York, NY, 2000), p. 163.

Capítulo 7

1. www.motivational-inspirational-corner.com
2. http://www.brainyquote.com/quotes/authors/c/charles_r_swindoll.html, último acesso 15/5/07
3. Por Larry Harp. www.inspirationalstories.com
4. www.quotationspage.com
5. Rodney Buchanan em "An Attitude of Gratitude" em www.sermoncentral.com.

Capítulo 8

1. Jim Rohn's Weekly E-zine, © 2001 Jim Rohn International.
2. http://nerfew.org/MountainNewsMay2006.pdf, ultimo acesso 15/5/07.
3. ibid.
4. ibid.

Capítulo 9

1. *Discipleship Journal,* Novembro/Dezembro 1992.

Capítulo 10

1. *Today In The Word,* Agosto, 1989, p. 33.
2. Charles R. Swindoll, *Laugh Again: Experience Outrageous Joy* (Word Publishing, W Publishing Group, Nashville, TN, 1992), p. 19.
3. http://www.corexcel.com/html/body.humor.page3.htm, último acesso em 15/5/07.
4. http://www.sermons.org/sovereignty.html, último acesso em 15/5/07.

Capítulo 11

1. S. J. Hill, *Enjoying God: Experiencing Intimacy with the Heavenly Father.* (Relevant Books, Orlando, FL, 2001).
2. De *Twilight over Burma: My Life as a Shan Princess,* por Inge Sargent.

Capítulo 12

1. Dr. Richard Swenson, *Margin: Restoring Emotional, Physical, Financial, and Time Reserves to Overloaded Lives.* (NavPress Publishing, Colorado Springs, CO, 2004.)

2. *Failing Forward* por John C. Maxwell, pag. 38.
3. Autor desconhecido. Extraído de www.inspirationalstories.com
4. Lucinda Norman, "An Atmosphere of Calm." *Lookout* magazine, 15 de dezembro de 1996.

Capítulo 14

1. The Wycliffe Handbook of Preaching & Preachers, W. Wiersbe, p. 193.
2. "A conversation with Warren Buffett," por Carol J. Loomis. *Fortune Magazine,* June 25, 2006. Acesso online em www.money.cnn.com/2006/06/25/ magazines/fortune/charity2. fortune/index.htm
3. "Bankruptcy law backfi res on credit card issuers," MSN Money. www.articles. moneycentral.msn.com/Banking/BankruptcyGuide/BankruptcyLawBackfi resOnCreditCardIssuers.aspx
4. "Credit Card Industry Facts and Personal Debt Statistics," CreditCard.com.

Capítulo 15

1. "Climb Every Mountain," por Sean Swarner, www.motivationalinspirational-corner. com

Capítulo 16

1. www.cancer.org/docroot/COM/content/div_OH/COM_1_1x_Cancer_Survivor_ Makes_Trek_to_Mc - último acesso 15/5/07.

Capítulo 17

1. Larry Crabb, *Shattered Dreams: God's Unexpected Path to Joy.* (WaterBrook Press, Colorado Springs, CO, 2001).

Sobre a Autora

Joyce Meyer é uma das líderes no ensino prático da Bíblia no mundo. Renomada autora de best-sellers pelo *New York Times*, seus livros ajudaram milhões de pessoas a acharem esperança e restauração através de Jesus Cristo.

Através dos *Ministérios Joyce Meyer*, ela ensina sobre centenas de assuntos, é autora de mais de 80 livros e conduz aproximadamente 15 conferências por ano. Até hoje, mais de 12 milhões de seus livros foram distribuídos mundialmente, e em 2007 mais de 3.2 milhões de cópias foram vendidas. Joyce também tem um programa de TV e de radio, *Desfrutando a Vida Diária®*, o qual é transmitido mundialmente para uma audiência potencial de 3 bilhões de pessoas. Acesse seus programas a qualquer hora no site www.joycemeyer.com.br

Tendo sofrido abuso sexual quando criança e a dor de um primeiro casamento emocionalmente abusivo, Joyce descobriu a liberdade de viver vitoriosamente aplicando a Palavra de Deus à sua vida, e deseja ajudar que os outros façam o mesmo. Desde sua batalha com câncer no seio até as lutas da vida diária, ela fala aberta e praticamente sobre sua experiência de modo que outros possam aplicar o que ela aprendeu às suas vidas.

Durante os anos, Deus proveu a Joyce com muitas oportunidades de compartilhar o seu testemunho e a mensagem de mudança de vida do Evangelho. De fato, a revista *Time* a selecionou como uma das mais influentes líderes evangélicas na America. Ela é um incrível testemunho do dinâmico e restaurador trabalho de Jesus Cristo. Ela crê e ensina que, independente do passado da pessoa ou dos erros cometidos no passado, Deus tem um lugar para elas, e pode ajudá-las em seus caminhos para desfrutarem a vida diária. Joyce tem um merecido PhD em teologia obtido da Universidade Life Christian em Tampa, Florida; um honorário doutorado em divindade da Universidade Oral Roberts University em Tulsa, Oklahoma; e um honorário doutorado em teologia sacra da Universidade Grand Canyon em Phoenix, Arizona. Joyce e seu marido, Dave, são casados há mais de quarenta anos e são pais de quarto filhos adultos. Dave e Joyce Meyer vivem atualmente em St. Louis, Missouri.